고려 물방울 수월관음도 (水月觀音圖) 오선주 모사 작

한국 보물 제1551호. 영산회괘불탱(靈山會掛佛幀) 오선주 모사 작

열반도 (涅槃圖)

구시나가라 강가, 사라쌍수 아래 석가모니께서 열반하시니 천사들이 마중 나오고, 하늘의 해가 빛을 잃고, 구름이 오색으로 변하고, 사라수에 꽃이 피고, 사람과 모든 동물이 슬픔에 젖어 있다.
석지명 스님의 하명으로 안면암 부상탑에 복장하기 위해 오선주 그리다.
현재, 안면암 비로전 2층 대법당에 모셔져 있다. (2m x 2m.)

釋之鳴석지명 大禪師대선사

대한불교조계종 安眠庵 指導法師. 歲首 70세.
童眞出家. 1962년 혜정스님을 은사로 득도. 동국대 불교학과 졸.
美 템풀대 종교학과에서 논문「하이데거, 히사마쯔 시니치의 無 사상 비교」,「천태의 不二哲學」으로 Ph.D. 취득.
著書『허공의 몸을 찾아서』,『깨침의 말씀 깨침의 마음』외 다수.

※ 丁酉 정월 방생 법회 날, 안면암 비로전 앞 언덕에서. 설봉 스님 촬영.

2013년, 안면암 허공장회 회원 40여명이 석지명큰스님 인솔하에 캄보디아 신비의 유적지 앙코르왓트를 거쳐 Angkor Thom 탐방. 寺院 3층에 올라 자비로운 미소를 품은 거대한 4면관세음보살탑 앞에서.
좌로부터, 李장군, 큰스님, 오선주.
— 수필집 『하늘엔 해와 달이』 P. 248 참조

석지명스님이 한국일보와 서울경제의 후원으로 2004년 바라밀다호를 타고 북태평양 횡단 항해. 미국 센디아고항 출발, 하와이에 도착하여 환영받고 있다. 큰스님과 일행 5명은 극한 고행 끝에 무사히 부산항으로 진입하여 동국대 불교대학원장 보광스님의 기획 행사로 불교 조계종과 각종단, 해군, 요트협회 부산시 등으로부터 대대적인 환영을 받았다. 조선일보 명칼럼니스트 이규태님은 신라불교사상 재현이라 극찬했다.

안면암 야외법당에 모신 불이여래

탁 트인
파란 하늘 아래
거룩한 불이여래 부처님

안면암 야외 법당 전경.
불이여래를 중심으로 뒤언덕에 마니주, 월만 탑이 있고, 양 옆에 금강역사가 호위하고, 앞에는 큰 제단이 있고, 그 양 옆에는 앙증맞은 석등이 있다.
부처님 오신 날, 설봉스님께서 연등 색동옷을 입혀 놓으셨다

안면암 비로전 앞 야외 법당에 모셔진 摩尼珠 月滿 오누이탑

박사학위 받은 날 축하해 준 남편과 함께. 成均館大금잔디광장 야외음악당에서

탁 교수는
70년대 중년의 한 시절
파이프를 놓지 않는 골초였다.

가족 함께 행복한 휴일. 아들 8세, 딸 5세

아이들과 서울 근교 소요산 가을 풍경 즐기다.

단란한 아들 내외와 똘똘한 삼 공주

오선주의
팔순 잔칫날.
아들 내외와 함께.
세 손녀 안은 행복한 할머니.
새 애기, 아이 셋 낳고도 밝고 곱다

The University of Chicago에서 박사학위 받는 딸 – 2009. 12. 12.
"노벨상 제조기, 박사과정은 무덤"이라 이름난 대학 연구 생활을 이겨낸 딸이 장하다.

시카고대학의 박사학위 수여식장, Rockefeller Memorial Chaple

2014년, 팔순잔치를 열어 준 청주대 법대 81, 84 학번, 박사모임 刑友會 회원, 법대 여학생동창회 대표 등. 모두 자랑스러운 제자들이다. (본문 P.P. 213~215)

좌로부터, 팔순 잔치추진위원장 최병록 (현)상주교도소 소장, 동창들의 구심점이 되어준 권태호 검사장, 오선주와 손녀, 사회를 보고 색소폰으로 축가를 연주해 준 박관수 사장

팔순 잔치 축배를 받아 든 오선주. 감동의 순간이었다.

오사모(오선주를 사랑하는 모임)의 팔순잔치에 와서
축하해준 국제법 원영철 교수와 아들

라마다호텔 송관휘 사장의 아낌없는
협찬으로 화려한 잔치가 진행되었다.

그리운 아버지 (1908~1990)
일본 동경에서 학비 벌어가며 공부하느라
고생하시고도 광복 조국에서
여자는 초등교육이면 충분하다는
양반 사회 편견을 물리치고
딸을 중.고교와 대학에 보내주신
나의 고마우신 아버지.
보령 80세 존영.

탁희준 교수의 서재에 100일 간 모신 그의 喪廳상청.

부모님과 두 언니는 가시고 앞줄 셋이 남았다(오른쪽 끝이 여덟 살의 오선주)

내 사랑 렉스(2003년 3월 입양, 2017년 6월 15일 영면)

1991년 7월 29일, 모스크바 대학, 아침햇살이 눈부시게 밝은 東便 광장에서.

중앙 첨탑이 거대한 〈별〉을 이고 하늘 높이 솟아 있다. 동편에서 촬영한 탓으로 별은 일직선으로 보인다. 한국학술진흥재단이 후원하는 동유럽 시찰단 일행은 모스크바대학 알렉산드로 빠닌 사회철학 교수의 〈공산주의 발생의 역사적 배경과 70년 못간 공산 주의 몰락〉이라는 새로운 특강 청취. 그해 8월 19일, 고르바죠프의 그라스노스트와 페레스트로이카를 지지하는 군중이 붉은 광장을 가득 메우는 민심 표출 등 USSR 해체 과정의 소련이 격동하고 있었다.

왼쪽이 오선주, 오른쪽은 충북과학대학장 이진영 박사.

오선주의 잠들지 않는 숲

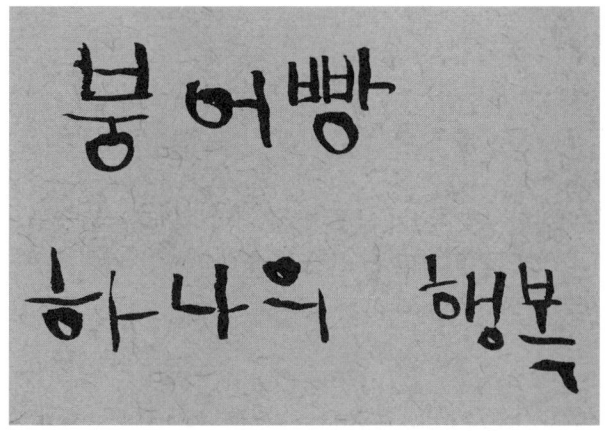
붕어빵 하나의 행복

瑞雲 吳宣姓

| 저자의 말 |

무용지용의 뜻을 음미하며

    글 쓰고 싶은 욕망을 나는 늘 품고 있었던 것 같다. "수필이란 쉽고 간결하게, 知的 情的 깨달음이 있어야 하고, 修辭學의 기쁨과 함께 독자에 대한 메시지가 있어야 하고, 理智 論理 實現 批判 情緖의 장식이 있어야 한다."는 李應百 교수의 수필학 강의를 받아 적은 노트를 오래 간직해 왔다. 나의 여행수필집 『하늘엔 해와 달이』, 自傳的 隨想集 『나는 어디쯤에 있는가』에 실은 글들을 쓰는 동안에 딱히 위의 가르침을 의도적으로 公式化하거나 代入하려 노력한 적이 없고, 아름다운 문체를 驅使구사하지도 못하였으나 그 개략의 뜻은 항상 염두에 두고 있지 않았나 하는 생각은 든다.

    나의 세 번째 수필집 『붕어빵 하나의 행복』을 낸다.
    亡夫의 靈駕영가를 千年古刹 法住寺에 안치하고, 각종 祭禮제례에 참석하는 사이 불교가 내 몸에 이슬비 내리듯 스며드는 것을 느끼며 마음과 생각과 행동이 부처를 닮은 사람이 되고 싶다는 소원이 생겼다. 획일적인 교육제도나 慣習化관습화된 사회교육으로는 얻을 수 없었던 經驗경험과 感化감화를 받으며 三寶에 歸依하려는 마음이 일었다.
    釋之鳴석지명 대선사께서 나를 바르게 佛道로 인도하여 주신 은혜에 감사하는 마음과 스님의 古稀고희를 축하하는 마음을 담아 스님과의 因緣인연을 적은 글들을 제1부에 엮는다.

이 책이 나의 마지막 작업일 수 있다는 생각에 子孫자손들에게 남겨주고 싶은 소소한 이야기들도 여기에 모았다.

莊子의 <無用之用무용지용>의 뜻을 늘 吟味음미해 왔다.

<참을 수 없는 존재의 가벼움>으로 유명한 체코의 M. Kundera가 그의 저서 <무의미의 祝祭>에서 "無意味무의미한 것은 절대적으로 아름답게 존재하고 있고 이를 사랑해야 하며 엄숙하고 특별한 것만 쫓는 사회는 지양되어야 하고, 글은 起承轉結기승전결의 구도에서 벗어나야 한다."고 주장한 바는 내가 이 글들을 쓰는데 큰 용기를 주었다.

詩나 전형적 수필이 아닌 나의 글 형태를 양주동 박사가 古雅體文學고아체문학이라하여 하나의 한국적 문학 장르로 보셨다며 격려를 아끼지 않으신 원로 국문학자 雲影 孫宗燮 선생님께 감사드린다.

나의 수필집 세 권을 연속 출간해 주시고 격려의 서문을 써 주신 문학박사 池垠京 님께 文運이 빛나기를 빌며 심심한 감사를 드린다.

이 책 표제는 겨우 네 살에 든 첫 손녀 뽀기가 『붕어빵 하나의 행복』 쓰기를 연습하는 내 옆에 앉아서 단풍잎 같은 손으로 할미의 흉내를 내어 쓴 것이다. 신기한 마음에 標題로 올려 간직한다.

2017년 5월 11일

吳 宣 姓

| 추천사 |

선각자의 인생이 피운 꽃

시인·문학박사 지 은 경

　오선주 수필가는 선각자적인 인생을 살아온 분이다. 반세기 전, 대한민국에서 여자로 산다는 것은 존재증명을 위한 금기영역을 깨는 일이다. 평범한 여성의 삶이 아닌 법학박사로서, 대학교수로서, 여성인권운동가로서, 가부장제의 남권주의 사회에서 당당히 살아내어 큰 빛의 열매를 남기었으니 많은 여성들이 이 수필집을 꼭 읽고 배워야 하는 귀감의 글들이다.
　오선주 수필가의 세 번째 수필집 『붕어빵 하나의 행복』은 자전적이면서 기록문을 읽는 느낌이다. 나는 누구이며 어떻게 살아왔으며 어떻게 살아갈 것인가 자신을 철저히 분석해 설계하는 면에선 자전적이고, 어떤 사실에 대해 직접 보고 듣고 조사한 것들을 사실 그대로 기록하는 면에서는 기록문 형식으로도 볼 수 있다. 기록문의 특징은 문장 표현이 간결하고 감정이 배제되며 육하원칙에 의해 쓰여진다.
　글은 왜 쓰나. 남의 이야기가 아닌 저자자신의 이야기는 쓴다는 것은 누가 쓰라고 해서 쓸 수 있는 영역이 아니다. 글은 천명天命처럼 쓰고 싶어서 쓰는 것이다. 글을 쓰는 사람은 각자의 의미와 사연이 있어 글을 쓰는데 내 존재를 확인하게 해준다는 점에서 작가에겐 큰 위안이 된다.
　각자도생의 시대를 사는 현대인은 일상에서 자신의 한계를 어떻게 다루고 자신의 품성이 어느 수준인지 보여줄 수 있는 것이 바로 글이다. 고통에도 결코 굴하지 않고 살아내는 것이 인간의 조건이요 인문정신이다. 그래서 홀로 있을 때에도 생각은 멈추지 않고 그 생각들을 조립하여 기록하며 인간의 위대한 역사를 장식하는 것이 글이다.
　『붕어빵 하나의 행복』의 수필집에는 저자의 부군, 탁희준 교수에 관한 글이 많은 페이지를 차지하고 있다. 부군은 한국의 '노동정책연구'의 1인자로서 80년대에 정부의 탄압으로 해직교수가 된 분이다. 오선주 수필가는 그를 '불행한 시대에 태어난 불행한 지식인'이었다고 회고하고 있다. 그는 소위 말하는 경기고·서울대를 나온 KS출신의 교수로서 시대를 앞서간 사람이었다. 해직이 준 스트레스로 병을 얻어 어린 자식들을 두고 먼저 저세상으로 간다. 남편이 없는 빈자리를 홀로 부모의 책임을 다하고, 숱한 발길에 밟혀도 죽지 않는 질경이 같은 끈질긴 생명력으로 가정을 지키고 오롯이 한 인생을 잘 살아낸 강인한 저자이다. 정신적인 지주로 불교에 귀의하여 신앙으로 마음을 다스리며 수행정진에 일념해 왔다. 필자는 글도 신앙으로 간주하여 쓰는 동안은 수행정진으로 생각한다.

　시·수필·소설 등 문학의 모든 장르에는 작법이 있다. 그러나 감동은 작법과 형식을 초월한다. 성공적인 글쓰기는 독자에게 감동을 주는 것이다. 감동을 주려면 희로애락에 있어 진솔한 글로써 고통을 이겨낸 인간의 승리와 아름다움을 증명해야 한다.

　오선주 수필가의 제3수필집 『붕어빵 하나의 행복』은 논리가 명확하고 꾸미지 않은 글로써 수필이 실존의 눈물임을 보여주고 있어 글의 위대한 힘을 느끼게 한다. 글쓰기는 진정한 나가 되는 길이며 한 인생이 발효되어 완성되어 가는 길이 된다.

　한 인생에서 선택은 오로지 그가 한다. 노후에 글을 선택한 것은 축복이며 내 운명을 다스리는 주체자로서 후손에게 정신적인 유산을 남기는 긍정적인 과업이 될 것이다. 세 번째 수필집 출간을 진심으로 축하드리며 소설가로서의 꿈을 반드시 이루시길 기대한다.

| 차례 |

화보
저자의 말 / 추천사
序詩 1. 달맞이 꽃 • 28 / **序詩 2.** 無를 넘어서 • 29
신인상 심사평 • 30 / 신인상 당선소감 • 31

1부 이슬처럼 내린 佛恩불은

<옴>은 진언 중의 眞言 • 35

폭설 길에 現身하신 미륵부처님 • 39

佛心을 지펴준 지장보살님과 銅塔동탑 • 43

안면암 앞바다에 佛塔이 솟는다 • 46

붕어빵 하나의 행복 • 51

勝利승리를 보시하는 시주의 공덕 • 54

스님의 기도와 짱구의 還生환생 • 57

안면암의 제2창건을 부른 發想의 전환 • 60

살아 계신 부처님 • 64

이슬처럼 내린 佛恩 • 69

달팽이 放生 • 71

微物미물도 윤회하는 한 삶 • 74
어린 날의 추억과 할머니의 佛經책 • 77
不自由는 自由의 어머니 • 83
殺生과 참회 • 88
平等主義와 늦게 찾아 온 깨달음 • 92
時空에 관한 思惟사유 • 97
反哺之孝반포지효 • 102
다시 찾은 안면암 • 107
봄비 내리는 날의 斷想단상 • 112
혼자 산다는 것, 더불어 산다는 것 • 116
인연과 歸依귀의 • 122

2부 수행으로 그리는 佛畵

수월관음도(水月觀音圖) • 131

안면암 부상탑에 모실 열반도(涅槃圖) • 135

未完의 열반도 • 138

영산회상도(靈山會上圖) • 147

나의 보물 반야바라밀다심경(般若波羅蜜多心經) • 155

3부 불행한 시대의 불행한 지식인

시은 탁희준(諟隱 卓熙俊) • 161
해직 교수 • 190
해외에서의 교수 생활 • 195
  1. 동경대학 사회과학연구소
  2. 호세이(法政)대학
한국노사문제임의중재협의회 • 209
祭文 - 탁희준 님의 영전에 • 217
경희대학교에 탁희준 부부 장서 기증 • 220

4부 홀로 뜬 달

30년 전의 제자들이 준비한 어느 노 교수의 팔순 잔치 • 227

35년만의 正答 • 230

홀로 뜬 달 • 235

非情의 계절 - 제1회 경북일보 문학대전 入賞 작 • 239

영아살해죄와 어린이 人權인권 • 245

두더지의 봄맞이 • 252

본능적인 욕망 • 257

며느리 사랑과 媤강아지 • 263

청주 가는 길 • 270

행복을 심어주는 천사들 • 273

어미 마음, 아빠 마음 • 282

불이여래 모신 인연 • 284

질경이도 꽃을 피운다 • 286

告解聖事고해성사 • 290

諸行無常제행무상 • 292

번뇌를 놓으세요 • 293

5부 자유 평등 평화를 향하여

글 쓰고 싶은 마음, 잠들지 않는 숲 • 297
학도호국단 시절의 다짐 • 300
김옥길 선생과 대한여학사협회 • 305
중간집단 리더 양성 프로그램 • 311
민법개정 운동 • 314
스승의 은혜는 하늘같아서 • 317
한국여성유권자연맹 • 324
돈 안 쓰는 선거문화 창조 • 334
平統에 띄운 희망 • 339
국민 주권과 국회의원 당적 변경 • 343
교수 삶의 起承轉結기승전결 • 349
신문예문학회 • 363

글을 마치며 • 367

序 詩 1

달맞이 꽃

瑞 雲 오선주

마음 하나
문은 둘

햇살이 비추이는 진리의 길
욕망이 손짓하는 유혹의 길

새벽녘 동쪽 하늘에 서러운 三台星삼태성
가슴 언저리에 지고 뜨니
시들지 않는 煩惱번뇌
百八拜로 씻겨지랴만

한여름 밤 달무리 안으로 스며드는
빛과 그림자

물안개 속 하나를 이루니
무심으로 돌아와 피는 기다림

*** 一心二門 眞如門生滅門 雙門亦無

序詩 2

無를 넘어서

瑞 雲　오선주

보이는 것이 없으니
들리는 것도 없어라

한 줄기 향내마저 없으니
맛인들 짐작하랴

몸은 어디런가
뜻은 九萬里구만리

하얀 銀河水은하수
흐르는 그리움

빈 하늘에
祥瑞상서로운 구름 이누나

*** 無眼耳鼻舌身意

신인상 심사평
― 오선주의 문단 데뷔 詩 두 편 (序詩 1, 2.)

  2012년 ≪신문예≫ 65호 시 부분 당선자 오선주 신예 시인의 응모작 '달맞이 꽃'과 '無를 넘어서' 두 편의 시는 불교 사상에 그 詩 정신이 기반해 있다. 손(手:존재)의 손등과 손바닥, 즉 空과 色의 어느 한 쪽에 집착하지 말고 하늘(존재)처럼 '있는 것도 아니고 없는 것도 아닌 非有非空' 中道 -세속적으로 치우치지 않는- 올바른 태도의 妙有思想이다. -중략- 삶과 죽음이 손바닥과 손등처럼 하나라는 이 不二思想은 위대해서 오선주 신예시인에 전염되어 당선 詩 '달맞이 꽃'으로 형상화되었다.

  詩 '달맞이 꽃'에서 오선주의 저러한 불교사상은 시적 주체의 마음, 空과 色을 진리의 길과 유혹의 길로 번뇌케 하다가 제4스탠자 2개 행의 中道주의를 거쳐 마침내 최종련 최종행 '무심으로 돌아와 피는 기다림'의 자기 존재가 그러함을 깨닫게 되는 것이다. T.S.엘리어트가 말하는 思想과 감정을 한데 차지게 버무린 통합된 감수성의 기법이다. 객관적 상관물은 달맞이 꽃.

  다음 詩 '無를 넘어서'는 아예 인간의 眼耳鼻舌身意안이비설신의라는 감정을 그의 불교사상으로 엘리어트 기법에 실어 극복하고 있는 작품이다.

                        심사위원 이수화(평가 · 글) 엄창섭 홍윤기 지은경

신인상 당선소감

　서재에 앉아 지친 눈을 들어 내 작은 뜰에 흔들리는 나뭇가지를 바라본다. 푸른 나뭇잎들이 살랑거린다. 자신의 모습을 드러내지도 않으면서 "나, 다녀가요." 하는 말이 들리는 듯 정겨움을 남겨주고 가는 저 산들바람.

　五感오감에 닿는 모든 것이 詩心으로 이어지지 않는 것이 없다. 강아지의 애잔한 눈빛이 내 마음에 닿을 때, 바닷물이 밀려와 모래를 쓸어내려 갈 때, 하늘에 솜털 같은 하얀 구름이 흘러 갈 때, 내게는 이를 글로 표현할 능력이 없음을 안타까워했었다.

　오늘의 이 영광은 나로 하여금 글을 쓰게 할 것이다. 만인의 심금을 울리는 아름다운 글을 남기고 싶다. 메마른 영혼을 일깨우는 영감이 내 마음에 깃들기를 기도할 뿐이다.

　심사위원님들께 감사드린다. 좋은 글로 보답하려 한다.

2012년　吳 宣 姙

1부
이슬처럼 내린 佛恩불은

옴 마니 반메 흠

<옴>은 진언 중의 眞言진언

사랑하는 딸, 호지야. 요즘 악몽을 자주 꾼다니 안쓰럽구나. 나도 학생시절에 쌓이는 피로 때문에 악몽에 시달린 경험이 많다. 그때, 대전 대흥사 도감 엄자운 스님께서 '지옥의 기운도 물리치리라'는 확신을 갖고 외우라며 〈옴 아모카 바이로자나 마하무다라 마니 파트마 즈바라 프라바를타야 훔〉이라는 光名眞言광명진언을 가르쳐 주셨다.

엄마는 광명진언이 품은 진리를 다 이해할 수 없는 중생이지만, 새벽 예불 때 헌향 진언으로 〈옴 바아라 도비야 훔〉이라 하고, 지혜와 자비를 구하려 〈옴 마니 반메 훔〉이라 하는 등 진언의 격식을 보면 진언이 〈옴〉으로 시작해서 〈훔〉으로 끝나는 것을 본다. 내가 옛날 감명 깊게 읽은 책 속 몇 구절을 찾아 여기 적어 보내니 음미해 보기 바란다.

〈옴〉은 모든 진언의 정형 구조로서 옴 하나만으로도 훌륭한 진언이 된다. 옴은 모든 진언의 모체가 되는 진언 중의 진언이며, 상대를 攝伏섭복시키는 의미를 담고 있으며, 옴은 우주의 핵심이며 우주 삼라만상의 근원이며, 피안에 이르는 帆船범선이며, 옴은 가장 차원이 높은 진언이다.

〈흠〉은 더러운 세계에서 벗어나서 淸淨청정을 지향한다는 뜻이다.

이 글 필자는 나아가서 "眞言은 뜻을 모르고 외워도 신비한 영향력을 발휘하고, 거기에다 신앙적 요소를 얻으면 신기한 힘을 발한다."고 설파하고 있었다.

지난 초겨울 안면암에 갔었다. 새벽 예불이 끝나면 불자님들이 모두 요사채로 물러나고, 젊은 설몽 스님 혼자 無量壽殿무량수전 추운 법당에서 예불을 계속하시는 데에 대한 예의상 나는 법당에 남아 스님 뒤에 서서 천수경을 읽고 관세음보살을 연호하였다. 신심이 깊지도 못한 엄마지만 이틀을 그렇게 예의 차리는 차원에서 따라한 것이었는데, 어느덧 그 분위기에 빠져서인지 어떤 영감 같은 것이 일었다. 눈감고 열심히 관세음보살을 연호하는데 너희 남매가 번개처럼 내 머리 속에 활동하는 신비를 경험하였다. 위 글 필자의 "모르고 외워도 신비한 힘을 발한다."는 말에 공감이 가는 까닭이다. 네가 마음이 공허할 때 관세음보살님을 부르며 기도하기 바란다.

반야심경의 '아제아제 바라아제 바라승아제 모지 사바하' 만이라도 외우면 좋겠다. 이 주문은 반야심경의 결론인 동시에 팔만대장경의 결론이며 불교 전체의 결론이라 한다. 반야심경 본문에 이 주문을 大神呪 大明呪 無上呪 無等等呪이며 '能除一切苦, 眞實不虛'라 하였다. 믿고 의지하기 바란다.

 네 마음에 위안이 되고 힘이 될 것이다. 엄마로서 너에게 줄 수 있는 것이 이 말 이상의 것이 없다.

2009. 1. 17. 엄마 吳 宣 姃

딸의 和答화답

* 답 편지를 요약하다.

 옛날 어느 고을에 한 부자 댁이 행세하며 살고 있었다. 주인이 사월 초파일을 비롯하여 우란분절 등 때마다 절에 가서 불공을 올리는 것을 시중드는 늙은 하녀는 아무리 귀 기울여도 불경을 알아들을 수가 없었다. 하녀는 나도 부처님께 기도하고 싶다는 일념으로 주인에게 청했다. "주인 영감님, 내게 부처님께 드리는 불경 한 구절만이라도 가르쳐 주십시오." 욕심 사납고 심술 맞은 주인은 속으로 너 같이 천한 것이 감히 불경을 알려하다니 가소롭구나 하는 생각을 하면서 '정구죽천(丁口竹天)이로다'라고 중얼거렸다. 하녀는 감사히 여기며 그 후로 앉으나 서나 자나 깨나 때와 장소를 가리지 않고 뜻도 모르는 채 "정구죽천(可笑롭다)이로다."를 성심으로 외웠다.

세월이 흘러 주인 영감이 죽고 그 늙은 행랑어멈도 죽었다. 노파는 천한 그녀 자신이 극락에 와 있는 것을 알고 깜짝 놀랐다. 그녀를 더 놀라게 한 것은 때마다 절에 가서 불공을 드린 영감이 지옥에 가 있는 것이다. 늙은 하녀가 옥황상제에게 그 까닭을 물었다. "너는 비록 욕스런 말을 입에 달고 살았으나 그 내용도 모르는 채 진심으로 부처님께 귀의하는 마음으로 외웠기에 그 뜻을 갸륵하게 여겨서 너를 해탈케 하였다. 저 영감은 비록 불공을 자주 올렸으나 신심보다는 자기 勢세 과시였을 뿐이고 불쌍한 너에게 불경 한 마디 가르쳐 주는 것에도 인색하였다.

2009. 1. 30. 摩尼珠

폭설 길에 現身현신하신 미륵부처님

　오늘도 서해안에 큰 눈이 내리겠다는 기상청 예보가 있었다. 이미 내린 눈만으로도 농가 피해가 크고 고속도로 상의 교통사고들이 속속 뉴스에 보도되고 우리 집 작은 뜰에도 하얀 눈이 소록소록 쌓여가니 첫눈 내리던 날의 기적 같던 추억이 떠오른다.
　내가 직접 운전하기 시작한 것은 지아비의 영가를 법주사에 안치하고 삼 년간 朔望祭삭망제 올리려 다니기 위해서였다. 책상 서랍에 넣어둔 운전 면허증을 6년 만에 꺼내 들고 다시 주행 연습을 했다.
　가을이 깊어 단풍이 다 지고 앙상한 가지들이 몰아치는 바람결에 휘휘 소리 내고 있는 날의 오후였다. 내가 안면암(安眠庵)가는 길에 동승해 준 조일희(趙日熙)군과 함께 청주로 돌아오는 길에 석지명(釋之鳴) 큰스님께서 법주사로 가시기 위해서 내 차를 타셨다. 안면암을 출발하여 마을길을 벗어나 아름답게 군락을 이룬 안면송 소나무 숲을 지나 큰길에 이르러 태안 쪽으로 우회전 할 무렵 눈이 내리기 시작하였다. 첫 눈이다! 존경하는 스님 모시고 가는 길에 瑞雪서설이 내린다고 자못 낭만적인 기분이 들었다. 아직 하늘이 밝아서 큰 눈이 올 것 같지는 않았다. 계속 달려 나간다. 그 무렵에는 지금처럼 현대식 도로가 건설되지 않아서 길이 구불구불 위험한데다가 오르막 내리막이 거듭되는 아주 험한 길이었다. 점점 눈발이 굵어지더니 삽시간에 도로에 눈이 쌓이고 눈보라는 차창을 때리듯 달라붙는다. 팽팽한 긴장감이 엄습해온다. 얼마쯤 갔을까? 앞에 1.5톤 타이탄 트럭이 자꾸만 뒤로 미끄러져 내려오고 있다. 기사가 안간힘을 쓰는 것이 역력해 보인다. 나는 뒤로 미끄러지지 않게 정지 상태를 유지하려 애쓰며 살피는데 앞차가 전속력을 내는 듯 큰 소리를 내더니 오른쪽으로 스르르 밀려가서 차머리를 언덕에 처박고 멈춰 섰다. 운전기사가 경험이 많거나 지혜로운 사람이라고 생각했다. 나는 저 운전자를 안전한 곳까지 태워다줘야 한다는 생각이 들었으나 만약에 그를 구조하기 위해 시동을 끄면 내 차가 미끄러져 후진할 것이 두려워 마음에 걸리지만 그대로 달릴 수밖에 없었다.

천안 가는 지름길에 들어서니 이미 날은 저물고 눈 덮인 길은 농지와 같은 수평적 높이어서 어디가 길이고 논인지 분간이 되지 않는다. 다행이 갓 심은 듯 한 어린 버드나무 가로수가 서 있어서 그 나무들 사이를 천천히 전진한다. 천안 시내로 들어설 즈음엔 강풍을 동반한 눈이 폭설로 바뀐다. 중앙 분리선이 있을 법한데 눈 때문에 보이지 않는다. 길 양옆에 늘어선 상가는 굵은 눈발이 휘몰아치는 속에 모두 불 끄고 문을 닫아서 유령 마을에 들어선 기분이 들었다. 나중에야 어찌되던 앞차의 미등을 따라 움직인다. 긴장 때문에 등에 씩은 땀이 흐른다. 운 좋게 무사히 시가지를 벗어나서 경부선 인터체인지로 진입한다. 고속도로엔 차량 통행이 잦아서 눈이 녹아 있었다. 안도의 한숨이 나왔다.

청주 나들목에 이르렀다. 거센 눈보라 탓인지 사람은커녕 차조차 다니지 않은 듯 길 위에 난 자국 하나 없다. 스님께서 "여기서 내리겠다."고 말씀하신다. 의아해 하는 나에게 "법주사 기사가 여기로 마중 나오기로 약속이 되어 있다."고 하셨다. 스님께서 차에서 내려 큰 길을 가로질러 건너서 가로등 아래 서셨다. 평소 밝던 등불인데 그 불빛이 퍼붓는 눈에 가려서 주변이 뿌옇게 보일 뿐이다. 스님 발아래 뒤쪽은 푹 빠진 貯溜池저류지여서 스님 모습만 幻影환영처럼 보이는데 마치 거대한 미륵부처님이 거기에 우뚝 서있는 듯 한 느낌이 들었다. 적막 속에 난데없이 전화가 걸려왔다. 스님이시다. 왜 가지 않고 거기 서 있느냐고 불호령이시다. 하는 수 없이 죄송한 마음만 남기고 먼저 그 자리를 떴다.

내가 타는 "Santa Fe, Gold"는 신형 모델 새 차였다. 아들의 배려로 사륜구동에 사계절용 타이어까지 달아서 그 어려운 고비를 무사히 넘길 수 있었다고 지금까지 생각하고 있었다. 왕초보 운전자의 성공담처럼 자랑 삼아 이 날 이야기를 여러 사람들에게 하곤 했었다. 오늘 함박눈이 내리는 하늘을 바라보며 조용히 회상하니 새삼 트럭 운전자가 참으로 사려 깊은 분이었다는 생각이 든다. 상호 충돌을 피하고 뒤차를 안전하게 나가게 하기 위해서 자기 차를 그런 방법으로 멈춰 서게 한 그 아량이 고맙다. 세상에 선한 사람이 더 많다는 생각을 한다. 하찮은 일로 기분 나쁘다며 대량 참사 발생을 예견하면서도 보복 운전을 서슴지 않는 사람들과는 너무도 대조적이다.

풋내기 운전자인줄 아시면서 내 차를 타시고 퍼붓는 폭설 속을 달리는 험한 여정에 불안한 기색도 없이 뒷좌석에 조용히 앉아 계시던 스님 모습을 떠올린다. 스님께서는 나를 사고 당하지 않게 보호하여 주시고 안전운전 할 수 있도록 용기를 주신 진정 나를 지켜 주신 미륵부처님이시고 관세음보살님이셨다는 것을 오늘에 깨닫는다.

佛光동 나의 집 작은 뜰에는 어둠 속에 하얀 눈이 소복이 쌓여 가는데 내 마음에도 하얀 佛恩이 소리 없이 내린다.

2014. 12. 15. 吳 宣 姓

佛心을 지펴준 지장보살님과 銅塔동탑

　벚꽃이 만발한 한낮이었다. 해남 頭輪山 大興寺 법당에서 부처님께 禮를 올리고 있는데 내 핸드폰의 진동이 울린다. 전화를 받으니 사뭇 감격해 하는 아들의 목소리가 들린다. 아들은 서울에서, 딸은 시카고에서 동시에 각각 PC를 열어 놓고 전날 석지명 큰스님께서 안면암 홈페이지에 쓰신 〈안면암에서 직접 제작한 첫 번째 동탑〉을 읽어 보며 저희들 남매가 누린 감동을 자세히 귀에 들리는 듯 눈에 보이는 듯 설명해 주었다.

　안면암에서 제작한 첫 번째 동탑에는 자료수집, 구상, 설계, 모형 제작, 공구와 재료 구입, 재단, 용접, 골격 만들기, 탑신 옷 입히기, 지붕 잇기, 상륜부 寶珠보주 올리기 등 전 공정을 거쳐 완성에 이르기까지 釋之鳴 큰스님의 정성과 손길이 닿지 않는 데가 없는 것으로 알고 있다. "붉은 태양 빛 같은 구리의 광채 앞에서 저절로 북받쳐 오르는 환희심을 주체할 수 없다."는 석지명 큰스님의 이 한 구 절 만으로도 얼마나 크고 깊은 뜻을 담아 이 탑을 제작하셨는가를 짐작할 수 있다.

    탑 제작 과정을 가끔씩 보아온 나로서도 감격스러웠다.

    지난 봄, 아들과 나는 釋之鳴 큰스님께서 쓰신 "마흔 네 분의 동자승이 안면암을 방문할 것"이라는 기사를 읽었다. 즉석에서 내가 일흔 셋에 얻은 첫 손녀이자 아들이 마흔에 얻은 첫 딸을 동자승 한 분과 緣을 지어 평생토록 부처님의 가르치심에 따르는 길을 닦아 주기로 합의하였다. 우리는 예쁜 동자승의 형상을 한 지장보살님을 선택하였다. '모든 중생이 깨달음을 얻는 원을 성취하는 날까지 몸을 낮추 시는 분'이 바로 지장보살이라는 사실을 이 날 처음으로 알게 된 감격이 커서였다. 큰스님께서 쾌히 승낙하시고 동자승은 안면암 비로전 앞 공원에 모실 예정이라 하셨다.

    스님의 탑 제작 소식을 들은 딸은 자기 탑 모시기를 희망하였다. 타국에서 고생하는 딸에게 부처님의 지혜와 자비의 광염이 비치기를 바라는 마음을 스님께 말씀드렸다. 큰스님께서는 이 또한 흔쾌히 수락하시고, 손수 탑을 지어주셨다. "탑은 三寶삼보와 중생에게 바치는 것"이라는 말씀을 마음에 새기면서 우리는 그 탑을 딸의 몫으로 '마니주 탑'이라 이름 지어 딸의 소원을 이루어 주었다.

    탑이 완성되던 날 우리 가족은 안면암에 머물렀다. 탑신에 가족의 발원문과 불상을 새겨서 장엄하려는 스님의 계획에 아들과 며느리가 자발적으로 동참하는 기회가 되었다. 얇은 구리판에 전동 송곳으로 불상을 새기는 작업은 불심을 다지는 수행과 같았다. 큰스님께서 '佛法을 닦고, 傳하고, 옹호하고자 하는 뜻'이라며 아들 내외의 참여를 높이 평가해 주셨다.

합장하며 저 佛塔을 바라본다. 萬人의 존경을 한 몸에 모으고 계시는 석지명 스님께서는 동서고금의 사상과 佛法 연구를 하시는 碩學이시고, 조계종 종단을 이끄시는 깊은 通察力통찰력을 지니신 큰 指導者이시다. 그 분의 정성 어린 손길과 誓願서원이 가득 서린 이 塔의 가치는 가늠할 길 없다.

이 탑을 부처님께 올리게 된 인연은 今生에 다시없을 영광과 자비를 입었음이다.

2009. 04. 09. 吳 宣 姃

안면암 앞바다에 佛塔이 솟는다

나무아미타부울 ~~~~~ !!!

경건한 듯 슬픈 듯 우람한 듯 신비로운 듯 들리는 큰스님의 새벽 염불을 듣는 것은 수행 그 자체이다. 천지를 진동케 하다가 가만가만 잦아드는 쇠북 소리는 참회의 념을 깊게 한다.

속세의 잡념을 털어내고, 아직 어둠이 가시지 않은 밖에 나가니 지명 큰스님께서 벌이고 계신 엄청난 공사 현장을 보게 되었다. 안면암 몇 가지 佛事가 동시에 진행되고 있어서 건설 공사는 절정에 달한 듯 보였다.

이미 완성된 비로전과 나한전에 유리창이 부착되어 한결 보기 좋았고 회랑 난간 부착 공사도 진행 중이었다.

포클레인이 굉음을 내며 비로전 동남쪽 동산 키(등고선)낮추기 목적으로 흙을 깎아 내리고 있었고 덤프트럭은 그 깎아 낸 흙을 받아 싣고 해우소 동쪽 주차장 공간 확장을 위해 벼랑 끝에 쏟아 붓고 있었다. 개펄이 끝나는 곳과 제방이 맞닿는 선에 따라 축대 구축 공사도 한창이었다. 나한전 북쪽 요사채 앞 축대 쌓기도 마무리 단계에 접어들고 있었다. 큰스님께서는 공사 현장을 순례하듯 돌아다니시며 손수 마무리를 하시는 등 일일이 점검 확인하고 계셨다.

일주일 전에는 철쭉 묘목 5000여 그루가 스님 감독 하에 비로전 남쪽 아래 비탈과 무량수전 아래 바다 쪽 비탈언덕에 심어졌다. 주먹만 한 돌들 사이에 흙이 약간 섞여 있을 뿐인 땅이 날이 가물어서 흙먼지만 일고 있었다. 이식한 묘목에 물이 충분히 뿌려졌는지를 확인하기 위해 스님께서는 어둠이 내린 밤 9시 넘도록 확인하고 다니셨다. 그렇게 불사는 하나씩 마무리 되는 줄 알고 있었다.

그런데 며칠 후, 다시 안면암에 당도하였을 때, 스님께서 시작해 놓으신 일을 보고 놀라움을 금치 못하였다. 안면암 앞 바다에 구리 탑을 세우기로 결심하시고 탑을 앉히기 위한 거대한 뗏목 만들기를 시작하셨다. 바다 위에서 탑을 지탱할 바탕 철골 뼈대를 제작하고 계셨다. 직사각형으로 생긴 스테인리스 철 파이프를 직각으로 혹은 45도 각도로 각각 설계에 따라 절단하시는데 잘리는 파이프도, 자르는 전동 회전 톱도 빨갛게 열이 오르고 한 낮인데도 별무리 불꽃이 폭죽 터지 듯 사방으로 튀고 있었다. 동서남북 가로 세로 각 16M 와 13M 되는 십자 형태를 중심으로 하여 기하학적 모양으로 용접하며 엮어 나가신다. 땀방울을 흘리시며 꼼꼼히 용접하시는 스님의 모습은 여느 공업사의 전문기술자가 일하고 있는 듯 한 착각을 일으키게 한다. 스님께서는 내일 새벽 6시 반에 골격 구조물 밑면 용접을 위해 이 골조를 뒤집어 줄 크레인 차가 오기로 되어 있어서 오늘 안에 이 공정을 마쳐야 한다고 하셨다. 모두 나와서 돕는다. 나는 길게 늘어진 전깃줄을 이리저리 끌어 옮기면서 백열전등을 용접하는 곳 가까이서 비쳐 드리는 일을 할 수 있었다. 저녁 아홉 시가 훨씬 지나 해변 밤하늘에 별들이 빛날 때쯤에야 일이 마무리 된다.

다음날 아침, 동이 트고 스님께서는 이미 작업 현장에 나와 다음 공정을 위한 준비를 하고 계시다. 예정대로 크레인 차가 와서 그 육중한 철골 구조물을 뒤집는다. 용접이 끝나면 그 철골 구조물 위에 나무를 엮는다고 하신다. 거기에 붙들어 매는 것으로 보이는 길이 1M, 직경 60cm 가량이 넘는 스티로폼 50여 개가 넓은 마당 한편에 높이 쌓여 있다. 이 철골 바탕 위에 무게 4~5톤으로 추정되는 사방 4M의 7층 銅塔동탑을 안면암 앞바다에 띄울 예정이

시란다.

　탑이라면 의례히 돌탑을 연상케 하는데 스님께서는 동탑을 구상, 제작하신다. 바다에 뜬 등대는 보았지만 과문한 탓인지 바다에 띄워진 浮上塔부상탑이란 들어 본 적이 없었다. 스님의 지혜를 누가 짐작이나 하겠는가! 그러나 스님께서 2004년도에 북태평양을 횡단 항해하신 후에 남기신 바다의 공덕을 기리는 글에서 스님의 뜻을 미루어 상상할 수 있을 것 같다.

'無我無海無生死 海印三昧到彼岸 무아무해무생사 해인삼매도피안'
　　본래 나가 없으니 어디에 바다가 있겠는가
　　삶과 죽음을 다 지운 경지에서
　　세상사를 여실히 비치는 바다를 관해 해인 삼매에 들고
　　나와 남이 다 같이 피안의 세계에 이르리라.

　깊은 뜻을 알지 못하면서도 이 글을 접할 때면 절로 합장하게 되고 이 글귀에서 스님께서 바다를 보시는 기본 사상을 느낄 수 있었다.

　스님께서는 바다의 공덕이 가이없음을 북태평양 횡단 항해 길에 오르시면서 다음 같이 설파하셨다.
　"바다는 끝이 없고, 자신을 딛고 올라 탈 수 있게 해주고, 누구든지 무엇이든지 평등하게 대해 주고, 똥을 버리고 맑은 물을 받아쓰려고 하는 인간의 이기심을 이해하고 용서해 주고, 끊임없는 조류의 흐름으로 인간세상의 더러움을 정화해 주고, 온 세상이 인연의 흐름 속에 있음을 상징해 주고, 바람 조류 파도가 불가사의한 아름다움을 만들어 내며, 세상에 똑 같은 공간과 시간이 없음 즉 空함을 가르쳐 주고, 마음이 지어낸 것일 뿐임을 상징해 주고, 늘어남과 줄어듦이 없고, 아무리 뾰족한 것을 만나도 부드럽게 감싸고돌며, 장애를 만날 때 더욱 강렬한 힘을 낸다." 스님께서 바다에 탑을 모시려는 까닭이 바로 여기에 있음이리라 짐작해 본다.

안면암 앞바다에 佛塔이 솟는다. 여명에 그 윤곽을 나타내고 햇살이 돋을 때 광채를 발할 銅塔을 우리는 가까운 날에 볼 수 있을 것이다.

돌탑에 이끼 끼듯이 구리 탑에 희색녹이 쓸 때까지 안면암 불자들의 예경을 받으며 바다 물결 위 이 〈浮上塔〉이 영원하기를 빈다.

2009. 04. 19. 吳宣姓

붕어빵 하나의 행복

- 석지명 스님의 법문 듣는 인연

가족의 衣食을 책임지게 된 이후부터 우리 생활을 어떻게 해결해 나갈 것인가 등등 걱정하게 되는 것은 어쩔 수 없다. 내 걱정 90% 이상이 애간장 태운다고 해결되는 내용이 아닌 줄 알면서도 그 걱정을 머릿속에서 떨쳐버릴 수 없었다.

석지명 스님을 멀리서 혹은 가까이에서 뵙는지가 꼭 10년이 되었다. 그 동안 이상하게도 스님께서 농부처럼, 뱃사공처럼, 노역자처럼 당신의 육신이 기계인양 힘들고 험한 일 하시는 모습만을 보아왔다. 특히 지난해의 안면암 제2창건 같은 큰 불사에서 젊지 않으신 연세임에도 몸을 아끼지 않으시는 스님의 억센 모습이 부처님의 화신이 아닐까 느껴진 적도 있었다. 그래서인지 스님의 저서들을 읽거나 귀한 가르치심을 받을 때 스님의 어디에서 그토록 밝게 빛나는 생각이 나오며 어떻게 저토록 아름다운 문장을 구사하시는가 생각할 때가 많았다. 이러한 내 생각은 스님께서 평생을 두고 진리의 寶庫보고 같은 佛經을 읽어 오신 사실에 대하여 그것은 너무도 기본적이고 당연한 사실이라 여겨 별로 비중을 두지 못한 나의 짧은 생각 탓이었다.

아쉬운 일이지만 나는 석지명 스님께서 베푸시는 法門을 들을 기회와는 緣연이 멀었던 것 같다. 처음 들은 법문이 지명 스님께서 북태평양을 일엽편주로 횡단 하신 후 동국대 불교대학원에서 마련한 특강이었다. 스님께서는 바다 물과 바람 그리고 그 흐름의 관계를 佛敎思想불교사상에 실어서 說法하셨다.

두 번째 들은 법문은 "마음이 죽으면 다 죽는다."는 단 한 마디 말씀으로 현해탄을 건너는 배 바라밀다호 선실에서 올린 禮佛예불에서였다.

세 번째로 들은 법문은 양산 통도사 '화엄산림대법회'(2010. 01. 07.)에서 베푸신 석지명 스님의 기획된 강의였다. 스님의 설법은 마치 둥그런 '말씀의 공' 하나가 가슴에 안겨져 오는 것 같은 느낌을 남겨주었다. 스님의 말씀이 처음과 끝이 없는 '하나의 개념'이라고 정리할 수 있었다. 평소 스님이 바위처럼 느껴진 이유와 스님이 부처님이시고, 부처님이 스님이시라고 느껴졌던 이유를 알 것 같기도 한 것이 내가 이 설법에서 얻은 전부이다.

그래도 各論각론으로 머리에 남은 것은 선망 영가 천도의 의미이다. 단순히 공경의 의식으로 제를 올리는 것으로 여겨 왔는데 천도제는 나를 천도하는 것과 같다는 말씀에 합장하였다. 불자 信行의 첫 출발이 내가 부처라는 인식을 가져야 한다는 말씀에 놀라고, 감히 화엄경과 법화경을 다 안 것 같은 착각에 빠지기도

하였다. 도둑도, 살생하는 자도 부처님 앞에 기도할 수 있다. 반드시 익히고 외워서 읊고 싶은 균여 스님의 普賢十願歌보현십원가, 불가사의한 공 선생 이야기, 3000번의 선행과 一切唯心造, 空과 끊임없이 움직이는 바다의 크고 작은 파도, 집착 없이 마음을 내라, 중생은 부처님의 뿌리다, 어리석음과 깨달음이 다르지 않다 등등 어느 것 하나 가슴을 밝게 하지 않는 말씀이 없다. 내가 순서 없이 기억하는 것처럼 어느 것이 나중일 수 없고 어느 것이 먼저 일 수 없다는 생각이 든 것은 그 어떤 말씀도 귀착되는 핵은 하나가 아닐까 여겨졌기 때문일 것이다. 1등 아닌 사람들의 삶의 길을 밝혀 주시는 말씀에서부터 남 허물 보지 말기 등에 이르기까지 법문 전체를 통하여 설득력 있게 말씀하시는 모습에서 석지명 스님께서는 천생의 교육자시라는 생각이 들었다.

많은 감동 중에 가장 마음에 남는 것은 스님께서 〈붕어빵 하나에 행복을 느낀다〉고 하신 대목이다. 본사 석가모니 부처님께서 "하늘에 달이 밝고 땅 위에 물이 맑으면 언제 어디서나 달그림자가 비치듯이 중생들의 마음이 '진실하고 청정하면' 언제 어디서나 그들 앞에 나타나리라."하셨다. 하늘 같이 크신 석지명 스님께서 작은 붕어빵 하나에 행복을 느낀다는 저렇게 천진무구한 마음이 바로 '진실하고 청정한 마음'일 것이다. 그런 깨끗한 마음이라야 진정한 佛法이 깃들 수 있을 것이란 믿음이 생긴다. 내 마음부터 깨끗하게 하는 것이 행복에의 첫걸음임을 깨닫는다.

2010. 07. 17. 吳宣娃

勝利승리를 보시하는 시주의 공덕

나는 묘한 습성이 있다. 관심이 덜한 게임은 즐기면서 본다. 그러나 정작 내 편이 반드시 이겨 주기를 바라는 게임은 아예 시청하지 않는다. 긴장되는 순간을 보게 되면 문자 그대로 심장이 오그라들 것 같아서 피하는 것이다. 승전보가 울리면 재방송을 기다렸다가 여유 잡고 즐기면서 시청한다. 진실로 게임을 즐기는 사람들은 나의 그런 행태를 이해하지 못할 것이다. 참된 재미를 모르는 사람이라고 비웃을 수도 있다.

안면암 홈피의 '석지명 스님 칼럼' 중 '단상의 조각들'에 쓰신 〈승리를 보시하는 시주의 공덕 - 2010. 01. 25.〉은 스님께서 게임의 세계를 꿰뚫어 보고 계시는 또 하나의 법문이다. 승자와 패자 그리고 관중 까지 모든 구성원들을 등장시켜서 인간 만사를 관조하고 계시다.

"게임을 보는 본질은 '재미'에 있다."에서 시작한 이 글은 비슷한 뜻을 갖고 서로 연관되는 단어들을 제시하여 글의 틀을 다진

다음 많은 이야기들을 발전적으로 이어간다. 내가 이 글을 거듭 읽게 되는 것은 '단번에 그 뜻을 이해할 수 없기 때문에' 가 가장 큰 이유이지만 다른 한편으로 글의 구성이 전개와 마무리가 절묘하게 이루어지고 있어서 크게 감탄하고 있기 때문이다. 겉으로는 게임이야기로 끌어 나가면서 그 복잡한 엮음 가운데 단 한 구절도 부처님의 가르침을 비껴 남이 없이 불교교리의 기본정신을 밝히셨다.

나를 때리면 기꺼이 맞아 주라.
나를 믿어주지 않으면 500생 동안 상대의 종이 되어
봉사하면서 상대에게 감동을 주라.
자신에게 부여된 역을 소화하라.
고요에서 중생을 유익하게 하는 지혜를 가져라.
궁극적으로 승자도 패자도 없음을 보라.
집착하지 말고 세상을 살리는 일을 하라. 등

스님 글 속에 수많은 크고 작은 보석 같은 말씀들이 빛나고 있었다. 이 법문을 읽으면서 내가 恨을 내려놓지 못하는 것은 행복한 삶에 대한 집착 때문임을 깨닫는다. 내가 게임을 볼 때 '긴장되는 순간'을 보는 것이 두려워서 피하는 것은 내 편이 이기기를 바라는 또 다른 '집착'때문이었다는 사실도 깨닫는다.

"아무리 지고 또 져도 해와 달과 별, 산과 강과 들이 우리 것이라는 사실이 변하는 일은 절대 없음."이라 하신 석지명 큰스님의 이 말씀만으로도 가슴 속이 환해지고 집념 따위가 후련하게 씻겨 내린다.

2010. 01. 28. 吳 宣 娃

스님의 기도와 짱구의 還生환생

아이들이 아직 어렸을 때 친정아버지께서 아이들이 동물을 사랑하는 마음을 갖도록 하는 것이 자비심을 길러주는 길이 된다고 일러주셨다. 무심히 들어서 특별히 어떤 노력을 기울이지 않았는데도 아이들의 동물 사랑은 남다른 데가 있다. 큰 아이가 다섯 살이 되었을 때 가까이 지내는 김 교수님댁 개가 새끼 다섯 마리 낳았는데 어찌된 탓인지 그 어미가 새끼를 차례로 물어 죽인다면서 마지막 남은 놈을 피신 시켜야겠다는 연락이 왔다. 개도 산후 우울증을 앓는 것일까? 가엾은 생각에 전화를 받은 즉시 '살아남은 놈'을 데려왔다.

아이들은 좋아서 어쩔 줄 몰랐고 서로 자기 것이라며 쟁탈전을 벌이기도 하였다. 아들은 강아지에게 짱구란 이름을 지어주었다. 아들은 유치원 가는 시간 말고는 짱구를 자기 스웨터 가슴 속에 넣고 강아지 머리만 자기 턱밑으로 나오게 해서 자기가 먹는 것은 무엇이던지 씹어서 먹였다.

짱구는 착하고 영리하여 17년을 함께 사는 동안 나의 빈자리에서 아이들에게 위안이 되어주는 등 내가 개를 기른다기보다 내가 짱구의 덕을 본 것이 더 많다. 후일 다 자란 딸은 개를 너무 좋아한 나머지 "나는 전생에 강아지였었나 보다"라고 할 정도였다. 짱구가 죽은 후 우리 傷心상심은 매우 컸다. 다시 만날 수 있기를 기다리는 마음에 윤회를 생각하게 되었지만 마음에는 슬픔과 후회만 번져가고 있었다.

진실로 輪廻윤회란 것이 있는 것일까 하는 나의 의문을 단박에 씻어 준 것은 석지명 스님의 기도였다. 스님께서는 혜암 스님의 열반에 즈음 하여 그 어른을 추모하는 글에서 "스님, 도솔천이나 서방정토거나 아니면 다른 해탈의 세계에 너무 오래 머물지 마옵소서. 어서 빨리 사바로 오셔서 우리의 또 다른 나침반이 되어 주소서."라고 하신 기도 속에 윤회가 이어지고 있다는 진실을 깨닫는다. (석지명 〈현대불교〉352호). 법정스님의 입적에 즈음하여서도 석지명 스님께서는 "청정과 무소유로 일관하셨던 이 濁世탁세의 큰 빛이시여! 극락이나 정토나 열반이나 해탈의 세계에 너무 오래 머물지 마시고 어서 그 광명을 갖고 우리 곁에 돌아와 주시기를 빕니다."라는 추모의 글을 남기셔서(안면암 홈페이지) 윤회가 이루어지고 있음을 다시 한 번 확실히 알게 되었다.

無始無終무시무종의 輪廻. 큰 희망을 얻는다. 아쉬움을 남긴 채 幽明유명을 달리하더라도 윤회로 인하여 사랑하는 부모 형제 자녀들과 다시 만날 수 있음을 믿을 수 있게 되었기 때문이다. 그러나 그 희망은 잠시 내가 사랑하는 사람이나 동물이 이 세상에 다시 태어난다 하더라도 서로 알아보지 못하는 業이 가로 놓여 있는, 인간의 힘으로는 어찌할 수가 없는 문제에 부딪친다. 충성스러웠다고 기억할 만큼 우리 가족의 좋은 친구가 되어 주었던 짱구가 명문대가의 귀한 자식으로 還生환생하기를 빌었던 나의 기도는 하늘에 닿았을까.

  짱구의 마지막 날 밤은 비가 내리고 있었다. 내가 청주에서 일주일의 근무를 마치고 밤늦게 집에 돌아왔을 때 짱구가 현관 안까지 따라 들어와서 반가이 맞아 주는데 피곤한 나는 어서 너의 집에 가서 자라하며 내보냈다. 다음날 아침 짱구는 낡은 그의 집에서 영원한 잠에 들어 있었다. 그 날이 4월 28일이었다. 해마다 그 날이 오면 가슴이 메는 것을 감당할 수 없다. 두고두고 가슴 아픈 이별이었다.
  누군가를 처음 만나서 이유 없이 친근감을 느낄 때는 혹 짱구가 환생한 것이 아닐까 하는 느낌에 잠기는 때가 있다.

2010. 04. 28. 吳 宣 娃

安眠庵 第2創建을 부른 發想의 轉換
- 안면암 제2창건을 부른 발상의 전환

　내가 처음 안면암에 간 것은 2000년 9월 24일이었다. 예순 넘어서 남겨지면 과부 측에도 못 든다는데 홀로 생일을 맞는 나를 안쓰럽게 여긴 막내 동생이 나를 나들이에 초대해 준 때였다. 태안읍에서 살찐 대하구이를 맛보고 고남 영목 항까지 가는 길에 바다와 아름다운 海松숲을 즐겼다. 돌아오는 길에 [안면암 입구]란 자그마한 팻말을 보았다. "태안군 안면도에 안면암이라!" '泰安과 安眠' 태평하고 편안한 곳에서 편안한 잠을 잔다. 釋之鳴 큰스님께서 그 많은 發願발원 가운데 '國泰民安국태민안'을 최우선으로 삼고 계시니 우리 스님의 발원 내용과 이 地名지명이 서로 절묘하게 和合하고 있는 듯하다. 그래서 지명 스님께서는 그 많은 바닷가 絶景절경 가운데 여기에 절터를 잡으셨나보다.
　천수만이 바라보이는 안면암은 진입로의 돌로 다듬은 금강역사와 신장님 조각상들이 인상적이었다. 무량수전 법당에 들어가서 향을 피우고 부처님께 인사 올린다. 석조 탱화를 모신 특이한 復層복층구조 법당 설계가 예사롭지 않게 보였다.

지난 3월 말, 안면암을 방문하였을 때 스님께서 경내 정리를 하시다가 "좀 걸어 볼까?"하시면서 안면암 뒤 언덕에 오르셨다. 천천히 뒤 따라 올라갔는데 스님의 오랜 침묵이 너무 엄숙하여 나는 먼저 내려왔다. 스님께서 서신 자리 뒤에는 헐어낸 원두막 잔해가 미처 치우지 못한 채 어지럽게 널브러져 있었다. 원두막은 법회 참석차 혹은 관광 차 안면암을 찾으실 분들의 더위를 식혀줄 휴식공간이었으나 건축 행정 절차 하자로 완공 하자마자 헐리게 되었다.

스님의 상심이 크실 것이란 짐작과는 달리 석지명 스님께서는 샘솟듯 맑은 지혜와 에너지를 이미 발휘하고 계셨다. 스님께서는 도유림과의 경계선 안에 毘盧殿비로전을 지으실 願을 세우신 것이다. 안면암 제2창건이라 할 수 있는 큰 佛事의 시작이었다. 이 불사가 진행되는 과정에서 보여주신 스님의 정성과 노고는 상상을 초월하는 것이었다.

솔밭을 지나 안면암 대나무 숲을 끼고 도는 길에 보이는 비로전의 하늘 높이 우뚝 솟은 웅장한 모습은 안면암 불자들에게 감격을 안겨주기에 모자람이 없다.

비로전 동남쪽 언덕 높이를 잘 다듬고 잡목을 걷어낸 후 철쭉 5천여 구루와 키 큰 벚꽃나무 묘목 5백여 구루를 심었다. 척박한 돌밭에서도 생명은 경이로운 것이어서 올해는 벚꽃이 필 것 같다.

메마른 철쭉 가지에도 물이 오른 듯하다. 몇 년 만 지나면 이 동산 철쭉들이 붉게 타오를 것으로 기대된다. 스님의 조경 감각 또한 놀랄만하였다. 꽃 심은 언덕에 12지신 상을 비롯하여 애기지장보살상 등 동자승 40여 분들을 순서와 생김새에 따라 배치해 놓으셨다. 언덕 맨 남쪽에 높고 가느다란 조각이 아름답게 새겨진 돌탑과 허허선당에서 옮겨온 청초한 모습의 지장보살님을 모셔 놓았다. 천수만 바다가 바라보이는 언덕에 조성된 이 동산은 마치 애기보살들이 재잘거리는 소리가 들리는 듯 하고 이곳이 바로 극락이란 생각이 들 정도로 아름답다.

모래 위에 그리기 만해도 공덕이 된다는 탑을 스님께서는 수없이 조성하셨다. 각 법당에 小塔들을 불자님들의 원에 따라 모시고 있다. 조구널 형제 섬 사이에 無心히 서 있는 호국 부상탑은 스님의 특별한 관심 속에 조성되었고 여러 佛母들이 정성으로 석가모니부처님 일대기 八相成道팔상성도와 父母恩重經부모은중경 등 많은 불화를 그렸다. 비로전 북서쪽에 세워진 大塔은 천수만 건너편에서도 보일만큼 그 위용이 사방에 뻗치고 있다.

佛事의 壓卷압권은 무량수전에 있다. 찬란한 금빛을 입힌 석조 탱불과 그 伏藏物복장물이다. 부처님과 불보살님들을 모신 좌대 아래에 세 계단의 壇을 마련하고 거기에 석조 탱불 내부에 복장했어야 할 작은 불상과 탑들을 모셨다. 이렇게 안면암 불사의 大尾를 장식하신 스님의 무궁무진한 아이디어는 천부의 것이라고 생각하였다. "역시, 스님은 生佛이시다"라고 찬탄한 삼마야 보살님의 말씀에 지극히 공감한다.

　드디어 4월 20일의 점안식이 다가오고 있다. 새로 모신 비로자나 부처님과 석가모니 부처님께 예경을 올리시는 모든 불자님들께서 성불하시기를 기도한다.

2010. 04. 08. 吳 宣 姃

살아 계신 부처님
- 불기 2555년 부처님 오신 날 봉축사

우리들의 크신 스승 석가모니 부처님의 탄신일을 삼가 봉축합니다.

오늘 봉축사를 올리도록 下命받고 아는 것이 없어 두려운 마음에 극구 사양하였으나 석지명 스님의 지엄하신 결정을 되돌릴 수 없어 이 자리에 서게 되었습니다. 저의 求道하는 마음을 되새기며 부처님께 감사 올리는 것으로 봉축사에 갈음하려 합니다.

저는 지난 40여 년을 부처님 앞에 향을 피우며 기도해 왔으나 진실로 삼보에 귀의하게 된 것은 불과 10여 년에 지나지 않습니다. 불교의 오랜 역사에 비하면 저의 불자로서의 삶은 찰나에 지나지 않습니다. 그러나 그 사이 불경을 읽고 사경하고 불화를 그리는 등 불교문화에 다가서면서 서서히 잔잔한 깨달음을 얻고 있습니다. 그 중 세 가지 생각을 선배 불자 도반 여러분과 나누고자 합니다.

첫째는 諸行無常제행무상입니다.

석지명 스님께서 청계사 주지로 봉직하셨다는 이야기를 듣고 안양 소년원에서 소년법학회가 열리는 날 점심시간에 청계사에 갔습니다. 누워 계신 석가모니부처님 머리맡 가까이에 〈諸行無常〉이라고 쓴 팻말이 있었습니다. 그때는 글자만 보고 읽었습니다. 봄 여름 가을 겨울이 몇 번씩 흐르는 사이에 '영원한 것은 없다'는 생각이 들었습니다. 제가 태어나서 수십 년을 지나도록 모든 것이 끊임없이 변하고 있었고 그런 실상이 만고불변의 진리임에도 천 년을 살 것처럼 이를 알아차리지 못하였습니다. 제행이 무상함을 깨달았을 때 원망을 지울 수 있었고 마음이 편안해지는 경험을 하고 나눔의 참된 가치를 알게 되었습니다.

  둘째는 기도입니다.
  어려서부터 기도를 해왔습니다. 철부지의 기도는 막연히 무엇인가 원하는 것이 이루어지기를 비는 기도였습니다. 삼보에 귀의하려 노력하면서부터는 맑은 마음으로 罪業을 짓지 않게 도와주시기를 빌었습니다. 기도가 내 소원에 대하여 마술 같은 결과를 가져다주기를 바라는 것은 어리석은 기도이며 내 소원을 이룰 수 있기를 간절한 마음으로 기도하는 사이에 그 소망에 다가갈 수 있는 지혜를 얻게 되는 것이 기도라고 깨닫게 되었습니다. 다시 몇 년이 지난 어느 날에 기도를 통하여 얻은 지혜를 다하여 99%의 공정을 쌓아 올렸을지라도 마지막 1%를 채워주실 부처님의 불가사의한 자비가 내리지 않으면 이루어지는 것이 없음을 알게 되었습니다. 이 때 萬善成佛만선성불의 깊은 뜻을 깨닫게 된 듯합니다.

셋째는 '살아 계신 부처님'을 모시게 된 인연입니다.

부처님 앞에 기도는 하면서 지난 수 십 년 동안 달마를 그리시는 蕭空소공 스님과 글씨를 잘 쓰시는 一鵬일붕 스님의 작품을 각한 점씩 받는 만남이 있었을 뿐 스님들의 직접적인 가르침을 받을 기회나 인연은 갖지 못하였습니다.

2000년 4월, 지아비의 위패를 안치한 법주사에 갔다가 우연히 주지스님을 뵙게 되었습니다. 접견실에서 석지명 큰스님을 처음으로 뵙고 예를 올렸는데 '저 분이 바로 살아 계신 부처님이시다'는 생각이 내 머리 속을 스쳤습니다. 속리산 계곡을 내려오면서 이내 나의 생각에 의문을 갖게 되었습니다. 살아 계신 부처님이란 표현이 넘치는 것은 아닐까 혹은 부적절한 것은 아닐까 등등 스스로 고민에 빠졌습니다. 그러나 그것은 '부처'가 금속이나 나무나 돌로 형상화된 모습에 익숙해져 있는 관념 탓이란 사실을 곧 깨달았습니다. 따라서 번개처럼 내 머리 속을 스쳐갔던 나의 생각은 영감이었다고 믿게 되었습니다. 그 영감이 정확하였음을 두고두고 실감할 수 있었습니다.

아시는 바와 같이 석가모니께서는 권세와 부귀영화를 버리시고 고행 끝에 득도하셨으며 생전에 84,000 법문을 남기시고도 열반에 즈음 하여 "나는 아무 말도 하지 않았다."고 하셨습니다. 나는 그 사이 석지명 스님께서 불교계 안팎에서 부귀영화에 이르는 기회가 많았다는 사실을 알게 되었습니다. 진리를 좇아 중생 제도에 헌신하시면서 주어진 많은 기회를 모두 거부하신 행적은 석가모니 부처님께서 부귀영화를 버리신 것과 다르지 않다고 생각하게 되었습니다.

나는 허공장불교신행회의 정기이사회에 참여한 적이 있습니다. 불자님들이 주도하는 이사회는 그 절차와 진행이 민주적이고 모범적이었습니다. 국내 국외의 큰 종교단체들이 그 구성원 간 혹은 가족 간에 재정 문제로 물의를 일으키고 있는 요즘 비록 규모가 작은 사찰일지라도 재정 일체를 투명하게 밝히는 안면암 운영방식을 알게 되었고 '주지스님'이라 하지 않고 '指導法師지도법사'라 칭하는 이유도 이해하게 되었습니다. 석지명 스님께서 많은 법문을 남기시고 마치 고행하시듯 온갖 힘든 일을 감수하시면서도 스스로를 위해서는 '단 한 점 취한 것이 없음'은 석가모니부처님께서 당신을 위해서는 '단 한 마디 없었음'과 관념적으로 버금간다는 생각과 함께 스님의 敎經교경분리 신념을 존경하게 되었습니다. 성직자로서 오로지 法을 說하고 중생제도에 전념하시며 재정문제에 관련하여서는 지도는 하실지언정 일체 관여하지 않으심으로 해서 '敎役교역의 자리'에 머물러 사찰 재정운영의 투명성을 실천으로 가르치고 계십니다.

제한된 시간에 단편적인 생각들을 이렇게나마 정리하고 보니 부처님은 멀리 계시는 것이 아니고 바로 내 앞에, 우리 앞에 살아계시다는 생각이 확고해집니다. 우리가 석지명 스님의 법문들을 학문적으로 체계화하여 엮고 후손들이 이를 생활 속의 신행으로 받든다면 스님의 今生은 '生佛'이시고 언젠가는 '석지명 스님 오신 날'을 봉축하게 될 것이라는 희망을 갖게 됩니다.

'석가모니 부처님의 가르치심'이 '살아계신 부처님'을 통하여 우리 안면암에서부터 온 세상으로 퍼져 모란처럼 커다란 꽃으로 활짝 피어나기를 축원합니다.

2011. 05. 10. 吳 宣 姃

이슬처럼 내린 佛恩불은

　사노라면 고마운 분들 생각 날 때가 많다. 부모님에 대한 감사와 사랑은 내 삶의 연륜이 쌓여갈수록 많이 커져가고 있음을 느낀다. 계량화할 수 있다면 틀림없이 상승선이 끝까지 이어질 것이다. 탈 없이 자라준 자식들에 대한 고마움도 크다. 내 인생에 고마운 사람들이 어디 내 혈육들뿐이겠는가. 혈육들은 천생으로 서로를 위하는 마음을 지녔을 수 있다고 생각되지만 어떤 면에서는 서로 사랑해야 된다는 후천적 교육을 받기 때문에 서로를 위하게 되는 것일 수도 있을 것이다. 그러니 혈육이 아닌 제3자와의 관계에서 고마움을 느낀다면 그 인연은 진실로 귀한 것이리라.

　교육계에서 은퇴한 후 나는 제3인생의 길목에서 부처님 말씀 따라 마음의 변화를 겪고 있었다. 어느 날 문득 죽음이란 '수생을 마감하는 것'일 뿐이란 생각이 들었다. 삶에 죽음이 없다면 그 삶에 무슨 뜻이 있겠는가. 이런 깨달음이 내가 살만큼 살아서 더 욕심 부릴 일이 없어져서 오는 심리적 변화일수도 있겠고 이젠 내가 쓸모없는 인간이란 것을 스스로 깨닫는 현상일 수도 있을 것이다. 원인이 어디에 있든 淡淡담담한 마음으로 죽음을 맞이할 수 있을 것 같다. 삶의 모든 욕심을 내려놓을 수 있기까지 佛恩은 소리 없이 이슬처럼 촉촉이 내리고 있었다.

석지명 스님께서는 '오는 사람 막지 않고 가는 사람 잡지 않는 것 이 절의 법도'라고 하셨다. 흉악범도 품을 수 있으나 인연 없으면 제도할 수 없다는 뜻일까? 어느 날의 법회에서는 큰 진리는 오직 하나이고 一通百通일통백통이라. 너와 내가 둘이 아니며 만남과 이별, 시작과 끝, 태어남과 죽음이 둘이 아니며 모두 하나일 뿐이다 고 설법하셨다. 언젠가는 일체 중생이 皆有佛性개유불성이라. 모든 중생이 부처님의 성품을 갖고 있다하니 중생과 부처님이 다르지 아니하고(不異) 둘이 아니다 (不二)고 설법하셨다. 또 마음에 남는 법문으로 생명 지닌 모든 것을 사랑하라(不殺生), 모든 사람이 높고 낮음이 없어야 한다(平等 平和) 인생 부귀영화 덧없으니 끝없이 수행하라(諸行無常)는 말씀이었다.

어느 결에 아침에 千手經의 말씀을 빌어 願我早得智慧眼원아조득지혜안을 빌고 잠들 때 願我不退菩提心원아불퇴보리심을 다짐하게 되었다. 진실로 무의식 중에 많이 변한 내 모습을 본다.

오늘 밤 달님과 별님과 부처님께 내게 이슬처럼 내린 불은에 대한 고마운 마음을 띄운다.

2014. 01. 28. 吳 宣 娃

달팽이 放生방생

아들 딸 남매를 기를 때에 색깔이 화려하고 지느러미의 움직임이 환상적인 금붕어를 사다 키웠다. 실지렁이나 붕어 사료를 사다가 아이들에게 먹이 주는 기쁨과 생명의 귀중함을 느끼게 해 줄 수 있었다.

결혼 이후 딴살림을 사는 아들네가 '생명'을 키운다는 소리가 들려서 반가웠다. 며느리가 둘째 아이를 출산할 때 며느리는 큰 딸을 내게 맡기면서 그들이 기르는 달팽이도 들고 왔다. 달팽이들을 정성들여 돌보았더니 하루가 다르게 쑥쑥 크게 잘 자랐다. 며느리가 산후조리원을 나와서 가족 모두 저희들 보금자리 '남산집'에 돌아 갈 때 그들은 달팽이 가족도 데리고 갔다. 며칠 후 아들이 달팽이들이 그들 집 밖으로 몸을 뺄 때는 집이 좁아져서 달팽이들을 어떻게 해야 할지 고민이라고 했다. 나는 순간 떠오른 생각대로 "양지바른 풀숲에 방생하면 어떻겠니?"라고 제안하였다.

2010년 정월 초이렛날 나는 처음으로 안면암 방생법회에 참여했었다. 천수만 바다의 파도소리와 함께 맑게 울려 퍼지는 석지명 스님의 염불소리를 들으면서 발이 푹푹 빠지는 뻘을 한참 걸어서 바닷물길이 흐르는 곳에 물고기를 놓아주었다. "이제 너는 자유를 얻었으니 큰 바다로 나가서 큰 고기로 잘 자라라!"라고 덕담을 했다. 냉큼 바닷물의 흐름에 따라 갈 줄 알았는데 물고기는 한참을 그 자리를 맴돌며 갈 길을 찾고 있었다. 그 모습을 물끄러미 바라보다가 "용왕님, 제 아이들 남매 앞길을 밝혀 주십시오."라고 불현듯 기도한다. 나는 오래 전부터 나를 위한 이기적인 기도는 삼가야겠다는 생각을 하고 있음에도 불구하고 또 그런 기도를 되풀이하고 있는 내가 멋쩍어졌다. 바른 뜻을 세우고 바르게 보고 바르게 말하고 바르게 행동하는 지혜를 주소서 라고 기도하리라 마음 정하고 있었는데 매양 자식들의 행복을 그 중심에 두는 기도가 이어지고 있음에 갈등이 스친 것이다. 그래도 '부모은중경'을 떠올리며 동서고금에 부모 마음은 다르지 않음을 확인하며 나의 기도는 자연스런 것이라 스스로 옹호해 보았다. 아무튼 이런 안면암에서의 방생경험이 있어서 달팽이도 방생하는 것이 좋을 것이란 생각이 난 것이다.

　　아들 내외는 아파트 단지 안에 있는 작은 연못을 찾았다. 변덕스런 날씨도 어지간히 풀려서 제법 따뜻해진 날이었다. 연못가에 키우던 달팽이 세 마리를 정성스럽게 놓아 주었다. 아들은 연못에 내려진 달팽이들이 낯선 자연환경에도 잘 적응하는지 제 몸들을 쑥 빼내서 새로운 주변 환경을 즐기고 있는 듯 보이는 사진을 3장이나 보내 주었다. 그 다음 다음날 날씨가 다시 추워져서 달팽이들이 추워서 고생 하지 않을까 우리는 크게 염려하였다. 어쩔 수 없는 일이다. 저들 살 궁리를 하였겠지라고 짐짓 자위한다. 나머지 두 마리는 첫 아이가 다니는 어린이집에 학습용으로 기증하였다. 한 집에서 '한 가족'으로 자랐어도 그들 다섯 마리 달팽이의 운명에 갈림길이 있었다니 그들의 운명일까.

안면암 방생법회 날에 방생된 물고기들도 큰 바다에 나가서 큰 고기로 자라고 자손을 번식하는 행운을 누리기도 할 것이고 혹은 저만치서 어부들이 쳐 놓은 어망에 걸려서 누군가의 식탁에 오르게 되어 짧은 생을 마감하기도 할 것이다. 이 운명의 갈림을 어떻게 이해하고 받아들여야 하는지를 곰곰이 생각하게 된다. 억 겁 년을 지나오는 동안 善業을 쌓은 자와 惡業을 물리치지 못한 자의 차이에서 해답을 찾을 수밖에 없을 것 같다. 아들 내외의 달팽이 사육과 방생은 작지만 선업을 쌓은 것 같은 생각에 어미 마음이 흐뭇해진다.

微物미물도 윤회하는 한 삶

　미국의 34대 대통령 아이젠하워(Dwight D. Eisenhower)는 2차 대전 당시 유럽주둔군 사령관으로서 노르망디 상륙작전에 성공하였다. 終戰종전을 이끌어낸 영웅이란 칭호를 얻고 세계인의 사랑을 받았다. 그가 1960년 한국의 〈4.19 혁명〉 직후 서울을 방문하였을 때 그는 서울 시민들로부터도 열렬한 환영을 받았다. 시청 앞 광장과 그 주변 도로와 골목까지 가득 메운 시민들은 그의 모습을 보려고 새벽부터 자리 잡기 실랑이를 벌였다. 무개차를 탄 아이크(Ike-아이젠하워의 애칭)의 차가 세종로 소재 미국 대사관으로 가기 위해 숭례문을 돌아 시청 앞 광장으로 향하자 경찰이 애써 유지하던 안전 질서는 순식간에 무너지고 젊은이들은 대통령 차 앞을 가로막다시피 하며 손을 내 밀어 악수를 청하였다. 운 좋게 아이크와 악수한 사람들은 기분이 하늘이었겠지만 경호팀은 놀라서 차를 뒷골목으로 돌려서 정동 미국 대사관저로 차를 돌려야만 했었다.
　오늘 새벽 갑자기 그 아이젠하워 대통령의 일화가 생각났다.

미국 육군사관학교-West Point 출신으로 능력을 증명하고 장군이 된 그가 어느 날 일선 군용 막사 화장실에 앉았는데 앙증맞은 새앙 쥐 한 마리가 새까만 눈을 굴리며 빤히 쳐다보고 있어서 도무지 볼일을 볼 수 없었다. 쫓아도 나가지 않아 화가 나서 권총을 빼 들고 쥐를 향하여 쏘았는데 쥐는 총알보다 먼저 도망 가버렸다. 천하의 장군이 쥐를 명중하지 못하여 자존심이 상하고 있는데 다시 나타나서 빠끔히 쳐다보는 쥐 때문에 화가 머리끝까지 뻗쳐서 총알이 다 나갈 때까지 연발로 쏘았지만 성공하지 못하였다. 아이크가 그 화를 다스리는데 한참 애먹었다는 에피소드가 전해져오고 있다.

이와 비슷한 일을 나도 이 새벽에 경험한다. 나는 오늘 일찍감치 목욕재계하고 마음을 가다듬어 영산회상도의 본존 석가모니불을 그릴 예정이었다. 지난 밤 자정께 새로 물 떠다 놓고 먹물과 붓도 새로 준비해 두고 기도하며 잠을 청 하였었다. 얼마나 잤을까? 비몽사몽간에 팔을 열심히 긁다 보니 잠이 달아나버렸다. 벌떡 일어나서 불 켜고 사방 살피는데 모기 한 마리가 유유히 내 눈앞을 날아간다. 두 손을 뻗쳐 딱 쳐서 잡으려 하였지만 모기는 나를 비웃듯 우아하게 날아가 버린다. '저 흡혈귀!' 내 기어이 잡고 말리라 굳은 결심을 한다. 웨엥 소리 내며 달려드는 모기도 필사적인 듯하다. 이리저리 손바닥이 얼얼하도록 모기 잡으러 애 썼지만 번번이 헛손질이었다. 사람들이 자기가 경험한 것만큼만 남을 이해한다고 하던가? 나는 웃어넘겼던 아이크의 화난 심사를 이제야 이해할 수 있게 되었다. 인간이 작은 새앙쥐와 그 보다 더 작은 모기와 벌린 싸움인데 이 싸움들이 뜻밖의 생각으로 나를 이끌어간다.

성스러운 분위기로 맞이하려던 '이 아침'인데 모기와 전쟁을 치루 다니 한심하다. 크고 힘세다고 작은 동물을 다 이기는 것이 아니다. 이 당연한 진리를 왜 나는 그 동안 실감하지 못하였을까? 어쩌면 저 모기는 내가 잡아서는 아니 될 전생의 因緣이 있었는지도 모른다. 내가 어떤 몸으로 환생하게 될지도 알 수 없다. 지친 숨결을 고르는 사이 난생 처음으로 윤회의 고리에서 벗어나고 싶다는 생각에 이른다. 항상 수생에서 누리지 못한 것을 來世의 복으로 이루어지기를 기도하던 모습과는 사뭇 다른 생각을 한다.

오늘 아침 진정으로 값진 전쟁을 치렀다. 천수경도 외우지 못하여 스스로 주눅이 들어있는 내게 부처님께서 자비를 베푸신 것이 틀림없다. 작은 미물도 윤회의 과정에 있음으로 어느 생에서 호랑이었을 수도 있고 언제 다시 사람으로 태어나 나와 귀한 인연이 될지 아무도 알지 못한다.

남들은 오래 전에 알고 있었을 이 진리들이 나의 황혼에 이르러 깨달음으로 다가온 것은 오히려 감사한 일이다.

2012. 04. 10. 吳 宣 娃

어린 날의 추억과 할머니 佛經불경책

　　장마 무더위가 기승하니 고향의 시원한 宗宅이 그리워진다. 그곳 사랑채 앞 넓은 마당 건너에 300년 넘게 거목으로 잘 자란 소나무가 있다. 소나무가 늘어뜨린 가지가 연못 물 속에 잠길 듯 그 아름다운 풍경이 눈에 선하다. 많은 젊은이들이 도시로 나가서 집성촌 마을이 텅 비다시피 하고 있는데 宗孫종손도 자녀 교육상 도시로 나가서 나의 아래 行列항열인 宗婦가 혼자 古宅을 지키고 있다. 지난해 귀향했을 때 인기척 없는 종가 마당 한 편에 잘 익은 보리 둑 열매를 혼자 따먹으며 옛 생각에 잠겼다.

　　고교 진학하러 대구로 떠난 이후 고향나들이 기회가 없었다. 공부하고, 직장 다니고, 시집살이하고, 아이 키우고, 연구직에 몰두하고 그렇게 세월이 흘러 30여년이 지나 어머니의 유해를 고향으로 모시게 되어서야 눈물을 흘리며 다시 고향에 가게 되었다. 4년 후 아버지를 어머니 곁에 모신 뒤로 고향나들이가 잦아졌다. 두 분 무덤 앞에 앉아서 무심히 발아래 흐르는 강 건너 먼 산을 바라보는데 가슴 아린 추억들이 눈앞을 지나간다.

  6.25전쟁이 일어났다. 미군 전투기 편대가 퇴각하는 침략군을 쫓아 수 없이 곤두박질하듯 내려오며 기관총 사격을 가하던 것이 뇌리에 그대로 남아 있다. 폭격이 앞산 넘어 영양읍 일대에 가해지는 것이었다는데 그런 걸 알 리 없는 나는 그 제트기들이 꼭 나를 향하여 급강하하는 것 같은 착각에 몸이 얼어붙었다. 집으로 도망칠 엄두도 못 내고 강변 찔레나무 가시덤불 속으로 머리를 박고 숨었던 기억에 울컥해진다.
  어느 날 퇴각하는 인민군 둘이 우리 집으로 숨어들었다. 국군 대령에 해당한다는 인민군장교 한 사람과 그를 수발하는 '특무장'이라 했다. 우리는 그들을 거절할 용기도 내쫓을 방법도 없었다. 특무장은 밥을 지어 장교에게 바치는데 내가 보니 찬도 없이 맨밥을 먹고 있었다. 불쌍해서 엄마 몰래 남은 된장찌개 등 반찬을 갖다 주었다. 장교는 코피를 계속 흘리고 있었다. 김일성대학 출신이라는 데 키가 크고 知性도 갖췄던 것 같다. "우리끼리 싸울 이유가 없다. 스탈린과 서방 세계가 우리를 원수지간으로 만들고 있음을 잊지 말라"고 했다. 그는 이름을 "리인수"라며 열세 살 어린 나에게 전쟁 끝나거든 찾아오라고 평양 자기 집 주소를 적어주었다. 후퇴하는 인민군 무리가 어떤 발악을 하게 될지 두려워 우리 가족은 집을 버리고 日月山으로 이어지는 하늘목재를 탔다. 피난가면서 밭고랑에 또는 계곡이나 나무 숲 사이에 숱한 인민군 시체를 보았다. 그 키 큰 평양 아저씨는 살아서 돌아가기나 했는지?

역사가 많이 바뀌었다. 지난 6월 2일의 지방자치단체장 등 선거를 치루면서 2030세대가 5060세대를 믿을 수 없다고 비난한다는 보도가 있었다. 그에 대해 '저들이 피땀 흘리지 않고 누릴 것 다 누리니 세상이 너무 쉽게 보이나보다'하는 냉소가 장년층의 지배적 반응이었다. 그러나 내겐 그런 것이 문제가 아니었다. 저들이 5060세대가 되었을 때 우리나라 운명을 어떤 길로 이끌어 갈 것인가가 진실로 마음에 걸렸다.

우리 속담에 '내일을 말하면 귀신이 웃는다.'는 말이 있다. 우리 선조들의 해학이 넘치는 지혜로운 말이다. 진정 한 시간 앞도 못 보는 것이 우리 인간이 아니던가. 그래서인지 어른들은 한 해의 운명을 토정비결에 묻곤 했다. 설날 아침 支孫들이 종가에 모여 큰제사를 올린다. 설 차례가 모두 끝나고 몇몇 어른들께서 祠堂에가서 不遷位불천위 제사를 올리고 나면 시간은 벌써 오후 한나절로 넘어 간다. 손이 시려서 후후 입김을 불어대지만 따끈한 떡국을 먹을 때는 추위쯤은 문제가 아니었다. 그토록 가난한 시절이었지만 설날은 모두 명주비단 설빔을 입었고 집집마다 먹을 것이 넘치고 사랑이 넘치는 행복한 날이었다. 종가 큰사랑에서 어른들께 세배 드리고 둘러앉아 德談덕담을 듣는다. 호야등불이 대청마루 끝에 내걸릴 무렵 송계 할배가 토정비결을 보아주신다. 할배는 괘가 좋게 나오면 덕담과 함께 호사다마라 근신하라 이르셨고 괘가 절망적인 때는 교훈과 더불어 어려움을 극복하는 지혜를 가르치고 계셨다. 풍채가 좋으셨던 송계 할배는 내가 고향을 떠나기 얼마 전에 타계하셨다. 토정비결 보는 풍습과 재미도 함께 사라졌다. 온 동네 남녀노소 일가들이 모여 항렬에 구애되지 않고 떠들썩하게 흥겹던 마당 윷놀이며 地神지신 밟기도, 큰 애기들이 댕기머리 다홍치마 휘날리며 기량을 뽐내던 널뛰기며 언덕 위 대보름 달맞이도 세월 따라 사라진지가 오래라 한다.

나의 조모님은 토정비결에 비판적이었고 석가모니부처님 이야기를 자주 하셨는데 돌이켜 생각하니 석가모니부처님의 八正道팔정도가 아니었나 싶다. 우리 陣外祖父진외조부 님은 漢學者한학자로서 딸네도 아드님과 차별 없이 한문을 가르치셔서 우리 할머니께서는 평생토록 마을 지식인 대우를 받으셨다. 할머니께서는 거의 해마다 금강산에 가셔서 여러 절을 순례하셨다. 금강산에는 절이 많았다는데 학덕이 높으신 노스님을 만나고 그 분의 지도로 여러 불경들을 사경하여 갖고 오셨다.

할아버지는 결핵으로 고생하던 다 자란 막내아들을 잃고 부처님께 귀의한 아내를 절에까지 동행해 주시는 것으로 위로하셨던 것 같다. 나는 가끔 할머니의 금강산 행차 모습을 머릿속에 그려

보곤 했다. 동백기름을 발라 곱게 빗은 머리에 은비녀로 쪽을 찌고 하얀 명주 치마저고리를 입고 고운 버선발에 삼색미투리를 신고 금강산 솔밭 사잇길을 가만 가만 걸어가시는 모습이다. 열흘 넘게 걸어가야 했다는 길을 나서는 그 여행길이 이미 修行의 시작이 아니었을까?

할머니의 금강산 나들이는 45년 초파일에 다녀오신 것이 마지막이라 하셨다. 금강산 절 나들이가 단절된 것은 민족의 운명처럼 남북을 가르는 38선이 그어진 것이 원인이었다. 할머니는 漢文과 諺文언문으로 옮겨 쓰신 여러 불경들을 摺綴접철하거나 책으로 엮어서 대나무 바구니 상자에 차곡차곡 가득 넣어 두시고 매일 아침 단정하게 앉아 성심으로 읽으셨다.

내가 대학 2학년이 되었을 때 할머니 유품을 정리하였다. 손수 닥종이 겉표지에 들기름을 노랗게 먹이고 주치물 들인 빨간 실로 제본한 불경 책 네 권을 아끼시던 명주치마에 싸놓으신 것을 발견하고 나는 목이 메었다. 키가 12cm 정도 되시는 작은 금동 立身불상도 함께 있었다. 해방 후 서양문물이 들어오면서 불교가 미신이라 하여 사회적으로 비방당하는 수모와 고난을 겪으면서도 할머니의 부처님을 향한 진실한 마음은 변하지 않았었다고 믿어졌다. 성스런 불경 책과 불상을 남 몰래 고이 간직하신 할머니에 대한 안쓰러운 마음 말로 표현할 길이 없다.

할머니가 손수 寫經사경하신 불경책 표지에 활달한 필치로 쓰인 〈金玉煥 김옥환〉. 할머니 이름 석 자가 적힌 불경 책을 눈시울을 붉히며 안아보았다.

2010. 07. 17. 吳 宣 娃

不自由는 自由의 어머니

1946년 봄, 아버지고향으로 귀국했을 때 내 또래 아이들이 "자유 그것 아니면 죽음을 달라. /무궁화 핀 삼천 만리 화려한 강산~"이란 노래장단에 따라 고무줄놀이를 하고 있었다. 광복을 염원하는 어느 애국선구자가 아이들 놀이를 통하여 자유와 독립사상을 보급하려 애썼던 것이 아닐까 여기고 있다.

내가 자유의 法理법리를 제대로 이해하게 된 것은 대학에 들어가서였다. 자유권적 기본권으로 人身의 자유권과 사생활의 자유권 그리고 양심의 자유를 포함한 정신적 자유권이 우리 헌법에 보장되어 있다. 이 기본권의 목적은 국민의 '행복 추구권과 법 앞에 평등권' 보장에 있고 이들은 인간의 존엄과 가치의 실현 수단인 것이다. 우리 헌법은 자유에 대하여 천부적, 초국가적 권리성과 개인이 갖는 불가침의 기본적 인권을 확인하고 있다. 헌법은 "국민의 자유와 권리는 헌법에 열거되지 아니한 이유로 경시되지 아니한다."고 명시하고 "자유와 권리의 본질적인 내용은 침해할 수 없다."고 규정하고 있다.

그러나 자유권은 초국가적 권리라 할지라도 절대로 제한을 받지 아니하는 절대적 자연권을 의미하는 것은 아니다. 자유가 무제한적 이기적인 것이 될 수 없음은 타인에게도 내가 누리는 것과 같은 자유와 권리가 있고 이를 침해해서는 아니 되기 때문이다. 자유권도 내심의 작용인 의사에 관한 자유를 제외하고 행동의 자유는 사회적 질서와 안정의 유지를 위하여 그리고 공공의 필요에 따라 제한이 가능한 상대적 자연권일 수밖에 없는 것이다. 자유권적 기본권인 자유도 양심의 결정, 신앙 등 순수한 내심의 작용인 자유를 제외하고는 타인의 권리의 불가침, 헌법질서의 준수, 도덕률의 존중이라는 不文律的불문율적 제약을 받는 것이다.

법적으로 보장된 자유를 자유개념의 기본으로 볼 때 이 불문율적 제약에 대해서 부자유라고 볼 수 있겠는지를 생각해 보게 되었다. 내심의 작용인 의사를 타인의 자유에 대한 침해 없이 언어 또는 행동 등 외적 동작으로 실현할 수 있으면 이는 분명 자유이다. 한편 의사 실현 不能 상태 즉 감금 협박 등 강압에 의한 행동의 자유 박탈 상태는 '진정한 부자유'이다. 의사실현 생각이 간절하지만 스스로 의사실현을 억제할 수밖에 없는 경우도 부자유상태인데 이를 '不眞正不自由부진정부자유'라 표현할 수 있을 것이다. 위에 든 불문율적인 제약은 스스로 의사실현을 억제할 수밖에 없는 영역이라 본다. 특히 '도덕률의 존중'은 도덕이 법 이전의 삶의 규범이기에 의무처럼 인간의 삶에 무게로 실리는 것이다.

이어서 기본권인 자유 가운데 양심의 결정, 신앙 등 순수한 내면의 작용을 바탕으로 자유와 부자유를 생각해 본다. 법주사 새벽 예불에 나오신 스님들의 정장하신 모습들이 매우 경건하고 아름답게 보였다. '지심귀명례 삼계도사 사생자부 시아본사 석가모니불…….' 법당 안에 울리는 염불소리는 남성 코러스의 웅장함의 극치처럼 감동적으로 들려서 스님들은 세상에 거리낄 것 없는 '완전한 자유인'이라고 생각했었다. 각종 제례 올리려 절에 가는 횟수를 거듭하면서 나는 그런 나의 생각에 회의를 품게 되었다. 저 회색 법복 속에 인간의 온갖 번뇌와 희로애락을 묻고 부처님처럼 산다는 것 그 자체가 자기 '의사 실현을 억제'하는 수행임에 틀림없다고 느꼈다. 이미 득도하신 큰스님들은 자유의 경지로 성불하셨을 것이지만 아직 수행 중에 계시는 분들에게는 이 수행이 일반인이 겪는 '의사실현의 억제'와 다르지 않을 것이라 생각하게 되었다.

최근 설봉 스님은 '수행자는 성불을 위하여 어떤 어려움도 죽여야 한다.'는 소견을 안면암 홈피 댓글에 남겼다. 또 '갈매기의 아침참선(2010.08.23.)'이란 글에서 "하안거를 마친 첫 발걸음, 그것이 해방 이었다."고 쓰고 있다. 설국 스님이 慈堂자당을 여읜 절절한 심정을 '나의 불효'라는 글에 밝혔다. 세속의 인연을 끊고 수행하는 분에게도 슬픔과 눈물이 있었다. 그 '죽여야 할 어려움'과 '해방감' 그리고 '슬픔과 눈물' 속에 부자유가 물씬 묻어나고 있었다.

우리들의 큰 스승 석지명 스님을 생각한다. 周易주역 觀相學관상학 등에 심취한 적이 있는 한 젊은이가 지명 스님을 뵙고 나서 "스님께서는 조선왕조에 태어나셨다면 一人之下 萬人之上일인지하 만인지상이 되실 氣槪기개를 지니셨다."고 했다. 나는 가끔 그의 말을 떠 올리고 수긍하는 때가 있다. 조계종 종단 원로회의 등 모든 명예로운 직을 벗어놓고 바닷가 자연과 더불어 포교활동에 전념하는 큰스님의 모습에서 임금의 만류에도 불구하고 낙향하여 향토 후배들을 가르치며 여생을 자연과 더불어 보낸 옛 정승의 이야기가 생각나서 였다.

안면암 허공장회 원로회원 가운데 스님께서 학창시절에 만든 불교교리 연구모임에 참여한 이래 40년 넘게 師弟사제 인연을 이어 오시는 분들이 많다고 듣고 있다. 10년 가까운 스님의 미국 유학시절에도 유지된 그 모임이 스님 귀국 후 안면암 창건이라는 큰 열매를 맺게 된 비결은 어디에 있는 것일까? 이 또한 스님의 '스스로를 버린 희생 봉사'가 이어져서 얻은 결실임에 틀림없다.

지명 스님을 20여년 넘게 섬기고 있다는 D보살의 이야기를 생각한다. D는 스님께서 청계사 주지로 계실 때 척추에 큰 외과적 수술을 받고 퇴원하신 날 바로 예정된 철야기도에 들어 미동도 않으시며 선채로 밤을 새워 기도 하였던 이야기를 들려주었다. D는 지명 스님의 그 처절하리만큼 투철하신 精進정진 정신에 크게 감동받았다 하였다. 이 이야기에서 성직자로서 불공 올리는 이 행위를 자유의사라 할 수 있을까, 자유를 버린 부자유상태라 해야 옳을까?

겨우 10년이라는 짧은 동안의 인연이지만 내게 보여진 큰스님은 활달하신 가운데 빈틈없고 대범한 듯 하면서도 세심하게 살피신다. 약속은 칼날 같고 불자 보살피심에는 풀솜 같으시다. 꾸지람은 벼락 치듯 하시고 칭찬은 온정으로 안겨 주시고, 계획은 치밀하고 실행은 망설임이 없으시다. 기도는 엄숙하게 감동적으로 하시고 노동 일은 집념처럼 억척스럽게 하신다. 스님께서는 자신에게 끝없이 엄격하시면서도 불자들에게는 慈父자부와 같으시다. 이 모두가 내면의 작용인 '스스로의 욕망을 버렸음'으로 하여 오늘의 초월을 이룬 모습이 아닐까 싶다. 모든 성직자들이 고행으로 이겨낸 不自由는 곧 모든 성직자들을 자유롭게 하는 母胎모태일 것이라고 믿게 되었다.

참으로 무엄한 생각을 하였다. 부처님 앞에 용서를 구하여야 될 것 같다. 그러나 석지명 스님께서 生死가 不二라 가르치신 것과 같이 나는 오늘 아침 自由와 不自由도 不二라는 생각을 굳힌다.

부자유를 堪耐감내한 곳에 자유가 있다고 감히 말하고 싶다.

2010. 08. 28. 吳 宣 姓

殺生살생과 참회

딸아이가 한국을 떠난 지 어느덧 13년이 지나고 있다. 그 동안 그의 박사학위 수여식 참석 차 미국에 딱 한번 다녀왔을 뿐이다.

딸을 처음으로 외국에 보내려는 데 가족 모두 직장 관계로 여느 집처럼 누가 데려다 줄 여건이 되지 못하였다. 궁여지책으로 딸 또래 친정 질녀가 미국 관광여행을 가는데 함께 보내서 비행기 탑승 절차 등 여행분위기를 미리 익히게 했었다. 딸이 유학길에 올라 무사히 거주지에 도착한 후에도 아빠는 시시각각 전화통화에 여념이 없었고 지금도 우리 모녀간의 전화질은 계속되고 있다. 이틀에 한번 정도는 전화를 거는데 통화 시간이 평균 30분이 넘는다. 그래도 먼 길 방문하는 비용보다 훨씬 싸고 정신적으로 서로 어루만져주는 따뜻함은 돈으로 환산할 수 없다. 간혹 내가 바빠서 전화 끊겠다고 하면 "엄마, 5분만 더 놀아줘."라고 응석을 부린다. "엄마, 지금 바빠!"라고 정색을 하면 "엄마는 무얼 하기에 그렇게 바빠?"라고 그쪽도 정색을 한다. 그러면 이쪽은 서운해진다. 나이 들었다고 할 일이 없고 하고 싶은 일이 없을 것이라고 생각하는 아이에게서 세대 차를 느끼는 것이다. 나야 말로 매주 청주를 오고 가며 버스 안에서 쪽 잠 자가며 시간을 아끼고 직장일과 가사를 잘 하려 피곤이 누적된 상태에 있는데 다 큰 자식이 몰라주는 것이 서러워진다.

그런 허전함을 잊으려는 심사였을까? 화초 가꾸기에 마음을 붙여본다. 그러던 어느 날 이웃이 주는 꽤 많이 자란 대추나무 한 그루를 마당 남쪽에 심었다. 다음 해에 대추가 몇 개씩 달리기 시작하였는데 그 대추가 얼마나 실하고 맛있는지! 생대추가 그렇게 맛있다는 사실을 처음 알게 된 나는 이후 애지중지 나무를 돌보았다.

우리 집에서 큰 길 하나 건너 편 동네 이름이 〈大棗洞대조동〉인 이유를 이해하게 되었다. 기후와 토양이 알맞아서 대추가 크게 잘 자라는 동네란 뜻인 듯하다. 우리 마당 대추나무에도 열매가 주렁주렁 달려서 하루가 다르게 굵어지고 있었다. 대추가 빨갛게 익는 줄 알고 출근했는데 주말에 와보면 익은 것이 하나도 없다. 집안 식구들에게 대추 따먹었느냐고 물었는데 아무도 모른다 하였다. 이상하다? 내가 성급 하게 잘못 보았나 하고 고개를 갸우뚱거리며 창밖을 내다보는데 도둑이 딱 걸렸다. 鼠生員서생원이다. 어찌나 맛있게 대추를 먹는지! 주인이 먹기도 전에 감히 네가? 쥐는 빨갛게 익은 대추를 골라서 두 손으로 감싸 쥐고 보기에도 신기할 만큼 빠른 입놀림으로 맛있게도 먹는다. 귀엽게 봐줄 수도 있었을 터인데 그 동안 내 심기를 불편하게 해온 사단이라 그 모습에 나는 약이 올랐다. 내 기필코 오늘은 너를 잡고야 말리라.

빗살이 빠져버린 긴 나무막대기를 두 손으로 꼭 쥐고 목표를 향하여 정조준하고 호흡을 정지하고 쥐와의 거리만큼 힘껏 내리치면서 딱 멈추었다. 장난기가 발동해서 아들이 초등학교 고학년 시절 검도반 활동을 할 때 뒤에서 얻어 들은 기술을 한 번 써 본 것이다. 그런데, 이게 웬 일인가!! 쥐가 땅에 떨어졌다. 몇 발을 뛰더니 그만 죽어 버렸다. 내가 받은 충격이 얼마나 컸던지 나도 모르게 그 자리에 털썩 주저앉아 버렸다. 나이 마흔일곱에 저지른 殺生이었다.

아이들은 이 일을 재미 삼아 엄마의 무용담이라고 자랑하고 다녔다.

쥐를 잡아야지 생각은 하였지만 "설마, 내가?"하면서 해 본 일이었으니 딱히 고의라고 할 수는 없지만 未必的故意미필적고의는 면할 수 없다. 죄책감이 점점 커지고 두고두고 이 살생을 참회하게 되었다.

운동감각이 무딘 내 손에 잡힌 것을 보면 쥐는 나뭇가지에 매달린 채 맛있는 요기를 하느라고 정신이 팔려서 주위 경계를 소홀히 하였거나 아니면 내 손끝에 煞살이 내린 것이라고 생각할 수밖에 없다. 그렇게 생각해 보아도 그날 내 劍검 끝에 가버린 쥐 생각에 가슴이 먹먹해지는 때가 있다.

   살생을 뉘우치며 가엾은 애기 쥐의 명복을 빈다.

                                    2010. 12. 25 吳 宣 姓

平等主義와 뒤늦게 찾아 온 깨달음
- 친족 상속법 개정을 계기로

    2011년 2월 18일, 민법 개정안이 국회 본회의를 통과하였다. 이번 개정이 성인 연령을 19세로 정한 것과 금치산 등 제도를 없애고 후견인 제도를 도입한 것 등이 주 내용이고 보니 지난 날 여성들이 주장하던 평등의 권리들은 웬만큼 성취되었기 때문이라는 생각이 들었다.

    民法은 다 아시는 바와 같이 국민의 재산과 身分에 관한 법률이다. 해방 후 잠시 일본 민법을 依用하다가 1958년에 우리 민법을 제정하고 1960년 1월 1일부터 시행하고 있다. 이 민법은 1948년 민주공화국 헌법이 선포된지 10년 후에 제정되었음에도 우리 헌법이 〈모든 국민은 법 앞에 평등하다. 성별에 의하여 차별받지 아니한다.〉고 선포한 평등 정신을 수용하기 보다는 민법의 法源법원으로서의 관습법을 존중하는 취지로 남성 우월주의를 그대로 유지하고 있었다. 1973년, 민법상 성 차별적 요소의 철폐와 개정을 위하여 61개 여성단체들이 모여 민법 개정운동을 시작하게 되었다. 성 차별의 근간이 되는 호주제도 폐지를 비롯하여 친권, 친족의 범위, 협의 이혼, 이혼 시 재산 분할, 재산 상속 등 10개 항목을 선정하여 법 개정 노력을 계속한 결과 몇 차례에 걸친 민법 개정으로 대부분 평등을 쟁취하여 오늘날에 이르고 있다.

민법 개정 운동을 시작할 당시 법을 전공한 여성이 희소하여 民 刑 商 등 전공 분야와 관계없이 모든 법 전공 여성들이 적극 이 운동에 참여하였다. 나도 작은 힘이나마 일조하게 되어 연구논문 발표, 수많은 강연, TV 출연 토론, 신문 기고 등 백방으로 노력하고 국회의 법 개정 공청회 등에도 빠짐없이 참여하였다. 1976년, 일본 동경여대 비교문화연구소 세미나에서 '한국여성의 법적 지위와 민법 개정 운동'이란 주제로 평등지향 운동을 소개하여 큰 관심을 받기도 하였다.

여러 가지 어려움도 많았다. 남편이 봉직하는 성균관대학이 유교정신을 숭상하는 까닭에 남편은 학교 당국을 대표하는 동양철학과 유승국(柳承國) 교수로부터 아내의 활동을 자제하게 해달라는 압력을 받았다. 또 내 직장이 있는 충청지역도 매우 보수적이어서 그곳 남성사회로부터 견제를 받았다.

오랜 관습을 하루아침에 바꾼다는 것은 혼란의 여지도 있다는 생각에 호주제도 폐지에 관한 TV 토론 중에 경희대 김주수(金疇洙) 교수의 절충안을 소개했다가 對談하던 모교 대선배 윤후정(尹厚淨) 교수로부터 방송이 끝난 후 호된 원망을 받았다. 이 꽤 씜죄에 걸린 악연 때문에 몇 십 년을 두고 내 인생이 괴로웠다.

국회 공청회 때 잊지 못할 에피소드도 있다. 갓 쓰고 도포 입고 오신 유림대표들이 우리를 '서방 먼저 죽기를 바라는 여자들'이라며 원색적으로 비난하였다. 오해의 발단은 재산 상속 문제였다. 그 당시 법제도상 모든 재산권을 남성이 독점하고 있었기 때문에 재산 상속 개시와 절차는 거의 남자 사망 시에만 발생 진행되는 것이어서 항상 "남편이 사망한 경우에……."라고 말을 시작한 것이 화근이었다. 아무리 설명하여도 그 분들의 완강한 선입견을 풀어드릴 수가 없었다. 남성 측 입장에서는 기득권을 내 놓아야 하는 서운함도 작용하였을 법하다.

꾸준한 노력 끝에 여성도 부동산을 소유할 수 있게 되었고 부모나 배우자 재산을 상속받게도 되었다. 무엇보다도 '엄마'가 이혼을 하여도 친권을 잃지 않게 된 것이 성과였고 이혼할 때 '배우자'가 눈물 값이 아닌 내 노력에 의하여 형성된 재산을 분할하여 갖게 된 것은 승리였다. 세월이 지나면서 보이는 이혼사건 폭증은 법 개정을 통하여 얻은 평등 보장으로 여성들이 불편을 참지 않게 된 것이 아닌가 생각되고, 편부모 결손가정에서 자라게 되는 아이들이 증가함에 따라 소년 범죄가 사회적 문제로 이어지지 않을까 염려되기 시작하였다.

한편 교육 기회 평등으로 여성들의 고학력과 사회 경제 활동 참여로 여성의 법적 사회적 지위는 우리 역사상 최고에 이르고 있다. 국가 백 년 대계의 초석이 되는 출산이 低出産저출산 현상으로 기울어진 것도 어쩌면 법 개정의 역기능이 아닐까 두려워지기도 한다.

  이번 민법 개정안이 국회 본회의를 통과하던 18일 날 나는 법학 하는 사람들과의 모임에 참석하고 있었다. 개정 민법에 관한 이야기가 오가던 중에 '그 때 그렇게 애써서 평등을 추구할 이유가 없었다는 생각이 든다.'는 나의 말에 '어떻게 네가 그런 말을 할 수 있느냐?'며 모두들 놀랍다는 반응을 보였다.
  설익고 잘 못 이해하는 것인지는 모르지만 늦게 귀의하게 된 부처님의 세계에서 생각할 때 억겁 년을 흐르는 세세생생에 우리가 다시 인간의 모습을 얻을지 축생으로 태어날지 아무도 모르는 것일진데 내가 금생에 여성으로 살았다 해서 來世에 또 다시 여성으로 태어날지 알 수 없고 금생에 남성으로 살은 분들이 내세에 또 다시 남성으로 태어날지도 알 수 없다는 생각이 들었던 것이다. 내가 〈나를 인식할 수 있는 생〉이 주어진 今生을 구태여 바동거리며 살 이유가 없을 것 같다. 모두가 제 구실을 하며 살 듯 現世현세에서는 남녀가 서로 맡은 역할이 다를 뿐이다.

  석가모니께서는 처음부터 모든 중생이 평등하다고 가르치고 계시는 것을!! 부처님의 세계는 참으로 공평할 것이라는 생각이 든다. 불경을 읽어도 수박 겉핥기식으로 밖에 이해하지 못하는 내게도 輪廻思想윤회사상은 최고의 위안이 되고 있다. 불경은 남은 날들을 서로 섬기며 나누며 사랑하며 겸허하게 살라는 지혜를 안겨 준다.

2011. 02. 20.　吳宣姙

時空에 관한 思惟사유

- 억겁년과 항하사

어려서 불교 설화를 많이 읽었었다. 그때 나이의 수준만큼 재미있어 하면서 의문도 가졌었다. 철이 들면서 설화는 설화로서의 의미가 있고 상징적인 의미도 많다고 이해하게 되었다. 막연하나마 불교 친화적인 성격이 된 것도 그 동화집들의 영향이 컸었다고 생각한다.

한 동안 종교로부터 자유롭고 싶던 시절이 있었다. 그러다가 30대 들어 인생을 생각하게 되었을 무렵 등산 길목마다 만나게 되는 절을 지나치지 못하고 찾아 들어가서 향을 피우게 되었다. 불경에도 관심을 갖기 시작하였으나 한 페이지를 넘기지 못하고 의문에 잠기곤 했었다. 나로서는 상상도 할 수 없는 개념이었던 '억겁년億劫年'이란 불경의 말씀을 내가 진지하게 생각하게 된 것은 불과 10여 년 전이었다.

나의 고민은 우주 時空시공간에 끝이 없고 시작 또한 끝보다 더 멀리 있음일까 등을 스스로 증명하려는 노력이 이어지는 데에 있었다. 나는 겁 없이 끝과 시작을 하나의 범주로 이해 할 수밖에 없을 것이라고 나름대로 생각하기에 이르렀다. 고교시절 수학을 배우면서 무수히 그려 본 숫자 8을 옆으로 눕혀놓은 것과 같은 수학의 '무한대' 기호를 허공에 커다랗게 그려 두고 나서 비로써 내 의문의 짐을 내려놓을 수 있었다. 이 기호를 따라 무한히 되풀이 그려보아도 시작과 끝이 없다. 이 8자 고리 '무한대'를 따라 길고 긴 '영원'한 여행이 이어지는 현상이 '억겁년'이라고 생각하게 된 것이다.

이렇게 생각을 마무리한지 10년이 훌쩍 지난 오늘, 문화일보 25면 북리뷰에 실린 '뫼비우스의 띠'란 기사를 읽으며 스스로 놀라지 않을 수 없었다. 독일의 수학자 아우구스트 뫼비우스(August F. Möbius-1790~1868)가 그렸다는 수학의 '무한대' 기호와 똑 같은 것을 예일대 출신 과학저술가 클리퍼드 픽오버(Clifford A. Pickover)가 '뫼비우스의 띠'라 이름 짓고 '이 고리 바깥쪽을 따라 선을 그으면 안으로 연결 되어 무한 반복하여 그려봐도 결과는 같은 신비의 고리'라 설명하고 그리고 〈진리를 잊지 않게 해 주는 영원의 상징〉이라고 덧붙였다.

뫼비우스로부터 150년이라는 시차가 있고 법학과 수학이 각각 영역이 다르나 법학 하는 나는 불경을 이해하려다가 수학하는 픽

오버는 시간을 계산 하려다가 비슷한 추리로 '무한대 기호'와 '뫼비우스 의 띠'를 〈영원의 상징〉으로 이해하고 있었다는 것이 신기할 따름이다.

　내 스스로가 신기하기만 한 것이 아니다. 2,500여 년 전의 석가모니께서 우리가 사는 時間시간을 '억겁년'이란 관념으로 바라보았다는 사실이 놀라워 무릎을 꿇고 싶은 심정이 된다.

　보다 더 실감나게 놀라운 것은 석존께서 바라본 空間공간의 개념이다. 나는 金剛經금강경을 통하여 석존께서 우리 태양계와 같은 것이 이 우주공간에 무수히 있다고 자각하고 계셨다고 생각하게 되었다. 금강경에 자주 나오는 '항하사(恒河沙)'는 석존께서 '많다'는 비유로 쓰신 것 같다. 현재 '極극의 억 배'에 달하는 수를 뜻하고 있는 '항하'는 가히 '억겁년'과 비견할 수 있는 공간 개념이라 생각하게 되었다.

　금강경 제18품 일체동관분의 결론을 나는 '일체가 같다'라고 이해하고 있는데 석존의 사제 간 대화를 몇 번씩 음미하는 가운데 나는 작은 깨달음 같은 것에 이르렀다. "수보리여! 그대 생각은 어떠한가? 한 항하의 모래와 같이 이런 모래만큼의 항하가 있고 이 여러 항하의 모래 수만큼 〈부처님 세계〉가 그만큼 있다면 진정 많다고 하겠는가?" 이 말씀을 읽으면서 석존께서는 〈부처님 세계〉를 논하실 때 우주 물리 공간 또한 그 만큼 많이 존재한다는 관념을 갖고 이 사실도 암시하신 것이라는 생각이 들었다.

바른 이해인지 확인할 수 없어 두려움을 안고 있는 가운데 오래 전에 본 사진 한 장의 기억이 이 생각을 굳혀 주었다. 이 사진은 처음 보았을 때 나에게 충격 같은 감동을 안겨주었다. 1977년 미국이 발사한 태양계 무인탐사선 보이저 1호(Voyager1)가 1990년 2월에 지구로부터 64억km 밖에서 촬영하여 보내온 사진 속에 모래알만한 파란 점 하나가 있었다. 미국의 천문학자 카알 세이건(Carl E. Sagan)은 이 모래알 같은 파란 점이 지구-Planet Earth라 하고 '창백한 파란 점-Pale blue dot'라고 이름 지었다. 지금까지 인간의 능력으로 가장 멀리서 바라본 지구 모습이라 했다.

　보이저 1호가 증명한 지구 주변에 무수히 뿌려져 있는 저 점들이 바로 석존께서 말씀하신 항하사만큼 무수한 세계가 아니겠는가 하는데 생각이 미쳤을 때 나는 한숨을 품어냈다. 세이건은 〈누구라도 인간이 이 우주에서 특권적인 지위를 누리는 유일한 존재라는 환상이 헛됨을 깨닫게 된다〉는 말을 남겼다. 석가모니께서는 이 사실을 이미 2,500여 년 전에 깨닫고 계셨다.

　이러한 과학적 증명은 이어지고 있다. 미국항공우주국(NASA)이 케플러 우주망원경을 이용하여 지구에서 약 200광년 떨어진 곳에서 케플러 쌍성계 주위를 도는 '두 개의 태양이 뜨는 행성-케플러 16b'를 발견 하였다고 2011년 9월 영국 가디언이 보도하고 있다. NASA의 연구진은 '이번 발견이 은하계가 얼마나 크고 다양한지를 보여 주는 사례'라고 하였다. 나는 그 다양함은 물론 우리 지구에서 200광년이나 멀리 떨어진 곳에도 태양계가 있다는 사실에 다시 한 번 석가모니 부처님의 혜안에 놀라지 않을 수 없다. "석가모니께서는 자연과학적 증명 없이도 이 은하계가 끝없이 넓다는 사실을 이미 2,500여 년 전에 깨닫고 계셨다."는 깨달음이 내 가슴을 전율처럼 지나간다. 상상을 뛰어넘는 광활한 우주 속에 살고 있는 우리는 얼마나 작고 초라한 존재인가?!

석가모니 부처님께서 '시공간의 사유'에서 보여주신 불교의 본질은 깨달음-Enlightenment에 있다고 깨닫는다. 기독교의 믿음-Faith은 기독교적 사고로서 우리의 '깨달음'과는 근본적인 차이가 있다는 생각이 든다.

이렇게 마음대로 생각해도 되는 것일까 하는 두려움은 여전하지만 나를 佛門불문으로 바르게 인도하여 주시고 부처님의 지혜와 진리를 전해 주신 석지명 스님의 은혜가 크다는 사실을 고백한다.

삼보에 귀의하려는 마음이 깊어진 기쁨이 크다.

2012. 01. 13. 吳宣姃

反哺之孝 반포지효

– 선근 공덕을 쌓으리라

 부모에게 효도하는 것이 자기 삶의 완성이라고 석가모니께서 가르치고 계신다. 많은 사람들이 부모가 세상 떠나신 후에 불효를 뉘우치게 되고 손자들에게 효도를 가르친다.
 효자의 例를 들 때 흔히 伯俞之孝백유지효 또는 伯俞泣杖백유읍장이라는 표제로 전해지는 이야기가 있다. 백유가 어머니 매를 맞을 때 자식 잘 되라는 어머니의 마음을 헤아려 우는 일이 없었는데 어느 날 어머니의 매를 맞으면서 눈물을 흘렸다. 늙은 어머니의 회초리에 힘이 빠진 것을 슬퍼하였음이니 후세는 이 사실을 지극한 효성의 본으로 삼고 있다.

 나는 사람에게만 효심이 있는 것이 아니란 사실을 열 한 살 되던 해 봄에 알게 되었다. 경북 영양 양반촌 甘川에서는 해마다 문중에서 不遷位불천위 제사를 지낸다. 제를 올린 후 후손들은 종가 사랑에 모여 年長 어른의 효와 예절에 관한 가르침을 받는다. 훈장님은 까막까치도 아늬를 받아먹는 현상을 말씀하셨다. 까마귀가 늙어서 먹이를 구하지 못하면 새끼들이 어미 둥지로 먹을 것을 물고 와서 봉양하고 입에 물을 물고 와서 어미 입에 따라 주는 사실을 강조하면서 부모에게 효도하지 못하면 까마귀만도 못한 인간이 된다고 교훈하셨다. 어린 시절에 전설처럼 들리던 이 反哺之孝가 사실임을 알게 된 것은 훨씬 오래 뒤인 대학생시절이었다. 까마귀의 생활습성을 관찰한 명나라 학자 이시진(李時珍 -1518~1593)이 그의 저서 本草綱目본초강목에 그 사실을 확인하고 있었다.

오늘은 7월 보름 百中, 孟蘭盆齋우란분재를 올리는 날이다. 49재에 매번 참석 못했지만 이날 회향제만은 동참하리라 미리 마음 정하고 있었다. 태풍이 지나간 후의 햇살이 따가운 토요일이어서인지 강변북로 고속도로가 꽉 막혀서 차가 가다 서다를 반복하는 사이 나는 도도히 흐르는 한강물을 물끄러미 바라보고 있었다. 어린 시절 내 생활과 밀접한 삶의 환경이었던 낙동강 상류 반변천 맑은 물결이 눈에 선하게 떠오른다. 감천 마을을 휘감아 돌아나가는 강줄기 구비마다 숱한 그리움이 베어나고 어느 결에 어머니 생각이 따른다. 우리 육남매 기르시느라 고생만 하시다가 가신 어머니 생각이 날 때면 나는 언제나 죄책감에 빠지고 가슴이 메어지지 않은 때가 없다.

지난 백중기도 입재일에 안면암 과천 포교당에 갔을 때였다. 여느 때처럼 지장보살님께 조상 명복을 빌고 이어서 조상님들께 내 자식들 잘 보호해 주십시사 하는 기도도 잊지 않았다. 조상님들이 나의 기도를 흐뭇하게 받아주실지 아니면 결국 제 새끼 걱정이구먼 하고 쓴웃음 지으실지 의문이 생기기도 하였었다. 어쨌든 당신들 생전에 지극히 사랑해 주신 아이들이고 당신들의 대를 이은 후손들인데 내 기도를 기꺼이 받아주실 것이란 믿음은 있다. 다만 예나 지금이나 나 자신을 위한 기도는 하지 않는다.

오늘도 석지명(釋之鳴) 큰스님의 낭랑하신 독경 소리를 들으면서 엎드려 기도하였다. 시집살이할 때 항상 제일 먼저 섬기던 시어머님보다 어머니 생각이 먼저 떠오른다. 내게 몸을 주시고 길러주신 분이 먼저 생각나는 것은 내 의지가 관여할 틈을 주지 않는 어쩔 수 없는 순서이다. 큰스님께서 반포지효를 基調기조로 오늘 천도재 법문을 내리시는데 스님말씀이 내 아픈 가슴을 저민다. 내 불효를 뉘우치며 울먹거리기를 거듭하더니 나도 모르는 사이에 눈물이 줄줄 흐르고 있었다. 소리 내어 울었으면 이 마음이 후련할까.

큰스님께서 回向회향이라는 말씀을 하시는 듯 한데 눈물이 범벅이 되어 잘 알아듣지 못하였다. 아쉬운 마음에 막연하나마 이해하고 있다고 생각했던 '회향'에 대해서 좀 더 구체적으로 알고 싶어졌다. 집에 돌아오는 즉시 여러 책들을 살펴보았다. 석지명 스님의 글이 가장 명확하고 이해하기 쉽게 다음과 같이 서술되어 있었다.

〈大品般若經대품반야경〉에는 회향이란 말이 나온다. 회향이란 廻轉趣向회전취향이란 뜻이다. 자신이 닦은 善根선근이나 수행의 공덕이 다른 중생이나 자신의 깨달음으로 돌려지는 것을 말한다. 이 회향은 보통 세 가지 측면에서 생각할 수 있다. 첫째, 자신의 선근 공덕을 다른 이의 이익에 돌리는 것이다. 살아 있거나 죽은 이를 위해서 자신이 공덕을 짓고 그 공덕을 그들에게 돌리는 것. 둘째, 자신의 선근 공덕을 부처님이 되는 지혜를 얻는데 돌리는 것. 셋째, 자신의 선근 공덕을 해탈 열반을 얻게 하는 방편에 돌리는 것이다. - 중략 - 회향의 원리는 지혜와 암흑, 미혹, 선과 악이 상대적이지만 지혜와 선행에는 미혹과 악행에 우선하는 힘이 있다는 것이다. 천년 쌓인 어둠이 그 축적 시간만큼 빛을 받아야 그 어둠이 가시는 것이 아니라 빛이 비치는 순간 어둠이 가시는 이치와 같다.

(석지명, 회향, 대품반야경4, 불교교리강좌 36.)

이 같은 회향의 깊은 뜻을 단 한 번의 읽음으로 다 이해할 수 있을까마는 위 글은 어머니를 위해서 내가 끊임없이 선근 공덕을 쌓아야 한다는 사실을 깨닫게 하기에 충분하다.

어머니는 돌아가시는 날까지 나를 위하여 愛之重之애지중지 온갖 정성을 쏟으셨건만 나는 어머니에게 반포지효는커녕 단 하루, 단 한 번도 편히 모시지 못하였다. 아무런 선행을 못한 나로서는 나의 공덕이 어머니께 회향 된다면 어찌 선근 공덕 쌓기를 게을리 할 수 있을까!

성심으로 선근을 쌓아 어머니께로 회향되기를 바라며 믿으며 행 하리라 다짐한다.

2012. 09. 02. 吳 宣 娃

다시 찾은 안면암

3년여에 걸친 병상을 떨쳐내고 우리나라 봄이 이렇게 아름다웠던가 하는 생각을 거듭하게 되는 아주 행복한 나들이를 하였다.

지난 2009년과 그 이듬해까지 安眠庵 앞 바다에 띄운 구리 浮上塔에 수 없이 많은 그림을 그렸었다. 첫 번 올린 그림은 탑 하단에 살아있는 듯 역동적인 12지상을 그리고 2층에 신장님들, 3층에 불보살님들, 4층에 석가모니 부처님을 전동기로 긁어서 그림을 완성했었다. 구리의 성질상 푸른 녹이 쓰는 폐단 때문에 탑신에 금가루를 입히고 다시 석가모니 부처님의 일대기 八相圖를 검은 아크릴 안료로 그렸었다. 아들도 十二支像 도안 찾기와 그 확대작업부터 시작하여 전동기로 그림 그리는 작업까지 동참했기에 안면암을 찾는 감회가 새롭다고 했다.

安眠島 솔밭 길로 접어든다. 양편에 하늘 높이 잘 자란 소나무에 걸려 펄럭이는 부처님 오신 날 봉축용 '대한불교 조계종 안면

암'이란 플래카드가 반갑다. 무량수전 법당에 참배하고 경내를 둘러본다. 비로전으로 오르는 길에 거대한 약사여래 부처님을 뵙는다. 藥師如來 부처님의 상호가 가까이 다가갈수록 온화하게 느껴졌다. 병고를 어루만져 주시는 약사여래 부처님은 몸의 병만 아닌 마음의 병도 치유해 주실 것 같은 자비심이 느껴진다. 비로전 법당은 먼지 하나 없이 청결하다. 큰스님의 특별한 관심으로 모셔진 작은 銅塔들이 본존불을 옹위하고 있는 듯 어둑한 법당 안에서도 거룩함이 서렸다. 향 하나 피워 놓고 촛불을 밝히고 경건한 마음으로 月滿과 摩尼珠 남매가 '善한 불자로 한 세상 살게'해 주시라고 기도 올린다.

　毘盧殿 2층으로 내려오니 서향으로 난 대형 유리 창 앞에는 내가 3년여의 産苦산고끝에 그려낸 涅槃圖열반도가 모셔져 있었다. 나의 첫 번째 작품으로 서툴기 짝이 없음에도 큰스님께서 이 거룩한 법당에 이를 모셔 두셨다. 이 열반도는 원래 부상탑 안에 부처님 대신 모시려 했는데 비바람이 들이치기 때문에 안전한 비로전으로 모셨다 한다. 그 양 옆에는 서른 권이 넘어 보이는 〈高麗大藏經고려대장경〉한 帙질이 나란히 쌓여 있다. 아마도 큰스님 서가에서 이리로 모셔 온 것이 아닌가 짐작된다. 생전에 저 팔만대장경을 읽고 이해할 수 있다면 해탈할 수 있을 것 같은 생각이 들었다.

　비로전을 내려서니 봄빛이 온 동산에 퍼져있다. 조금 더 남쪽으로 향하여 나아가니 깜찍한 동자스님들이 오순도순 모여 있다. 그 스님들 중에는 나의 첫째 둘째 손녀의 이름으로 모신 지장보살님 두 분께서도 계신다. 탁 트인 바다를 배경으로 골동품 같이 오래된 가늘고 높다란 돌탑이 모셔져 있다. 중심을 잘 잡은 덕인지 보기에는 불안한데 여전 히 잘 서 있다. 탑신에 새겨진 각종 조각 그림들은 이미 많이 마모되었지만 감상할수록 진기하여 큰스님께서 이 탑을 특별히 아끼시는 이유를 알 것 같았다.

내려오는 길에 羅漢殿나한전 뒤뜰에 모셔진 不二如來 부처님 앞에 멈춰 선다. 불이여래 부처님의 相好상호는 한마디로 표현하기 어렵다. 온화하게 보이기도 하고 약간의 성깔이 있어 보이기도 한다. 달리 말하면 자비롭게 느껴지기도 하고, 죄 짓지 말라고 경고 하고 계시는 듯도 하다.

부처님 뒤에 나란히 선 월만탑과 마니주탑을 보니 감개가 서린다. 마니주탑은 소박하지만 큰스님께서 손수 제작하신 탑이기 때문에 더욱 귀히 여겨지고 월만탑은 전문가의 작품이라 좀 더 세련되어 보인다. 부처님 양 옆에 버티고 서서 잡신의 범접을 허용치 않을 기운을 내뿜는 금강력사의 기세가 등등하다. 이곳이 –본지 화보 6~7면– 안면암의 〈殿閣전각이 없는 野外법당〉이다. 佛家의 명절답게 설봉 스님께서 石燈석등과 석등 사이에 오색등을 달아두셔서 마치 부처님께 색동옷을 입혀드린 것처럼 분위기가 화사하다. 큰스님께서 수집해 세워놓으신 앙증맞은 석등에 50시간을 탄다는 분홍 연꽃모양의 양초에 불을 켜서 올린다.

　빗방울이 후드득 떨어져서 서둘러 無量壽殿무량수전으로 들어간다. 本尊佛을 모신 上壇 밑 유리장 속에 무수한 작은 부처님을 모신 까닭을 아들에게 설명해 줄 기회를 얻어서 기뻤다. 본존 부처님이 벽화형식으로 돌로 조각되고 벽화 같은 독특한 모습으로 모시고 보니 伏藏복장할 수가 없어서 이런 형태로 대신하였음을 알려주었다. 이 기발한 큰스님의 아이디어는 다른 곳에서는 찾을 수 없을 것 같다.

　수많은 작은 부처님들 중에는 중국을 비롯하여 동남아 여러 나라를 돌며 求하신 희귀한 조각의 부처님들도 많다. 따라서 이 제단은 안면암만의 볼거리이기도 하다. 나도 불국사 석굴암 본존불의 축소형 부처님과 종로 조계사 거리에서 구입한 지장보살상과 13층 크리스탈탑 등 3점을 그곳에 모셨다.

　돌아오는 길은 정체구간이 많았다. 덕택으로 우리 母子는 마음속 깊은 이야기까지 나눌 수 있었다. 우리 가족이 정치적 이념에서 서로 다툼 없이 그 성향이 일치하는 것은 참으로 다행한 일이라고 내가 말하자 아들은 "그 뿐이겠습니까? 부처님 섬기는 마음이 일치하는 것은 더욱 좋은 일입니다."라고 화답한다.

아들의 이 지혜로운 마음을 확인한 것은 다시 찾은 안면암에서 재발견한 가장 귀한 선물이다.

2013. 05. 05. 吳 宣 姓

봄비 내리는 날의 斷想단상

오후부터 비가 내리기 시작한다. 커튼을 열어 둔 창문 밖으로 눈에 보일 듯 말 듯 한 이슬비가 내리고 공기가 촉촉해진 것이 느껴졌다. 차분해진 마음에 봄이면 생각나던 詩가 새롭게 떠오른다.

〈 春 興 〉
春雨 細不滴 춘우세부적
夜中 微有聲 야중미유성
雪盡 南溪漲 설진남계창
多少 草芽生 다소초아생

** 보슬보슬 가느다란 봄비 빗방울조차 맺지 못하더니
한 밤 중에 미미한 소리 내며 떨어질 만큼 굵어졌네.
눈이 다 녹아 남쪽 계곡에 물이 불어나면
풀 새싹들이 여기저기 조금씩 돋아나겠구나.

고려의 충신 포은 정몽주가 쓴 〈봄 흥취〉란 제목의 詩이다. 이 글을 읽으면 마치 새봄이 내 가슴에 스며드는 듯한 충만감이 인다. 1300년대 중반을 살다 간 근엄한 선비의 글이라고 믿기지 않을 만큼 서정적이다. 나는 즐겨 이 詩를 학생들에게 소개하였었는데 한문교육을 받지 못한 세대를 위해서 위 별 표와 같은 내 나름의 번역을 했다. 細不滴에서 微有聲으로 넘어가는 그 은은한 묘미를 도저히 살려낼 수 없는 것이 안타까울 뿐이었다. 다만, 일편단심 忠心을 지켜낸 근엄한 선비에게도 이런 詩를 쓸 낭만과 감성이 있었다는 사실이 놀랍고 지금도 읽을 때마다 南溪漲처럼 생동감을 불어넣어주는 글귀는 여전히 나를 매료시켜준다.

안면암 불자라면 누구나 아는 바와 같이 지도법사 큰스님께서 해마다 칠순과 팔순을 맞이하는 불자들을 위하여 잔치를 베푸신다.

그 해 나를 포함해서 일곱 분이 축하받게 되었는데 모두 화사하게 차려입고 나오셨다. 나는 어쩐지 나이만 들었다는 자괴감에 슬픔이 솟아 입었던 한복을 벗어놓고 평상복 차림으로 나갔었다. 내 허름한 옷차림새 때문에 선배 화엄성 대보살님께서 나를 돋보이게 해 주시려고 이리저리 마음을 쓰셨다. 지금도 죄송한 마음이 남아있다.

이 날의 잊을 수 없는 이야기는 따로 있다. 축하를 받는 분들을 단상에 앉혀 놓고 꽃다발을 안겨 주시고 축배를 드는 순서가 되었다. 술잔에 포도주를 채워 놓고 큰스님께서 축하의 말씀을 겸한 건배사를 하셨다. 모두 술잔을 입에 대려는데 축하받으시는 회원 중 한 보살님이 스님을 향하여 "스님! 소원이 있습니다. 스님과 '러브 샷'을 하고 싶습니다."라고 말하며 스님께로 발길을 향한다. 나는 내심 놀라지 않을 수 없었다. 보니 키가 자그마한 그 보살님은 소아마비였는지 노후 발병으로 얻은 장애인지 한 쪽 발을 절고 있었다. 순간 홀을 가득 메운 회원 백여 명의 시선이 한 곳으로 쏠리고 모두들 다음에 어떤 일이 일어나는지를 숨죽이며 기다리고 있었다.

巨軀거구이신 큰스님께서 잔을 드신 채 조용히 다가가서 그 보살님의 키 높이에 맞추어 허리 숙여 그 분의 소원을 이루어 주셨다. 많은 회원 불자들은 탄식과 감탄을 삼키며 그 광경을 바라보았다.

한 임금을 일편단심으로 섬기는 근엄한 선비에게 봄비를 감상하는 낭만이 있었다면 석가모니부처님을 필생의 本師로 모시고 감히 범접하기 어려운 카리스마를 풍기시는 우리 큰스님에게는 아무나 짐작하기 어려운 깊은 자비심이 있었다.

蛇足사족이지만 만약에 큰스님께서 승려로서의 위신을 지키시려 그 보살님의 청을 점잖게 사양하셨다면 나는 마음속으로 크게 실망하였을 것이다.

봄비 내리는 오늘, 다시 생각해도 우리 큰스님 멋지시다. 흐뭇한 미소가 내 입가에 크게 번진다.

2016. 04. 03. 吳 宣 姃

혼자 산다는 것, 더불어 산다는 것

가을이 다가오고 있다. 가을은 땀 흘려 일한 농부나 젊은이들에게는 풍요로운 결실의 계절이다. 인간 100세 시대라는데 사람이 '인생가을'을 구가하며 100세까지 갈 수는 없는 것일까 상념에 잠긴다.

얼마 전에 100세 시대에 관한 글을 읽은 적이 있다. 100세를 산다고 해서 행복한 것만은 아니다라는 내용이었다. 건강과 재력을 겸비하면 축복받은 노년이지만 그렇지 않은 경우는 장수가 재앙일 수 있다는 것이다. 재앙에 가까운 유형으로 돈 없이 오래 사는 것(無錢長壽) 아프며 오래 사는 것(有病長壽) 일 없이 오래 사는 것(無業長壽) 혼자되어 오래 사는 것(獨居長壽) 등 네 가지를 들고 있었다. 이 글에 필자 나름의 처방을 제시하고 있었으나 나는 그의 설명에 관계없이 내 생각을 정리해 보게 되었다.

내게 가장 두려운 것은 '무업장수'이다. 할 일 없이 오래 산다는 것은 밥 먹는 송장으로 전락하는 것이 아닐까 하는 두려움이 오래 전에 가슴에 스친 적이 있다. 물론 나도 무전장수 케이스로 돈 없이 오래 산다는 것이 두렵지 않는 것은 아니다. 그러나 살던 집이 있고 평생 노력한 덕에 받는 연금이 있어 주변에 도움 청하지 않고 최소한의 衣食行의식행을 해결할 정도는 되니 헛된 욕심만 부리지 않으면 마음 편히 살 수 있다.

아프며 오래 산다는 것. 이것은 내게 씌워진 업(Karma)이다. 내 생애에 딱 한 번 있을 수 있는 기회를 외면하여야 했던 것도 건강을 잃었기 때문이었다. 2004년 망망대해에서 높은 파도와 고독과 마주하며 帝網刹海제망찰해, 불교적 진리를 추구하려는 항해에 동승하기를 권유받은 적이 있었다. 젊은 시절 몸을 혹사하며 시간과의 싸움에 지친 나머지 당뇨 고혈압 등으로 건강이 크게 망가져 있었으므로 나는 이 귀한 기회 수용 여부로 고민하지 않을 수 없었다. 항해에 치명적 리스크가 될 것은 태생적이라 여겨질 정도의 심한 멀미였다. 아들은 엄마 건강 때문에 반대했고 딸은 일생일대의 기회라고 찬성했었다. 둘 다 효심이었다. 나 홀로 결정해야 할 시점에서 좀否로 결심한 것은 나의 乘船승선이 선장님에게 큰 부담이 될 것을 예견했기 때문이었다. 몸이 아프다는 사실 하나로 인해서 평생 안고 갈 아쉬움을 남겼다.

혼자 산다는 것. 이것은 누구나 피할 수 없는 길이다. 지난해에

1인 가구가 506만에 달했다는 통계청 발표가 있었다. 이런 세태를 반영 하듯 '혼밥파티'라는 새로운 풍경이 생겨나고 있다 한다. 식당에 여럿이 앉는 식탁이 마련되어 있고 각자 앉아서 먹을 수 있지만 옆 사람에게 말을 건네면 바로 퇴장 당하는 외식문화이다. 여기에 남녀노소 할 것 없이 혼자 살게 된 세태가 거울 속처럼 보인다. 인간이 태어날 때는 엄마가 밀어주는 힘을 받아 세상에 나오지만 갈 때는 누구나 혼자이다.

나는 혼자 사는 데에 비교적 익숙한 편이다. 미술품 전시회나 연극 관람할 때는 혼자가 더 좋다. 어린 시절에도 친구들이 줄넘기에 열을 올리며 웃을 때 나는 교실에 남아 책 읽기를 좋아하는 조용한 아이였다. 장년이 되어서는 혼자 있는 시간이 삶의 원동력이 되었다. 가족의 생계를 책임져야 하게 되었을 때 첫 해는 강의 준비하느라 거의 3시간 이상을 자 본 것 같지 않다. 특히 첫 학기에는 수면부족으로 구름 위를 걷는 듯 발이 땅에 닿지 않은 채 걷고 있는 느낌인 때가 많았다. 책 읽기 위해 혼자 있어야 했던 그 사정이 시간이 귀한 것을 새롭게 경험하게 했고 혼자 있을 수 있는 것을 다행으로 여기게 했다.

혼자 사는 세태를 생각하다 보니 사람은 결코 혼자가 아니고 더불어 살고 있는 현실이 오히려 더 선명하게 눈에 보이기 시작한다. 한문의 사람 인(人) 자를 만들어낸 사람의 세계관이나 인생관이 새삼 존경스러워진다. 사람은 서로 의지하고 받혀주어야 온전할 수 있고 절대로 혼자서 설 수 없음을 나타낸 이 글자는 참으로 오묘하다. 인간이 서로 얽힌 사회적 일인으로 살아가야 함을 여실히 표현하고 있다.

아이들이 유학 또는 분가 등 각기 제 갈 길로 떠나갔고 배우자도 나를 남기고 먼저 가버려서 마침내 혼자 살아야 할 시기가 내게도 찾아왔다. 그러나 나의 정년퇴임 후에도 내게 호의적인 분들께서 여러 기관에 일자리를 마련해 주신 덕에 너무 바쁘게 일하면서 혼자인 줄 모르고 살 수 있었다.

내게 가장 큰 안식처가 되어준 것은 불가에 의지하게 된 인연으로 다가온 사제 간의 믿음이었다. 지아비의 위패를 내 직장에서 가장 가까운 천년 고찰 법주사에 안치하였을 때 주지스님을 뵙게 되었다. 그 분은 그 시대의 불교계에서 드물게 미국에서 종교학 Ph.D를 받으신 '모던 스님'이셨다. 그 분은 매우 역동적이었고 발상의 전환도 기발 하였다. 내가 아는 한 그 분은 생각한 바를 현실로 이루어 내는 마법을 지니신 것 같았다. 모든 면에서 내가 상식적으로 아는 승려의 모습과는 남다른 면을 발휘하고 계셨다. 후일 사사로이 절을 일으키셨을 때 그 분은 주지스님이 아닌 指導法師지도법사로 임하시고 절의 재정 운영을 불자들이 자치적으로 하게 하셨고 難聽난청이라고 느끼셨을 때 서둘러 조계종 종단의 모든 주요 요직에서 스스로 물러 나셨다.

   그 분께서 법주사 주지 임기를 마치신 후 천수만 서쪽 연안에 임해 사찰 안면암을 짓고 그 절에 계시는 것을 뒤늦게 알고 몇 년 만에 재회하게 되었다. 그로부터 스님을 敬而遠之경이원지하며 모시는 동안 더 많은 여러 가지를 깨닫게 되었다. 큰스님께서는 불자들의 재질을 파악하시는데 탁월한 炯眼형안을 지니셨고 각각 소질과 능력을 발휘할 기회를 부여하셨다. 우연한 기회에 얇은 동판에 불화 8점을 전동 송곳으로 그려 놓은 것을 보시고 스님께서는 나의 그림 그리기 솜씨를 계발할 기회를 계속 마련해 주셨다. 안면암 앞바다 조구널 형제 섬 사이에 세운 불탑에 여러 선배 불자들과 더불어 불화를 그릴 기회를 주셨다. 이후 비로전 2층에 모신 열반도-지금은 색이 바래서 개칠하고 싶어진-를 그리게 하셨고 진천 영수사에 모셔진 보물 제1551호 영산회괘불탱을 모사하도록 하명하셨다. 보존상태가 나쁜 이 탱화를 실수 없이 완벽하게 모방하려 문헌 연구 등을 거쳐 완성 하는데 3년 반이 넘게 걸렸다. 이래저래 혼자라는 것을 의식할 수 없을 만큼 바쁘게 살다보니 나는 큰 무리 속에 어울려 움직이고 있었다.

   최근에 여행 수필집 '하늘엔 해와 달이', 자전적 수상집 '나는 어디 쯤 에 있는가'등 두 권의 책을 펴내게 되었다. 사람들은 일 년에 책 두 권을 냈다니 대단하다며 놀라워했다. 그러나 이 또한 스님께서 마련해 주신 기회 덕택이다. 2009년 안면암 홈페이지를 개설하시고 불자들이 글을 통하여 친목을 도모할 기회를 주셔서 부담 없이 써 본 글들이 모아진 결과였다. 글쓰기에 몰두하는 동안 시간은 너무 빨리 흘렀고 나는 바깥세상을 그리워할 겨를이 없었다.

지나고 보니 큰스님께서는 내가 혼자이지 않게 사회의 일원으로 살 수 있는 가장 강력한 힘의 원천이 되어주고 계셨다. 무업 장수의 두려움에서 벗어나 일할 수 있는 有業유업의 길을 터 주신 것이다.

마지막까지 인생을 가을처럼 바쁘게 유업으로 살 수 있으면 행복할 것 같다. 건강이 허락하는 한 남은 날들도 불화를 그릴 것이고 부처님 안에서 지혜를 얻고 자비를 입으며 글도 계속 쓰고 싶다.

2016. 09. 02. 吳 宣 姃

인연과 歸依귀의

어떤 일을 앞두고 나는 〈시작이 반이다〉라는 말로 스스로 용기를 다진다. 그 보다 더 살갑게 느껴지는 〈천릿길도 한 걸음부터〉라는 속담을 생각한다. 인간에게는 멀리 미지의 세계를 내다보고 한 발 앞서 미래로 나아가려 하는 속성이 있어왔다. 일반적으로 사람들은 눈에 보이는 현실을 믿지만 모든 것이 불확실함으로 어떤 절대적인 힘에 의지하려한다. 인류는 태양신을 믿었고 선각자를 따르고 그리고 복을 빌었다. 나의 불심도 이렇게 싹트고 자란 것 같다.

지난 4월 7일 (음력 병신년 3월 초하루) 안면암 과천 포교당 移築이축을 축하하는 낙성식이 있었다. 원래 몸담았던 구 포교당의 면적을 초과하지 못하는 규제 때문에 새 절도 자그마하여 모여든 불자님들을 다 수용하기에는 턱 없이 작아 비좁기까지 하였으나 모두들 축복에 겨워서 하나 같이 행복한 표정들이었다. 각각 소망하는 복을 비셨을 것이다.

불가능처럼 보이던 신축공사가 진척을 거듭하고 유난히 추웠던 겨울날씨에도 힘든 일을 손수하시는 큰스님을 보고 감동받으신 불자님들이 힘을 보태어 새 절 짓기는 그렇게 마무리되었다.

새 절 완공에 공로 있는 분들께서 상을 받으시는 동안 나는 법당 안을 두루 살폈다. 불상을 옹위하듯 드리워진 닷 집이 정교하고 아름답다. 닷 집 앞을 극락새가 나르는 구성이 특이하고 신비롭다. 본존불 뒤에 모셔진 탱화는 옛 것인데 그 옆에는 새로운 탱화가 모셔져서 분위기가 쇄신되고 있었다.

속리산 법주사에 은거하시는 구봉 대선사께서 석지명 스님은 옛적 젊은 그 시절에 미국에 가서 종교학 철학박사 학위를 받으신 드문 學僧학승이며 모든 일에 선견지명과 용기를 지니시고 불자들에게 가이 없는 자비심을 베푸시는 빼어난 스승이시며 이렇게 훌륭하신 스님을 지도법사로 모신 여러분은 참으로 복이 많은 분들이니 이제 앞으로 석지명 스님을 믿고 따르기만 하면 된다는 등 요지의 말씀으로 마지막 순서인 축사를 하셨다.

이 날은 나에게는 모든 것이 인연 따라 이루어진다는 말이 진실이라는 것을 깨닫게 해 주었다. 구봉 대선사는 우리 큰스님 뵐 무렵 인사드린 적이 있었다. 구봉 스님의 은봉선당 입주를 축하하는 뜻을 표하려 이화여대 석사과정 학생의 졸업 전시작품인 고려청자로 구워 낸 盒합을 구입했었다. 뚜껑이 있는 직경 20 cm

가량의 청초한 그릇이었는데 어찌어찌하다가 10년이 넘도록 전해드릴 기회를 잃고 합을 어디에 두었는지 기억도 희미해졌다. 그 동안 구봉 스님 뵐 기회가 없었고 이 번 잔칫날에도 인사드릴 기회조차 얻지 못했다. 인연이 그때 잠시 인사 올리는 거기까지였던 듯하다.

석지명 큰스님과의 인연을 돌아본다. 지아비의 위패를 법주사에 안치하고 朔望祭삭망제 올리려 법주사에 가게 되었다. 그 보다 앞선 어느 날 기와 보시 담당 보살의 권유에 따라 생전 처음으로 절 집의 사랑방 격인 주지 스님의 접견실에 들어가게 되었다. 낮은 책상 앞에 앉아 계신 스님이 이쪽을 바라보고 계셨는데 삼배 예법도 모르는 채 나도 모르게 얼른 엎드려 큰 절을 올렸다.

지난 수십 년 동안 발길이 닿는 곳에 절이 있으면 지나치지 않고 들어가서 부처님 앞에 향을 피우고 기도해 왔지만 살아계신 스님을 직접 뵙기는 드문 일이었다. 남편 정년퇴임을 맞이하여 一鵬일붕 스님의 휘호를 받은 적이 있었고, 우리 동네 절의 어떤 스님과 짧은 인연이 있었을 뿐이다. 그 스님은 강원도 태백산 아침 햇살 받는 여러 암자에 가사 장삼 없이 지내시는 스님네에게 袈裟가사를 만들어드리고 있다고 했다. 스님 심장이 고동치는 자리에 헌납자의 이름을 새겨주면 좋다고 하여 나는 70년대 중반 그 당시 꽤 힘든 값으로 조계사 근처의 승복제작사에서 가장 級급이 높은 가사 두 벌을 만들어 헌공하였다. 심장이 닿는 자리에는 내 손으로 아들과 딸 이름을 각각 정성 들여 수놓았다. 그 가사를 지금도 어느 스님들께서 입고 계시길 바랄 뿐 정작 그 일을 권한 스님과는 인연이 이어지지 않았다.

석지명 스님을 처음 뵙는 날 큰 절 한번 올리고 바라보니 거기에 커다란 바위가 있는 느낌이었다. 아이들 아버지를 오랜 투병 보람도 없이 허망하게 보내고도 별로 실감이 나지 않았었는데 스님을 뵙는 순간 울컥하면서 스님의 등에 기대어 실컷 울고 싶어졌다. 지아비를 잃은 지 몇 달 만이었다. 그날은 그렇게 물러나온 것 같다. 다음에 찾아뵈었을 때는 마니주와 함께였는데 존귀하신 스님께서 손수 차를 마련해 주셔서 감동받았었다. 시자 스님에게 여러 가지를 지시해 주셔서 다음날 처음으로 '새벽예불'에 참석할 수 있었다. 대웅보전 가득히 스님들이 동시에 모인 자리가 경건하게 느껴졌고 젊은 남성 코러스를 연상케 하는 웅장한 예불 소리에 나는 속세를 떠난 느낌이 들었다.

만 2년 동안 계속된 법주사에서의 삭망제가 끝날 무렵이었다. 찬 공기가 내려앉은 새벽길을 지명 스님과 구봉 스님 뒤를 따라 걷게 되었다. 아직 어둠이 짙은데 잘 자란 소나무 숲 사이로 높이 뜬 달이 그렇게 맑고 깨끗할 수가 없었다. 달빛은 아예 눈이 시리게 쏟아지고 있었다. 이런 환경에서 스님네가 속세를 떠나 의연히 사시는 것은 참으로 자연스런 일이라고 생각하게 되었다.

그 무렵 나는 이상한 경험을 하고 있었다. 공양 간에 가서 밥을 먹고 고찰을 찾는 탐방객들이 대웅보전 앞에 서서 합장하는 모습들을 무수히 보면서도 이 절에는 석지명 주지스님 한 분만 계시다는 관념에 빠져 있었다. 시간도 흐르는 것 같지 않았다. 보름 간격으로 다시가 뵙는데도 그 시간은 단 1분도 움직인 것 같지 않았다. 나는 내가 그 자리에 그대로 머문 채로 숨 쉬고 있는 듯 느끼고 있었다.

이런 환상에서 벗어나게 된 것은 석지명 스님께서 큰 고행을 경험하려 작은 요트로 북태평양 횡단을 위해 미국으로 떠나신 후였다. 스님께서 떠나시기 전에 알 일 천개를 꿴 염주를 담아주신 봉지에 휘호를 청했더니 〈 生 死 不 二 〉라고 써주셨다. 생사불이 사상이 불경에 쓰인 것일 뿐이었다면 그 작은 배로 절대로 태평양에 나가시지 아니하셨을 지도 모른다. 나는 심오한 뜻이라 여겨 그 휘호를 지금도 고이 간직하고 있다.

석지명 스님께서 조계종 중앙위원회에서 차기 00선거를 치르는 선거위원장 임무수행을 위해 요트를 하와이에 정박 시켜 두고 잠시 귀국하셨을 때 스님께서 일본 큐슈 항구 기항 가능성을 타진해보라 하명하신 기회에 마침내 스님과 목적이 있는 일상적인 대화를 할 수 있게 되었다.

이 후 안면암 앞바다에 뜬 부상탑에 그림 그리기 등 절 일을 도

우면서 절 집의 법도를 조금씩 익히게 되었다. 석지명 스님의 권유로 안면암 비로전에 모신 열반도를 그리고 진천 영수사에 있는 보물 제1551호 영산회상도를 模寫모사하면서 불교의 진수를 온몸으로 느끼기 시작하였다. 뿐만 아니라 무슨 일에도 주저함이 없으시고 어려운 일들을 손수 감당하시면서 불자를 위하는 자비심이 남다르신 큰스님을 보면서 영적 지도자로서의 모습을 감동으로 바라보게 되었다.

안면암 포교당 행사에 참여의 기회가 늘면서 절 운영에 지도는 하시되 재정적 운영에는 일체 관여하지 않으시는 스님의 맑은 정신에 어떤 감화를 받았다.

지난겨울 정부의 토건 공사로 과천 포교당 移築이축을 위해 젊지 않으신 연세에 필생의 힘을 다하여 애쓰시는 모습에서 나는 지도자로서의 본분을 다하시는 스님에게 내 마음을 비추어 보게 되었다. 나는 불교와 관련하여 체계적인 공부를 하지 못했고 천수경도 제대로 외우지 못한다. 한문으로 쓰인 구절은 이해가 되어 즐겨 읽지만 다라니경에 이르면 긴긴 주문 같아서 외워지지 않는다. 책을 눈으로 읽기 좋아하는 습성 때문이기도 할 것이다. 짧은 기간이었지만 석지명 스님을 존경하고 의지하는 사이에 어느덧 이슬비에 옷 젖듯 부처님 세계에 젖어든 나를 보게 되는 요즘이다.

간밤부터 비가 많이 내린다. 황사 먼지를 씻어 내리는 고마운 비다. 자연의 힘 아니고서는 어림도 없는 서울 대청소가 이루어지고 있다. 막연하나마 부처님에 의지하여 내 마음을 씻으려다가 解脫해탈을 생각하게 되었다. 그 깊은 뜻을 다 헤아릴 길 없으나 아는 대로 문자풀이를 해 보았다. 解자는 해결하다, 해체하다, 허물을 벗다, 깨어나다, 깨닫다 등의 의미가 있고, 脫자는 옷을 벗다, 허물을 벗는 행위 등으로 풀이할 수 있다. 궁극적으로 두 글자의 같은 내용을 합쳐서 그 의미를 배로 강조하고 있다. 결국 내려놓기, 모든 것을 내려놓기 이다. 연 잎에 수정처럼 맑게 고인 물이 또르르 굴러 떨어지는 것이 눈 안에 영상으로 보인다. 마음이 홀가분하다. 이미 내가 자연으로 돌아가고 있는 기분이다.

나는 부처님께 온전히 귀의하고 있는가를 수 없이 自問한다. 지혜롭게 살고 진리를 터득하고 자비심을 쌓아야 부처의 길이 보일 것 같다. 천릿길에 오르려 한 걸음 뗀 지 어디쯤까지 온 것일까?

밝은 길잡이가 되어 주시는 좋은 스승 석지명 스님을 만난 것 이런 것이 인연임에 틀림없다. 모든 것에 감사할 따름이다.
지심귀명례 불법승. 至心歸命禮 佛法僧

2016. 04. 21. 吳 宣 姓 합장

2부

수행으로 그리는 佛畵불화

眞言은 그에 부여한 의지만큼 작용한다.

水月觀音圖 수월관음도

2010년 10월. 국립중앙박물관이 〈고려불화 대전 －700년만의 해후〉 제하의 전시회를 열었다. 일생에 두 번 다시 뵙기 어려울 고려화불을 참배하기 위해 하루를 예정하고 전시장에 갔다. 그림을 뵐 때마다 감동에 감동을 거듭하였다. 돌아 나오기가 너무도 애석하고 팸플릿만으로는 아쉬움이 남아 35,000원으로 〈고려불화 도록〉을 구입했다.

내가 관람을 결심하게 된 가장 큰 이유는 물방울을 背光으로한 수월관음도를 친견하고 싶은 마음이 커서였다. 이 불화를 소장한 일본 센소지(淺草寺)는 이 불화의 가치를 가늠할 수 없는 것이라 여겨 일체 공개하지 않고 창고 깊숙이 보관하고 있었다. 이를 알게 된 우리 불교계를 대표하는 성직자들이 일본에 건너가 단 한 번만이라도 친견할 기회를 달라고 간청하여 마침내 그들이 이 수월관음도를 공개하게 되었다. 우리 스님들이 너무도 감격하여 즉각 삼배 올리는 것을 본 일본 측이 오히려 감동하여 한국 전시에

동의하였다는 이야기를 읽은 감동 때문이었다.

이 수월관음도-Water Moon Avalokite shvara는 약 700년 전 고려 후기작으로 海東해동 慧虛혜허 스님의 銘文명문이 화면 오른쪽에 있어 의심의 여지가 없는 고려 작품이다. 일반 수월관음도는 주체가 물가 바위에 앉아 있는데 이 그림은 은은한 물방울을 光背삼아 서 계시는 자비의 보살상이며 그림의 섬세한 線이 幻想美환상미의 극치로서 '세계에서 가장 아름다운 종교 예술-The world's most beautiful religious art'라는 후세의 평가를 받고 있다.

일본 센소지가 보관 중인 이 수월관음도는 불법을 구하는 선재동자가 선지식을 찾아다니다가 補陀洛迦山보타락가산에서 관세음보살을 만나 가르침을 받는 내용으로 그려져 있다.

나는 물방울 속에 계시는 관세음보살님의 몸체만 받아 모방해 그렸다. 진본 재현이란 절대 불가능이고 이를 그리기 위해 성균관대학교에 유학 중인 중국의 세필 인물화가 이강 박사의 개인화실을 찾아 지도를 받았다.

관세음보살 발아래 물속에는 아들내외 잘 살기를 기원하여 아들 태몽으로 본 거북이를 비롯하여 논 밭 기와집 초가집 소달구지 등을 엷은 금색으로 표 나지 않게 그려 넣었다. 관세음보살님의 가르침을 청하는 선재동자 위쪽에는 아들내외 원만하고 손녀들 몸과 마음이 건강하기를 바라는 나의 기도를 아래 같이 써 넣었다.

고려 수월관음도 (高麗 水月觀音圖)

爲　卓月滿　朴綠苑 夫婦　淸淨

祈願　多寶孫　丁亥生 卓뾰기

　　　己丑生　卓 미동

壬辰生 卓　화가
心身健康　無病長壽　天心孝誠
學業順修　相逢善配　名振四海
癸巳年 淸明節
老母 無盡聲 吳 宣 姃　百八拜 發願

안면암 浮上塔부상탑에 모실 열반도
– 석지명 스님의 말씀

  塔탑에는 부처님 사리를 모셔야 합니다. 부처님 육신의 사리를 모시면 좋겠지만 부처님께서 열반에 드신지 오랜 세월이 지난 지금 肉身舍利육신사리를 모시기는 어렵습니다.
  佛像불상을 모시는 풍습이 생겨나기 전에는 탑을 예경의 대상으로 삼았습니다. 탑에 사리를 모시듯이 불상 복장에도 사리를 모셔야 합니다. 그러나 석존 육신의 사리를 얻을 수 없는 후세에는 불경과 다라니를 탑이나 불상의 복장에 모셨습니다. 금은보석과 오곡을 같이 넣기도 합니다. 안면암 부상탑 복장에도 舍利사리를 모셔야 하지만 현재는 얻을 수가 없으므로 사리 대신에 부처님 열반도를 그려서 불경과 함께 탑에 모시기로 했습니다. 무진성 오선주 불자님이 수개월 간 심혈을 기울여 열반도를 완성했습니다.
  그림에 보이듯이 모든 제자들은 물론 동물들까지도 부처님의 열반을 슬퍼합니다. 그러면서도 부처님께 무엇인가를 바치려고 하고 부처님의 위촉을 받아 불법을 닦고 전하겠다고 다짐하고 있습니다.

땅과 물과 하늘의 많은 동물들이 등장합니다.

　열반도를 표구사에 보내기 전에 우선 사진을 찍어서 여기 홈페이지에 모십니다.(화보 3면) 저 열반도의 부처님이 여기에서도 부처님 사리역을 할 수도 있을 것입니다. 안면암 홈페이지와 인연을 맺고 드나드는 모든 분들에게 불보살님의 불가사의한 가피가 함께하기를 바라는 마음에서 그 열반도의 사진을 모십니다.

안면암 비로전 2층 대법당에 모셔져 있는 열반도와 오선주

　열반도를 제작한 오선주 불자님과 뒤에서 물심으로 후원한 아드님 탁진우, 따님 탁효정 등의 모든 가족에게 감사드립니다.

위 열반도의 실제 크기는 가로 세로 각기 2미터입니다. 신도님 두 분이 의자에 올라가서 들고서야 사진을 찍을 수 있었습니다.

2009. 09. 11. 석 지 명 합장
(안면암 홈페이지 자료실 No. 27)

未完의 涅槃圖열반도

1. 열반도를 그리게 된 인연
2. 그림책과 畵具 구입
3. 초심자의 悲哀
4. 열반도
5. 밑그림 완성
6. 채색
7. 가도 가도 五十里
8. 붓끝마다 기도가
9. 畵龍點睛화룡점정
10. 佛母는 산후 조리 중

1. 열반도를 그리게 된 인연

"佛母가 되어보지 않겠느냐?"고 스님께서 하문하셨다. 스님 말씀에 놀라고 확신이 서지도 않은 채 얼결에 "예"하였다. 아들이 스님께서 추천하신 오래된 열반도를 찾아주었다. 해상도가 낮아서 판독이 가능할지 염려가 컸다.

2. 책과 畵具화구 구입

불화 그리기에 도움 될 책을 찾았다. 종이는 화선지여야하고

도사액을 칠하여야 하고 물감은 민화용 고급물감이어야 하고 물감을 희석시키는 물은 반드시 아교액 이어야 하고 등등을 알아내고 '민화그리기'책도 한 권 구입했다.

서울 인사동거리와 남대문시장과 홍대 앞을 헤매며 자료 구입을 시작했다. 금가루는 수입품 중에서도 최고품을 샀다. 스님께서 가로 세로 2m로 그려라 하셨으나 관훈동 입구에서 종로 쪽으로 다 가도록 가게마다 문의하였으나 대형 화선지는 없었다. 운 좋게 가게 대표가 '문화재보전 보수 수복 기능 보유자'인 〈雲耕〉이란 곳을 찾았다. '韓 선생'의 소개로 〈百濟백제〉란 지물포에서 길이 210 x 폭 145cm 크기의 二合 화선지 두 장을 살 수 있었다. 주인은 나를 보고 "가로 새로 2m 라면 200호 가까운 대작이네요. 건강 생각해서 기한을 정하지 말고 느낌이 살아 날 때 조금씩 천천히 그려 나가십시오."라고 조언한다. 그때는 그 친절한 말이 고맙기는 하였지만 실감은 나지 않았다. 중노동을 하는 것은 아니니까 라는 안이한 생각이 들 뿐이었다.

3. 초심자의 悲哀비애

아들이 인터넷에서 출력한 열반도 원본 가로 세로 17cm의 그림을 들고 복사 집으로 갔다. 확대하지 않고는 도저히 이해와 판독이 불가능해서 확대하기 위해서다. 여러 곳에서 확대부능이라 해서 실망 중에 강남의 한 간판제작사가 확대가 가능하다 했으나 엄청난 가격에 질려서 돌아서나왔다.

내가 직접 하는 수밖에 없다. 17cm를 200cm 늘리기 비례로 확대하는 작업을 한다. 바둑판처럼 화선지에 50cm 간격으로 줄을 치니 16개 구간으로 나뉘었다. 원화의 선이 분명치 않는 그림을 그 속에서 조절하는 작업이 쉽지 않았다. 구도의 정확도를 기하기 위하여 다시 10cm 간격으로 쪼갠다. 原畵원화 내용이 짐작은 가지만 도무지 線을 읽어 낼 수가 없다. 천사를 제외하고 모두 49명을 그리기로 한다.

4. 열반

〈구시나가라의 히라니아바티 강 언덕에 이르러 "동서남북으로 사라쌍수가 있는 곳에 침상을 놓고 내 머리를 북쪽을 향하여 눕게 하라."고 부처님께서 말씀하시니 제자들이 스승께서 입적하실 것을 예견하고 그리하였다. 부처님께서 모여든 제자들을 보시고 "오, 잘 왔도다." 하시니 순식간에 그들의 머리와 수염이 없어지고 그들은 몸에 法衣법의를 걸친 沙門사문으로 변하였다. 부처님께서 열반하시니 태양이 빛을 잃고 하늘이 깜깜해진 가운데 사라수 잎이 담황색 꽃으로 변하여 흩날리고 사라수 꽃은 하얗게 변하니 마치 학의 무리가 앉아 있는 듯이 보였다.〉

인터넷 검색 창에서 이 전설적 이야기를 찾아내어 읽고 나니 원본 그림 내용이 어느 정도 이해가 되고 눈에 보였다.

5. 밑그림 완성

석지명 스님께서 "오늘은 새 소식이 없느냐?"고 전화하시는 뜻은 그림이 얼마나 진전이 되었느냐는 재촉과 같다. "아들이 인터넷에서 찾아준 한 변 17cm그림과 200cm 정비례로 확대해서 그려보니 태양의 직경은 12.5cm이고 부처님 키는 76cm가 됩니다." 나의 구체적 대답에 안심하시는 스님의 표정이 전화 저쪽 목소리에서 느껴진다.

맑은 정신과 지치지 않는 몸을 유지하기 위하여 외부 약속은 가능한 한 미루거나 취소한다. 시간 절약을 위해 새 약속은 하지 않는다. 그림을 한 눈에 볼 수 있게 거실 바닥에 펴놓고 그리다 보니 몸에 냉기를 느낀다. 잘 그리겠다는 誓願서원 같은 결심에도 불구하고 우울증에 걸린 사람처럼 가슴이 무겁다. 한 획 그리고 칠할 때마다 쌓이는 긴장감으로 불면증에 걸린다. 한밤중에도 어떤 생각이 떠오르면 벌떡 일어나서 획을 긋는다. 寤寐不忘오매불망이다.

50명의 인물을 한 사람도 같은 모습으로 그리지 말아야 한다는 생각에 고심이 컸다. 동물들도 여러 종류를 생각하였다. 부처님을 경배하는 무리에 봉황새와 학을 등장시키고 싶었다. 十二支神 중 子 丑 寅 卯* 巳 午* 申 酉 戌 亥 만 그렸다. 용(辰)을 그릴 수 없고 기후가 더운 지방이어서 양(未)도 뺐다. 석가모니 부처님께서 鹿苑녹원에서 傳法전법하셨다는 이야기를 듣고 사슴이 무릎 끌고 슬퍼하는 모습을 그려 넣었다.

6. 채색

17~8세기 국보급 명작을 남긴 畵僧 義謙, 天如, 雪訓 등의 그림을 모아 불교중앙박물관에서 발행한 '僧승 -구도자의 길'을 열심히 본다. 나도 종교적 분위기가 짙은 부처님 주변 인물들은 五方오방색으로 칠하리라 마음을 정한다. 가장 존귀하신 분을 부처님 왼쪽 어깨 뒤로 모시고 머리와 수염 없이 유일하게 금박 비단 법의를 입혀드린다.

불보살님들은 원화대로 피부를 흰색으로 칠한다. 동물들도 내 나름으로 연구한다. 코끼리를 흰 색으로 칠한 것은 인도 왕실에서 하얀 코끼리를 귀히 여긴다 들었기 때문이다.

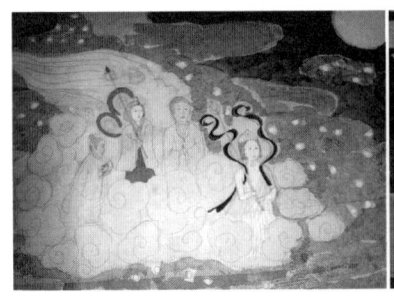 

7. 가도 가도 五十里오십리

김소월의 詩에 '가도 가도 왕십리'란 구절이 있다. 그림 완성을 향하여 두 벌 세 벌 색칠해 나가는 내 심정도 그와 같다. 반쯤은 그랬다고 생각하였다 가도 다음 날 아침에 보면 아직도 절반에도 못 미치고 있음을 깨닫는 날이 이어진다. 색칠하기가 '가도 가도 50리'다.

몸살은 몸에만 오는 것이 아님을 알게 된다. 내 가슴팍에 무거운 맷돌이 얹어진 것 같다. 마음에 싸늘한 몸살이 밀려온다.

이 작업이 내게 주어진 수행의 기회이다. 스님의 命이 없었다면 나는 이 귀한 경험을 할 수 없었을 것이다. 긍정적으로 사고 전환하고 다시 붓을 든다. "나라는 실체가 없다는 것을 깨닫는 것이 최상의 공양이다."고 부처님께서 설파하셨다. 나를 잊고 결과를 생각지 말고 오직 그려 나갈 뿐이다.

건강이 기운다. 섭씨 34 ~5도를 넘나드는 한 여름에 감기는 나가지 않고 손발도 시리고 흰죽을 먹어도 위는 뻣뻣하다.

8. 붓 끝마다 기도가

마무리 단계에 접어든다. 밤낮을 가릴 여유가 없다. 그 무렵이 되어 스님께서 "탑 수리로 시간여유가 생겼으니 천천히 빨리 그려라!"고 전화하셨다. 천천히= 빨리?, 천천히 〉 빨리?, 천천히 〈 빨리? 마지막 의문이 정답이겠다. 네 번, 다섯 번 어느 부분은 일곱 여덟 번 넘게 칠해도 마음에 들지 않는다. '빛을 잃은 태양'에 다시 한 번 胡粉호분을 하얗게 입히고 마르기를 기다려서 다른 종이로 덮어 테이프로 고정시킨다. 잡티 묻는 것을 경계함이다. 불보살님들의 눈을 그린다. 조심, 또 조심하며 한 획 한 획 기도하듯 그린다. 언제부터인지 쉬었다가 다시 붓을 들 때마다 합장하는 내 모습을 본다. 가느다란 선을 칠하기 위해 비 오는 날을 기다린다. 비 오는 날은 종이가 눅어서 붓이 매끄럽게 잘 나간다는 사실을 경험으로 깨달았기 때문이다.

'百聞 不如 一作'. 백 번 듣는 것 보다 한 번 그려보는 것이 낫다고 말하고 싶다. 체험이 스승이다.

9. 畫龍點睛화룡점정

화룡점정. 이 말을 고교시절 배운 것으로 기억한다. 그러나 한 번도 이에 부합하는 경험을 해본 적이 없었다. 부처님 눈을 그리게 되어서야 실감이 난다. 목욕재계하고 새 옷을 갈아입고 앉아서 호흡을 다듬고 기도한다. 손이 부들부들 떨려온다. 마당에 나가서 한참 동안 심호흡을 하며 서성이다가 다시 정좌하고 붓을 든다. "부처님! 제가 당신의 눈을 그립니다. 제게 힘을 주십시요!!" 옛날 구식 카메라 셔터 누를 때처럼 호흡을 딱 멈추고 단숨에 획을 긋는다.

10. 佛母는 산후 조리 중

9월 12일, 乙亥生 佛母는 안면암에 가서 胎를 가른다. 갓난 아기를 강보에 싼 채 버리고 떠나는 어미 심정이 이럴까? 열반도를 부처님과 중생 앞에 보시한 것이니 영광이라고 스스로 위로를 해보아도 서울 佛光동 집에 다 오도록 가슴 속에 계속 눈물이 흐른다.

'國泰民安' 安眠庵 釋之鳴 대선사 發願
佛紀2553年 無盡聲 吳宣娃 筆寫

　잘못 그린 것은 부처님의 下衣 자락이다. 소매 자락은 아래로 내려오게 그렸으면서도 하의 자락을 아래로 내려오게 못한 것이 그림을 다 그리고 나서 세워놓고 보게 되어서야 눈에 들어왔다. 그림 속 부처님 모습을 관찰할 때 주로 그림 앞 정면에서 보았지만 옆으로 돌아 발치에서 보기도 여러 번 하였는데 왜 궁리가 돌아가지 않았을까 의문이다. 일종의 錯視착시현상이라고 밖에 설명할 길이 없다. 화랑의 큐레이터 친구에게 하소연하였더니 그런 요소가 통하는 것이 민화라고 위로해 주었다.

수행으로 그리는 佛畵　145

서둘러 자료 구입하고 마라톤 하듯 쉼 없이 달려 와서 100일 조금 넘겨서 겨우 '미숙아'를 낳았지만 '스님의 기다리심'에는 100날도 긴 세월이다.

'거역할 수 없는 명령'에 자신의 주제를 돌아보지 못하고 佛母의 길에 들어선 것이 미숙아를 낳게 된 원죄이다.

덜컥 드러누운 나를 보고 놀란 아줌마가 시장에 다녀오더니 미역국을 끓여준다.

2009. 09. 19. 吳 宣 姓

靈山會上圖 영산회상도

1. 영산회상의 靈山齋

靈山은 인도의 靈鷲山영취산을 줄인 표현이고 齋재는 나눔과 배품을 의미한다. 이는 석가모니부처님께서 영취산에서 6년 동안 법화경을 설법하시는 동안 법회에 참석한 사람들이 구름처럼 모여 부처님의 설법을 듣고 환희했으며 하늘에는 만다라 꽃이 날리고 묘음보살 및 천동천녀가 내려와 꽃과 향 그리고 기악과 가무로서 공양하였던 靈山會上 모습을 상징화한 불교의식이다.

영산재는 재를 베풀어 망자에게 해탈과 극락왕생을 선사하고 살아있는 대중에게는 불법의 가르침과 신앙심을 고취시키는 한편 부처님 당시의 영산회상을 금일 도량에 다시금 꾸며 모든 중생으로 하여금 불법인연을 짓고 업장소멸과 깨침을 주는데 목적을 두고 있다.

영산재는 의식의 각종 절차가 전통문화의 요소를 내포한 음악적, 무용적 요소와 더불어 연극적 요소의 효과를 내고 있다. 음악적 무용적 요소란 의식 진행 중에 범음과 화청 (절에서 재를 올릴 때 부르는 노래) 등이 음악적 효과를 내고 다른 한편으로는 이러한 불교음악에 맞추어 바라춤, 나비춤, 법고춤을 추는 것을 나타내며, 이는 삼현육각(피리 2, 대금 1, 해금 1, 장구 1, 북 1), 호적 취타 등의 각종 악기가 동원되어 같이 연주한다.

영산재는 1973년 11월 5일 '범패(梵唄, 불교음악을 지칭)'라는 이름으로 중요무형 문화재 제50호로 지정되었다. 1987년도에 범패에서 '영산재'로 이름이 바뀌었고 그 뒤 봉원사 등이 영산재 보존회를 만들어 지금까지 유지되어왔다. 2009년 9월 30일에는 UNESCO 세계무형문화유산으로 등재되고 있다.

(불교여성개발원 "아름다운 삶의 향연" 참조)

2. 영산회괘불탱

영산회괘불탱은 현재 충북 진천군 초평면 영구리 산 542번지 두타산 중턱에 위치한 영수사(靈水寺)에 소장되어 있다. 영수사는 고려태조 원년인 918년에 창건되고 조선 인조 2년인 1624년에 중건된 유서 깊은 절이다. 이 괘불탱은 1653년에 조성되고 2008년 3월 12일에 대한민국보물 제1551호로 지정되고 있다.

3. 영산회상도 해설

영수사 괘불탱은 〈묘법연화경(妙法蓮華經)〉에 의거하여 그린 것이다.

영취산에서 석가모니불이 법화경을 설법하는 장면이 상하 2단으로 구성되어 상단에는 부처와 일행이, 하단에는 설법을 듣는 신도들이 그려져 있다. 상단 중앙에는 降魔觸地印항마촉지인을 한 석가모니불이 높은 臺座대좌에 光背광배를 배경으로 결가부좌하고 있다. 그 주위에 보살상, 가섭(迦葉), 아난(阿難), 타방불(他方佛), 16나한, 범천, 제석천(帝釋天), 사천왕(四天王), 팔금강(八金剛), 용왕·용녀, 비천(飛天), 팔부신중(八部神衆) 등 많은 聖衆성중들이 법문을 청하는 모습이 보이고 하단의 많은 신도들은 작게 표현되어 있다. 석가모니의 대좌 앞에 등을 보이고 앉아 있는 사리불(舍利佛)을 비롯하여 좌우에 시립한 많은 권속의 묘사는 조선후기 영산회상도 중에서도 영산회상(靈山會上)을 가장 장엄하고 실감나게 표현하고 있다. 특히 밝은 채색과 유려한 필치, 다양하고 능숙한 14위의 尊像존상 묘사가 돋보인다. 한국에서 가장 크고 오래된 괘불로 원래 이름은 '석가모니괘축불상'이다.

이 괘불탱은 처음에 진천읍 상계리 미역수골의 백련암(白蓮庵)에 모셔져 있었으나 암자가 폐허화하면서 괘불을 영수암(靈水庵)으로 옮겨와 매년 불탄일에만 공개되고 있다. 묵기에 의하면 순치 10년(1653)에 화주 심인법사의 발원에 의하여 4명의 비구 화원 명옥(明玉) 소읍(小揖)·현욱(玄旭)·법능(法能)등이 그렸다 한다. 영수사 괘불은 비교적 이른 시기에 제작되었다는 시기성과 사리불이 청법자로 등장하는 가장 빠른 괘불이라는 점에서 매우 중요한 작품이다. 부분적으로 후대에 수리한 흔적이 보이나 17세기 영산회상도의 대표적인 작품으로 보물지정이 너무 늦었다는 비판도 있다.

4. 영산회괘불탱 模寫모사 (본지 화보 2면 사진)

이와 같이 역사적으로 예술적으로 높이 평가받고 있는 훌륭한 畵佛화불을 우리들의 지도법사 석지명대선사(釋之鳴大禪師)께서는 일찍부터 안면암에 모시려는 원을 세우고 계셨다. 스님께서 2009년 초가을 어느 날 "영산회상도를 그려보지 않겠느냐?"고 하문하셨다. 비록 화가는 아니나 불심을 다하여 그려보려는 생각에 "그리 하겠습니다"고 말씀 올렸다. 의욕이 앞서서 답은 쉽게 드렸지만 그날부터 나의 마음은 편할 수 없었다. 안면암 부상탑 초기 불화 그리기에 참여할 때 영산회상도의 일부분을 본뜬 일이 있었다. 등장인물들의 옷이 화려하고 장식 패물도 현대감각을 능가하는 아름다움으로 치장 하고 계셨다는 사실이 내 마음에 큰 부담으로 다가왔다.

그리기에 앞서 영산회상도 친견을 원했으나 이루지 못했다. 영산회 괘불탱은 길이 8.13m에 폭이 5.54m 크기의 대작인데다가 당시 삼베에 그려졌고 보존을 위해서 배접하여 그 무게가 상당하고 360년 전의 작품이라서 채색 부분이 꺾어지고 떨어져 나갈까 염려하여야 하고 문화재적 가치까지 감안하여 그야말로 조심조심 다루고 있어서였다. 수시 관람 불가 이유를 이해할 수 있었다.

아들 월만(月滿)에게 부탁하여 인터넷 여러 사이트를 샅샅이 뒤지며 어렵사리 명함 반 정도 크기의 사진을 발견하였다. 시작이 반이라 이것을 본으로 그릴 수 있으리라 매우 반가웠다. 그러나 기쁨은 잠시 화소가 적어서 A4지만큼만 확대하여도 선조차 희미해지니 본뜨기가 불가능하였다. 그럼에도 그릴 준비로 朱, 綠, 靑, 白, 黑 주, 록, 청, 백, 흑 등 石彩석채 구하기, 넓은 한지 구하고 잇기 등등 연구를 거듭하며 인사동 거리를 헤매고 다녔으나 마땅한 결과를 얻지 못하였다. 그러던 중 영산회상도가 UNESCO에 등재되고 보물 제1551호로 지정되고 있다는 것을 알게 되어 문화광관부 등 관계기관에 문의하였으나 허사였다. 문화재청, 문화재연구소 등 여기저기 두루 접촉하였으나 담당자가 누구인지 조차도 알아낼 수가 없었다. 폐쇄적이고 비협조적인 그들의 태도에 폭발할 뻔 하기가 몇 번이었다. 그들은 자신이 왜 그 자리에 앉아 있는가를 망각하고 있는 듯하였다.

드디어 영취총림(靈鷲叢林) 양산 통도사(通度寺) 화방 S 스님이 영산회상도를 그리고 있다는 소식을 들었다. 뵙기를 청하려 전화를 하였다. 스님은 출타 중이시고 화방에 계시다는 분이 그림 완성에 10년을 예상하고 재료 구입비와 배접 비용도 엄청나다는 사실을 귀띔해 주었다. 망연자실 심청 아버지의 '공양미 300석' 생각이 절로 났다.

엄두가 나지 않아 손 놓고 지내기가 두어 달이나 흘러가버린 어느 날 마침내 '성보문화재연구원'과 인연이 닿았다. 이 연구원은 문화재 자료를 수집 연구하는 목적 외에 영리를 겸하고 있어서인지 매우 친절하였다. 정해진 요금을 지불하고 나서 며칠 후인 2011년 12월 5일 연구원의 허상호(許詳浩)팀장이 발송한 영산회괘불탱 CD를 받았다. 이와 함께 덤으로 여러 자료를 받아서 불화 그리기 기법도 많이 알게 되었다.

가장 요긴하게 참고 된 자료는 문화재청 문화재전문위원 김창균의 논문〈조선시대 17세기 전반 영산회괘불탱 연구〉였다. 괘불탱의 의의, 도상, 형식, 양식의 특징을 상세하게 연구해 놓아서 불화 그리기기법을 많이 이해하게 되었고 이 논문이 있어서 낡아서 보이지 않는 미세한 부분까지 판독할 수 있게 되어 복잡한 그림을 재생해 낼 수 있었다.

석지명 큰스님께서 나의 이 영산회상도 모사작 사진을 황송하게도 안면암 과천 포교당 거실에 모셔 두고 계시다.

5. 영산회상도, 실물 크기 현수막으로

내가 영상회상도를 모사하기에 앞서 이의 현수막을 제작했었다.

성보문화재연구원으로부터 전문기사가 촬영한 영산회상도 필름을 받을 때 필름 화소를 800배 늘리는 기술료를 지불했었다. 이 필름으로 실물 사이즈로 브로마이드 사진을 제작 의뢰했다. 완성품을 배달 나온 프린트사 직원의 도움을 받으며 그림을 펴보는 순간 뭉클 솟아오르는 감동으로 눈물이 돌았다. 그간의 우여곡절과 노심초사에 대한 보상을 받는 느낌 때문이었다.

해를 넘기고 나서 임진년 정월 초이레 방생법회 날 영산회괘불탱 실물 크기 대형 브로마이드 현수막이 안면암 무량수전 바다 쪽 난간에 내걸렸다. 바닷가에서 방생을 마치고 부상교를 건너오면서 바라보니 그렇게 커 보이던 그림이 초라하리만큼 작게 보이고 기대한 것보다 더 선명하게 프린트되었다고 좋아했던 느낌은 간 곳 없고 색조가 마치 빛바랜 헌옷 같이 보였다. 원본이 그려진지 三世紀삼세기 하고도 50여년이 더 흘렀으니 빛이 바랜 것은 당연지사이고 오히려 고색창연 하다고 인식하면서도 왠지 씁쓸하여 맥이 빠져나갔다.

그날 밤 나는 어떤 허전함으로 잠 이루지 못하였다. 다음 날 사시 방생법회 진행 중 무량수전 법당에 미쳐 자리 잡지 못하여 아래층 홀에 모여든 많은 불자님들이 동쪽 유리창 밖에 걸린 괘불탱의 정중앙에 계신 석가모니 부처님을 향하여 정성스럽게 절을 올리며 기도하고 계신 모습에 나는 깊은 안도감을 맛보았다.

영산회상도를 그리면서 나는 불교의 유래와 儀式의식 등에 관하여 많은 것을 배우며 깨달으며 내 스스로도 알지 못하는 사이에 불심이 자라고 있었음을 세월이 많이 흐른 뒤에 느끼게 되었다.

2012. 01. 31. 吳 宣 姓

나의 보물 般若波羅蜜多心經반야바라밀다심경

해인사 팔만대장경 중의 반야바라밀다심경 원판 탁본.

日月山 자락 첩첩산골에서 부모와 살던 나는 대구 경북여고에 다니기 위해 대구로 나오고, 아버지의 친구이신 엄민영 선생님 댁에 맡겨졌다. 처음으로 부모를 떠난 내게 낯선 대구 생활은 여러 가지로 새롭기도 하고 어렵기도 하였다. 엄 선생님은 일본 九州帝大(큐슈제국대학)출신으로 弱冠약관에 고등문관 시험에 합격

수행으로 그리는 佛畫 155

하고 전라도 임실군수를 시작으로 경희대 법대학장을 거쳐 내무장관 주일대사 등을 역임하신 분이다. 그분이 6.25 직후 잠시 주한미국 경제원조단 (KCAC)경제과장 고문으로 일하시면서 대구에 거주하시는 기간이 나에게는 많은 것을 배울 수 있는 좋은 기회였다. 당시 KCAC에서 일하는 엄 선생님의 영향으로 나는 영어를 열심히 해야 한다고 다짐하게 되었고 세상을 널리 보려는 마음도 생겼었다.

1954년, 엄 선생님 가족과 KCAC 고위 간부 몇 분이 경남 합천 가야산 해인사로 'Picnic' 갔다. 그 시절에는 자가용차는 물론 일반 차량도 드물었고 더욱 개인 나들이로 차량을 이용해서 여행하는 것은 한국인에게는 매우 귀한 기회였다. 한국문화의 주축이라 할 불교의 성지를 가보려는 KCAC 높으신 분들의 탐방 길에 우리가 초대받은 나들이에 나도 데려가 주어서 나는 행복했었다. 6.25 전쟁 중에 안강전투가 특히 치열했었는데 이 천년 고찰, 문화의 보고가 무사했다는 것이 지금도 신의 가호였다고 믿고 있다.

해인사는 918년 고려 태조가 海東第一道場해동제일도량으로 일구어 國刹국찰로 삼은 유서 깊은 절로서 현재는 대한 불교조계종 제12교구의 본사이며 2009년에는 사적 제504호로 지정되고 있다.
해인사가 온 국민의 관심을 받는 이유 중 제일 큰 것은 우리 국보 제32호 高麗大藏經고려대장경(八萬大藏經팔만대장경)을 보관하고 있고, 이를 보관하는 大藏經版庫대장경판고도 국보 제52호로 지정되어 각종 보물들을 간직하고 있기 때문이다. 이 중 팔만대장경은 2007년에 UNESCO 세계문화유산으로 등재되고 있다. 진정 고려대장경은 나라의 보물이다.

내가 불교에 관심을 갖게 되면서부터 해인사의 이러한 역사적 문화적 가치를 알게 되고 나니 나의 철없는 고교생 시절 해인사 탐방은 아주 귀한 기회였음을 새록새록 느끼게 되었다.

우리가 해인사에 간 날, 해인사 대웅전 앞에서 〈般若波羅蜜多心經－반야바라밀다심경〉판을 판고에서 내다가 스님 몇 분들이 탁본을 떠주고 약간의 보시를 받고 있었다. 나는 반야심경의 내용은 물론 목판의 가치도 모르는 고교 2학년생이었지만 대장경에 몽고항쟁의 역사가 서려있다는 생각으로 나도 탁본 한 장을 샀다. 지금 돈으로 5천 원 정도의 액수가 아니었을까 싶다. 후일 들으니 대장경 목판 磨耗마모와 분실을 염려하여 그 행사가 중단되었다 한다. 참으로 현명한 처사이고, 다행한 결과이다.

팔만대장경은 총 5,200만 자로 쓰여 있다는데 그 경 중 하나인 반야바라밀다심경은 唐나라 玄裝法師현장법사가 번역한 260자로 쓰여 있다. 수학적으로 계산하면 반야심경은 대장경 중 아주 작고 짧은 경전이지만 그 내용은 대장경 중 가장 핵심－Core적인 심오한 뜻을 담고 있다 한다. 이에 感服하고, 經板의 문화적 역사적 가치를 이해할 수 있게 됨에 따라 이 '대장경 원판'의 탁본은 나의 보물이 되었다.

이를 나의 家寶가보로 삼아 액자에 넣어 오랜 세월 동안 나의 침대 머리맡에 모시고 있다. 이젠 나의 護身佛호신불처럼 느껴지고 있다.

3부
불행한 시대의 불행한 지식인

진리는 따르는 자가 있고, 정의는 이루는 날이 온다.
− 金振煥

諟隱 卓熙俊(시은 탁희준 1922~1999)

1. 필생의 연구과제
2. 학생시절과 학도병
3. 卓 씨 家統
4. 노동정책에의 길
5. 영국 노동계의 견문
6. 월간 <思想界>와의 인연
7. 월남 파병 실태조사
8. 교우 관계

1. 필생의 연구 과제

　탁희준은 日帝일제 패망과 더불어 일본인 교수들이 자기네 나라로 돌아간 직후, 지도교수의 요청에 의해서 대학원에서 노동법 연구를 시작한 이래 우리나라 노동정책 연구에 일생을 바쳐서 시대적 사명을 다하려 노력한 학자이다.

　한국 학자 또는 교수 배출을 시대적으로 분석한 글을 읽은 적이 있다. 광복 직후 우리나라가 신진학자들을 양성하여야 할 즈음은 먹고살기 바쁜 서민계층이 연구생활을 한다는 것이 거의 불가능에 가까운 환경이어서 대개가 대지주 2세들이 연구실에 몸담게 되었다는 결론을 내리고 있었다. 이런 사실을 반영하듯 당시 서울대학교에 계시던 헌법 학자 유진오(俞鎭午)선생께서 후배들에게 각각 연구 분야를 배당 하다시피 하며 권유하셨다 한다. 노동관계 연구는 자칫 사상을 의심받기 쉬운 시절이어서 '부르조아 출신 탁희준 군'이 적격이라며 노동법연구를 제안 받은 것이 계기가 되어 탁희준은 노동관계학을 필생의 연구대상으로 인연 짓게 된다.

2. 학생시절과 학도병

탁희준은 강원도 대지주의 둘째 아들이었다. 그의 부친께서는 초등학교 4학년 아들을 서울로 유학보내기 위해 서울 종로구 안국동 75번지에 집을 마련하고 친척 할머니와 찬모를 딸려 아들을 분가시켰다. 아들의 경기고보-현 경기고등학교 입학을 기뻐하신 부친은 입학 축하로 말을 사 주셔서 그는 승마를 즐겼다. 그가 학도병에 징집 당해서 집을 떠난 후 혈통 좋은 이 말은 가엾게도 짐수레를 끌게 되었다. 일본이 패전하고 그가 고향 집에 당도하여 가족들의 환영을 받는 사이 멀리 뒷마당 마구간에 있던 말은 주인의 음성을 알아듣고 길길이 뛰어오르며 울부짖으며 주인의 귀환을 눈물겹도록 환영했다 한다.

탁희준은 다방면에 취미를 갖고 능력을 발휘하였다. 맨손체조, 보트타기 등이 수준급이었다. 경기고보 학생시절 서양화 그림으로 '鮮展선전'에 입상할 정도의 능력이 있어 그림에 전념하고 싶었으나 부친의 반대로 뜻을 접고 서울대학교 법대(3회 졸업)에 진학하였다.

경기고보(38회 졸업) 재학 중 일본에 대한 저항정신이 몸에 배어있던 그는 무슨 일이 터졌다하면 종로경찰서에 연행되기 예사였고 그 때마다 심한 고초를 겪었었다. 어느 날 잡혀갔다가 일본 고등계 형사가 무자비하게 날린 주먹으로 왼쪽 귀 고막이 터져서 그는 평생 오른 쪽 귀 하나로 살아야 했었다.

탁희준은 제2차 세계대전 말기에 일본 학도병으로 징집 당하였다. 그의 큰 누님 말에 의하면 징집통지서를 받은 그가 강력하게 징집 거부를 외쳤는데 부모님이 어떤 박해가 닥칠지 모른다고 간신히 설득하여 내 보냈다 한다. 그는 수학 과목에서 우수성을 보여 왔는데 일본군 행정부가 학적부 기록을 바탕으로 징집자들을 분류하여 필요에 의해 배치함에 따라 그는 수학 우수자로 분류되어 일본 동경 다치가와(立川) 소재 高射砲部隊고사포부대로 배치된다. 태평양에 정박한 미국 항공모함에서 발진하는 정찰기와 동경과 인근 관동지역을 공습하는 비행기 편대를 쏘기 위한 삼각 함수 산출에 동원된 것이다.

그의 능력을 음성적으로 시기한 일본군 하사관의 폭력은 가혹하였다. 어둑한 창고 안으로 불러들여 〈안경 벗어! 어금니 깨물라! 다리 벌려!〉, 이렇게 가해 흔적을 최소화 할 수 있는 자세를 취하게 하고 그들이 신는 가죽장화를 벗어들고 가하는 폭력은 지옥 문턱을 드나들게 했다. 육체적 고통과 인간으로서의 모멸감은 그렇다 치고 조선인으로서의 짓밟힌 자존심은 치를 떨게 했다. 어느 날 참을 수 없이 성난 탁희준은 체격이 왜소한 일본 하사관의 멱살을 한손으로 틀어잡아 번쩍 치켜들고 너 죽이고 나도 죽겠다고 결기를 보였다. 그 일본 놈이 파랗게 질려서 살려달라고 애원했다 한다. 싹싹 빌던 일본군 하사관은 그 후 일체 눈길도 마주치지 않으려 피해 다녔다 한다.

탁희준은 탈영을 감행하려 일본 군사용 지도를 훔쳐 본 것이 발각되어 감방에 갇히고 가해진 문책의 고통은 죽음 그 자체였다 한다. 어차피 〈일본인들의 섬〉에서 벗어난다는 것은 불가능한 일이었을 터인데도 그는 탈영을 감행하려 했었다.

마침내 1945년 8월 15일, 제2차 세계대전에서 일본은 항복한다. 일본을 비롯하여 동남아 일대에서 고생하던 한국인들이 속속 귀국 하는데 그의 본가에서는 아들의 소식이 없어 애 태운다. 탈영 시도 발각으로 가해진 고문 탓에 하반신이 마비되어 거의 움직일 수 없는 상태에서도 치료 받을 수 없었다. 패전 일본군이 해산하면서 영창에 가둔 조선인 한 사람쯤 안중에 없는 그들이었다. 그들이 탁희준에게 귀국 여행증 같은 보장문서와 먹을 것도 주지 않아서 귀국 길목인 시모노세끼(下關) 항구까지 구걸하면서 도착하였다. 귀국선 배를 타는 기회도 어렵사리 얻어냈다. 늦게나마 살아서 집에까지 돌아온 것이 기적에 가까웠다.

3. 탁 씨 家統가통

탁희준은 光山광산 卓 씨 28대 孫으로 강원도 횡성에서 태어났다.

卓 씨 일세 광산군 지엽공(一世 光山君 之葉公)은 漢나라 사신으로 이 땅으로 건너와 고려 宣宗朝(1083~1094)에 한림학사를 지냈고 太師文成公태사문성공에 오르고 駙馬부마가 되어 고려에 귀화하였다(光山 卓氏大同譜 卷之一). 탁 씨 8세 광무 경렴공(光茂景濂公)은 대제학에 오르고 영의정이 되셨고, 9세 신 죽정공(愼竹亭公)은 조선 세종조의 문신으로 가통을 이어 탁 씨 가문을 빛내고 있다. (高麗名賢集 卷 5. 성균관대학교 大東문화연구소. P. 264. 1980. 참조). 위 두 분은 경북 안동 길안면 구수리에 있는 광산 탁 씨 세덕사(世德祀-경북민속 자료 제37호)에 祭享제향 되고 있다.

탁희준의 조상은 고려 멸망과 더불어 두문동에 들어간다. 그의 조상 일부는 두문동에 남았다가 후일 세종대왕의 부름을 받아 출사하게 되고 또 다른 일부는 일찌감치 감시망을 피해 유랑 길에 오른다.

탁희준의 부친은 두문동을 떠난 가문의 후예로 첩첩산중 강원도 홍천에 피신한 집안에서 태어났다. 그의 어머니는 '뼈가 닳도록' 일하고 가난을 견뎌낸다. 탁희준의 부친은 알뜰하고 현명한 모친의 혈통을 이어받아 횡성에서 당대 自手成家자수성가한다. 비단포목과 철물교역으로 원주 일대와 횡성 상권을 장악하였다. 집안 사정이 단 시일 안에 구름같이 일어 도깨비 부자란 소문이 나도는 가운데 그 집안 둘째 아들로 태어난 이가 탁희준으로 온 가족의 기대를 모으며 성장한다.

우리 정부 수립 후 농지개혁으로 살던 집과 2천여 평의 텃밭과 임야만 남게 되었다. 이어서 닥친 6.25 전란으로 집과 채권과 토지 문서들이 불타고 지난날의 소작농에게 위탁 사육하던 소 수백 마리의 행방마저 알 길 없어 탁희준의 집안은 일시에 몰락하게 된다.

(媤宅 가족사와 옛날이야기, 〈나는 어디쯤에 있는가〉 오선주.
P.P.179~187 참조)

4. 노동정책에의 길

탁희준은 서울대 법대 석사과정에서 노동법을 전공한 것이 인연이 되어 한국 최초의 근로기준법 초안 작성에 참여하게 된다. 이 경력이 국제노동기구-ILO 위원인 베르기 대학-University Libre de Bruxelles의 막스 고찰크-Max Gottschalk 교수로부터 인정받아 그의 추천으로 1958년 ILO 장학금을 얻어 유학길에 오른다. 세계적 Social Siences의 명문 영국의 Ruskin College, University of Oxford에서 수학하게 된다. 이때에 그는 본격적으로 서양 문물에 접하게 되고 그들의 전통적 문화와 가치관에 깊은 감명을 받는다.

지도교수와의 첫 대면에서 일주일 후에 다시 만날 약속을 받은 것은 행운이었는데 지도교수가 연구 관련 서적 400여권의 목록을 내놓고 다음 면담일 까지 읽고 오라했다. 죽기 살기로 읽었어도 30권도 채 읽지 못하였고 입술은 부르트고 잠을 못 자서 비몽사몽간에 지도교수 앞에 섰다. 지도교수가 400권을 통째로 다 읽으라는 것이 아니고 연구 테마와 관련한 부분을 능력껏 발췌해서 읽고 다음 만남에서 자기생각을 발표하라는 것이었음을 나중에 알게 되었다. 그래도 정성들여 집중해서 읽은 덕택에 지도교수 앞에서 아카데믹한 문장을 많이 활용할 수 있어서 전혀 억울하지 않았다 한다. 정장을 하고 참석해야 하는 지도교수의 만찬에 초대받는 횟수가 학업 진척의 공식 척도였다고 한다. 일대 일 교육의 본보기를 체험한 기회였다.

옥스퍼드에 입학 등록 직후 치르는 영어 구사력 테스트 이야기를 하려 한다. 탁희준의 고교 학생시절에는 영어 듣기 말하기 교육이 없었음으로 그의 영어 회화 실력은 성당 신부님으로부터 會話회화 배우고 연습한 것이 전부였다. 영국인 교수들이 보기에 탁희준이 말도 어눌하고 듣는 것도 많이 놓치는 것 같은데 그는 문법을 주로 한 필기시험에 만점짜리 답안지를 냈다. 다음날, 어느 교수의 방에 불려갔는데 재시험을 치르게 된다. 탁희준이 부정을 저질렀다고 의심하는 것이 분명하였다. 그가 답안을 단숨에 다 쓰고 손 놓고 있으니 책장을 넘기며 이쪽을 힐끔거리며 바라보던 그 교수가 '그러면 그렇지. 못 쓰겠지', 회심의 미소를 지으며 다가왔다. 답안지를 보던 그 교수가 '이럴 수가?'하는 듯 표정이 싹 바뀌더니 이 '죄인 탁희준'을 경이로운 눈으로 바라본다. 경기고보 시절 독해 위주 영어교육에서 철저히 배운 문법실력을 유감없이 발휘한 것이다. 학교가 곧 기숙사와 같은데 이 시험 결과 덕분에 좋은 방에 들게 되었다. 그는 자기 일생에 그 시절처럼 열심히 공부한 적이 없었다고 회상했다.

 탁희준은 좋은 방에 배치된다는 의미를 좋은 Room Mate를 만난다는 뜻이라 했다. 그는 Edmund Cooney라는 영국학생과 짝이 되었는데 평생의 벗으로 지내게 된다. 후일 영국 University of Hull의 교수가 된 Cooney 교수는 나와도 편지로 교류하는 친구가 되었다. 남편이 꼭 필요한 공적 일 이외에는 관심을 둘 여력이 없었기 때문에 쿠니 교수의 편지에 답장을 못하고 있었다. 미안해져서 내가 쿠니 교수의 편지를 읽고 답장을 쓰면서 인간적으로 그와 친해졌다. 고교생이 된 두 아들을 두고 갑자기 喪妻상처를 하게 된 Cooney 교수는 구구절절 안쓰러운 편지를 보내왔다. 계절이 바뀐 어느 날 아내가 꿈에 나타나 아이들 겨울옷이 어디에 있다고 말해서 그대로 찾아 입힐 수 있었다고 했다. 잠시 'Hamlet' 고장 사람답다는 생각이 내 머리를 스쳐갈 정도였다. 나는 그에게 최대한의 정성을 들인 위로와 조언의 편지를 썼다. 몇 년 후 쿠니 교수가 재혼하고 그 부인 Christin과도 친해져서 선물도 주고받게 되었다.

의미 있는 에피소드 하나 남긴다. 어느 역사 깊은 노동조합 견학을 갔을 때 단체협약 한 'Copy'를 줄 수 있느냐고 청했더니 사무국장이 어리둥절해 하고 난처한 기색을 감추지 않으면서 탁희준을 문서 보관소로 안내했다. 오랜 역사만큼이나 여러 개의 서가를 가득 메운 기록들을 가리키며 전부는 도저히 복사해 드릴 수 없고 필요한 일부분은 복사해 드릴 수 있다고 했다. 탁희준은 영국에서도 한국처럼 단체협약이 하나의 법전처럼 만들어져 있는 줄 알고 있었던 것이다. 그는 문화와 제도의 차이를 그런 과정을 거치며 배우고 이해하게 되었다.

탁희준은 그 당시 한국인으로서 매우 드문 옥스퍼드 유학생으로서 영미 노동 법제를 수입하는 선구자적 위치를 걷게 된다. 탁희준은 석학 Cole, G.D.H. (George Douglas Howard) 교수를 신격화 하다시피하며 그를 존경하고 그의 이론을 적극 수용하였다. 탁 교수는 G.D.H. Cole 교수의 친필 싸인이 있는 그의 저서 "The Short History of the British Working Class Movement"를 보물처럼 여기고 있었다. 얼마나 여러 번 읽었는지 색 바랜 책 가장자리가 다 낡아서 너덜거리고 있었다. 탁 교수가 영국 노동조합을 논할 때 이 책을 가장 많이 인용한 것 같다.

5. 영국 노동계에서 얻은 見聞견문

탁희준은 공항에서 중앙대학교의 최호진(崔虎鎭)학장을 비롯하여 강오전, 문병집 제 교수 등 경상대 교수가 총 출동하다시피 한 영접을 받으며 금의환향한다. 승당 임영신(承堂 任永信)총장의 각별한 관심 속에서 활기찬 새 출발을 한다.

그러나 의욕이 넘치는 젊은 교수 탁희준은 6.25 전쟁의 후유증이 학계에도 노동계에도 아직도 고스란히 남아 있는 혼돈의 세계를 실감한다. 그는 귀국 즉시 대학에서 강의하는 한편으로 노동조합의 산업발전에의 기여, 부의 재분배, 경제적 중산층 형성의

탁희준(가운데)의 귀국 환영 차 공항에 나온 중앙대학교 경상대 교수님들

중요성 등 성공적으로 산업혁명을 이끈 영국 산업화 문화 소개에 열성을 기울였다.

탁희준은 1960년대 장준하(張俊河)선생이 발간하고 지성인들 사이에 널리 읽히는 '월간 사상계(思想界)'편집진에 참여하고 10

여 년에 걸쳐 많은 글들을 싣게 된다. 그는 주로 노사관계와 사회정책을 다루었는데 '최선의 사회정책은 최선의 노동정책에 있다'는 신념을 지니고 있었다.

그는 정부의 노동정책을 비판하고 선진 노동정책 도입을 試圖시도하는 가운데 서울대학 등 시내 주요 대학에서 시간강사 출강요청이 밀려 한때 자기 몸을 혹사하기도 했다. 갓 조직된 노동조합들의 강의 요청으로 시간이 모자라 애 태웠고 한편으로는 사상을 의심받아 要視察요시찰 인물로 지목되어 영등포경찰서의 수배령이 떨어져 피신해야 할 때도 있었다. 1980년에 이르러서는 소위 '해직교수'로 교단에서 쫓겨났다. 이후 복직될 때까지 4년여에 걸쳐 온 갖 시련을 겪는다.

6. 월간 〈思想界〉와의 인연

탁희준은 내가 아는 한 언제나 순수 학자이기를 원했다. 노동계와 재계, 집권 여당과 야당 그 어느 쪽에서도 자문을 구하면 성심으로 응했다. 그는 노동계의 문제뿐만 아니라 사회 깊숙이 서린 문제를 파악하고 분석하며 경제적 민주주의를 지향하여 '신동아', '월간 중앙', '이코노믹스' 등 사회과학 계열의 숱한 잡지의 원고청탁을 시간이 허락하는 한 거절하는 일 없이 주어진 제목에 따라 집필했다.

탁 교수는 월간 〈思想界〉 편집위원으로 동참하게 되었다. 장준하 선생은 1961년 6월호의 '장준하의 권두언'에서 5.16의 성격을 법률적으로 쿠데타이지만 역사적으로 혁명이라며 5.16의 불가피성과 당위성을 적극 인정하고 있었다. 당시 주한 미국대사 Samuel D. Berger 씨도 국무부에 보낸 보고서에 5.16을 극찬하고 있었다 한다. 탁 교수도 5.16 직후에는 〈국가재건최고회의〉의 '전문위원'으로 일했으나 5.16 혁명정신이 변질되어 갈 즈음에는 장준하 선생과 함께 비판 세력으로 돌았고, 〈사상계〉는 '양심세력의 대변지'가 되었다. 이 사실을 두고 어느 역사학자는 '박정희는 목적 지향적이고 장준하는 가치 지향적 이었다.'고 쓰고 있다.

〈사상계〉는 민족통일, 민주사상 함양, 경제발전, 철학, 문학예술 등 새로운 문화 창조 그리고 민족적 자존심 양성을 편집 기본 방향으로 하는 종합교양잡지로 발전하여 지식인과 학생층의 폭발적 인기를 모으게 되었다. 당시 대학생이었던 나도 이 월간지를 사면 세계정세에 목마른 탓이었을까 우선 고정칼럼 '움직이는 세계'부터 먼저 읽었다. 무심히 보던 세상에 대한 관심을 일으켜 주는 유명 인사들의 글도 마음에 들었다. 나는 드디어 〈사상계〉 정기 구독자가 되었다.

탁희준은 1959년 12월호에 〈四萬六千六百拾圓-46,610원을 위한 투쟁- 한국노동정책의 현황과 그 민주적 해결책〉을 기고한 것을 시작으로 1961년의 〈새 헌법상의 경제 질서- 자유자본주의 육성을 위한 자발적 협동의 촉진〉과 피난민이 모여 사는 〈大邱 사회의 動態동태〉, 1962년의 인구 도시 유입에 따른 〈首都 서울의 貧困度빈곤도〉등 1968년의 〈섬유산업의 임금인상쟁의〉에 이르기까지 10년 사이에 총 19편의 논문을 실었다. 그는 큰 사명감을 지니고 〈사상계〉가 경영난으로 폐간에 이른 시기까지 그야말로 심혈을 기울여 사회를 밝히는 논문을 쓰려 노력했다.

장준하 선생은 1963년 4월에 창간 10주년 기념호를 특집으로 발행한다. 민주주의를 열망하는 명사들이 이 특집호에 초청인사로 기고했다. 김병로, 변영태, 윤보선, 이범석, 이희승, 채석제, 홍종인, 홍승면, 김성식, 신상초, 탁희준, 조지훈, 부완혁 제씨가 이 특집호를 빛내고 있다. 장준하 선생의 노고와 정성이 이 나열된 이름들만으로도 짐작하기가 어렵지 않다. 이 명사들과 길을 함께한 탁희준 교수를 자랑스럽게 여긴다.

7. 월남 파병 실태조사

탁 교수가 월남에 다녀온 이야기를 남기고 싶다. 이세호 장군이 채명신 장군의 뒤를 이어 제2대 월남 야전사령관으로 부임한 후였다. 월남 전쟁이 한창 격화할 즈음 탁 교수는 월남 파병들의 복지(?) 실태를 조사하러 갔다. 소규모 조사단이었다는데 가톨릭 의과대학 예방의학 연구자이신 조규상 교수님이 장병들의 풍토병 예방연구 목적으로 동참했다 한다. 그 이외의 조사단원의 이름과 구체적 활동은 듣지 못하였으나 우리 정부에서 파병에 따르는 뒷바라지에도 많은 노력을 기울인 흔적이라고 본다.

언제 어디서 적의 포탄이 날아올지도 모르는 상황에서 우리 국군장병들의 작전지역을 시찰하기 위해 고위 장교의 설명을 들으며 함께 군용헬기를 타고 빽빽이 우거진 밀림 상공을 둘러보게 되었다. 베트콩의 대공 포격 걱정은 나중이고 헬리콥터가 선회할 때마다 미끄러져 떨어질까 봐 조사단원들이 서로 눈길을 마주치며 조바심 냈다고 집에 와서 실토했다. 조사단은 길목마다 숨은 적의 총격을 용케 피해 가며 임무를 수행하고 무사히 귀국할 수 있었다.

탁 교수의 정강이에 조그마한 종기가 났는데 과산화수소로 소독 시작만 해도 엄살을 부려 제대로 치료를 못하는 사이 종기가 엄청 커졌지만 속수무책으로 그대로 떠났다. 돌아올 때는 월남 야전병원에서 인정사정없는 군대식 치료로 2주간의 체류기간에 종기가 거의 아물어 새 살이 돋고 있었다. 주둔군을 위해 앞선 의술과 좋은 약이 보급 되고 있었던 것 같다.

이러한 노력의 보람도 없이 월남전은 끝나고 아름다운 사이공 시가 호찌민 시로 그 이름까지 바뀌었다.

공산주의자의 지배가 이어지고 있음에도 불구하고 2013년 내가 여행 갔을 때 보니 정부만 공산주의 형식이고 호찌민 시민이 사는 모습은 자유경제 체제하의 다른 나라와 별로 다르지 않았다. 의식주 충족 욕망은 시간과 공간을 막론하고 인류의 변함없는 본능인 것 같다. 지금은 북쪽 하노이에 한국의 많은 기업들이 진출하여 활발한 경제활동을 하고 있다. 공산주의의 한계를 깨닫게 했었다.

〈월남파병 실태보고서〉는 엄중한 '對外秘대외비'라며 탁 교수는 평소와 달리 나에게 淸書청서를 시키지 않았다. 세월이 흐른 후에도 나는 그의 조사내용을 아무것도 아는 것이 없다.

그는 월남야전사령관 '李世鎬'라는 이름이 새겨진 李장군의 기념선물을 받아 왔다. 우유 빛처럼 깊고 우아한 색깔인 象牙상아 담배 파이프 2종 세트와 파리 사교계 부인들의 장식용 같은 아름답고 정교한 무늬가 새겨진 상아 부채였다. 나는 그 부채의 귀티 나는 아름다움에 취해서 아까운 마음에 한 번도 바람 일으키기 용도로 쓰지 않았고 골초 남편도 그 파이프로 담배를 피우지 않고 서가 앞에 모셔 두었다. 어느 결엔가 나는 코끼리 보호차원에서 이 귀한 예술품을 사용하지 말아야겠다는 생각이 굳어졌고 평소 쓰던 목걸이 등 상아제품은 더 이상 착용하지 않게 되었다. 그래도 李장군의 선물은 세상에 남겨진 귀한 예술품이니 이 아름다운 작품들을 손녀들에게 할아버지 유품으로 남겨 줄 생각이다.

돌이켜 보니 탁 교수의 사회보장적 활동범위가 참으로 넓었다는 생각이 든다.

8. 교우 관계

*** 우리 부부 함께 정을 나눈 분들 중에서 그의 竹馬之古友 죽마지고우로 춘천에 사시는 함재선(咸在先)법무사와 고향 횡성에서 한국일보 보급소장을 지낸 선량한 조철한(趙鐵漢) 장로님이 계시다.

*** 인품이 아주 맑은 이인호(李仁浩) 교수가 떠오른다. 탁희준은 학교에서나 사회교육의 특강에서나 추상적인 이론만으로는 뜬구름 잡듯 실감이 없을 뿐만 아니라 현상 실태 파악이 어려움으로 항상 數理수리를 바탕으로 이론을 전개하였다.

그가 어느 경영인 모임에 초빙되어 강의하는 자리에 나도 함께 초대받아서 남편의 강의를 듣게 되었다. 주어진 시간 60분 중에 처음 10여분 가량을 할애해가며 수리적 바탕을 풀어 가는데 아내 입장에서 청중의 반응도가 궁금하여 가끔씩 주변을 둘러보았다. 불행하게도 모두 흥미를 잃은 듯 분위기가 식어 가는데 단 한 사람 李仁浩 선생이 열심히 경청하고 있었다. 강연이 끝났을 때 李 교수님이 핵심을 파고드는 질문을 하더라고 남편이 그를 높이 평가했다. 알고 보니 李 교수님은 서울사대부고의 천재 학생이었고 하버드 대학에서 러시아 역사를 연구하였다 한다. 탁 교수와 의기투합한 것은 오히려 자연스런 일이었을 것이다.

어느 날 지방도시에서 열리는 학술회의에 참석하러 가는 기차를 탔다가 같은 칸에 탄 李 교수님과 만났다. 차창 밖을 바라보며 한가로이 사사로운 이야기를 나누게 되어서 친밀감을 느꼈다. 여성계를 비롯하여 공통의 관심사도 많이 이야기하였다. 존경스런 세계관을 지니신 분이다. 그렇게 유익한 대화를 나눈 후부터 핀란드 대사로 나가신 후에도 서로 편지로 안부를 교환하게 된 귀한 인연이 이어졌다.

*** 東亞日報의 천관우(千寬宇) 선생은 탁 교수의 대학 시절부터의 친구로 6.25 때 부산 피난살이도 함께 한 분이다. 유진오 선생과 국회의원 정일형 씨가 회장으로 일하던 민간 국제기구인 〈한국UN Association-KUNA〉도 피난 부산에서 사무실을 열었고 두 친구 천관우 님과 탁희준은 그 직원으로 함께 일하였다. 이들을 위해 정일형 씨가 형편없이 낡은 일본 적산 가옥을 빌려 살게 해주었다. 워낙 허물어지기 직전 건물이라 집은 커도 드는 사람이 없었고 복도 하나 건너편에 있는 다다미방에서는 밤마다 귀신이 드나들며 지껄이는 소리에 이 두 청년이 긴장했다던 이야기는 두고두고 들었다. 後石후석 千寬宇 선생은 서울대 문리대에서 역사학을 전공하시고 東亞日報 편집국장을 거쳐 주필을 역임하신 분이다. 月刊 〈思想界〉에 글 쓰는 일에도 두 분은 통하는 바가 있었다 한다.

1980년대의 암울한 시절, 해직 당한 千 선생은 역시 해직교수가 된 내 남편을 찾아왔다. 새벽 5시 좀 지난 이른 시각의 초인종 소리에 내가 일어나 누구세요 하니 뜻밖에 "불광동 千서방이올시다."란다. 그렇게 며칠간 두 분이 새벽 산책을 하고 우리 집으로 돌아와서 간단한 아침을 함께 드셨는데 어느 정보기관으로부터 요시찰 인물 둘이서 새벽마다 모여서 무슨 모의를 하는지 조사할 것이 있으니 출두하라는 요구를 받았다. 정신적인 휴식이나 자연 속 산책의 즐거움도 사라지고 두 분은 그런 울분을 씻어 내릴 시간도 얻지 못한 채 천관우 선생이 1991년에 먼저 가시고 내 남편도 8년 후에 뒤따르듯 세상을 떠났다.

*** 〈現代〉를 일으킨 아산 정주영(峨山 鄭周永) 회장님은 여러 이유로 탁 교수와 친분이 두터웠다. 두 분은 같은 강원도 출신이어서 심정적으로 닿는 관심사가 많았다. 그 분은 '왕 회장'이라는 별명에 걸맞게 모든 면이 통 크고 활달하시고 회사 운영에 독단적인 면을 보이기도 하지만 민주적인 면도 앞선 분이라고 탁 교수는 내게 말했다.

정 회장님은 卓 교수를 초빙해서 직위나 근속 연한을 가리지 않고 모든 직원들에게 앞선 노사관계 교육을 받게 하였다. 1980년에 탁 교수가 해직 당하였을 때 정주영 회장님은 우리 집 생계를 걱정해 주셨다. 탁 교수의 자존심을 해하지 않으려 세심한 배려 속에 울산 현대중공업 노사관계에 관한 특강을 예정보다 더 늘려 주기적으로 초빙하여 남다른 후의를 베풀어 주셨다. 덕택으로 나도 가끔 울산 현대 영빈관에 머무는 호사를 누렸다.

탁 교수가 중동에 나가 있는 현대 건설 현장을 둘러 보고 〈근로현장실태 보고서〉를 쓰게 되었다. 보고서 내기에 앞서 귀국 인사차 계동 현대사옥 꼭대기 층의 집무실로 회장님을 예방하였다.

정 회장님은 중동건설 현장에서 직원들이 소위 삥땅도 하고 간부들이 부정하게 뒷주머니 찬다는 보고도 받지만 "팥이 퍼져도 그 솥 안에 있는 것 아니겠습니까!"라며 정색을 하고 한참 동안 탁 교수의 눈을 들여다보셨다. 事端사단이 중대한 범죄수준이 아니라면 그냥 덮어두어도 모두 우리나라로 들어올 돈이라는 뜻이었을까. 나는 회장님의 그 진지한 표정과 그 마음 씀씀이에 매료 당하였다.

우리나라 경제부흥을 이끄시는 이 어른께서 1998년 83세의 고령에 〈소 떼를 몰고〉 굳게 빗장이 쳐진 DMZ를 넘어 남북경협과 남북 이산가족 상봉의 물꼬를 터서 전 세계를 감동시키셨다. DJ가 노벨평화상을 받을 때 정주영 회장과 공동수상을 하였다면 좋았을 것이다. 정주영 회장께서 2006년에 TIME 선정 〈아시아의 영웅〉에 오르신 것은 우리네 정서상 너무나 당연하고 자연스런 일이다. 우리 민족의 존경을 한 몸에 받으시는 이 어른을 이 拙婦졸부가 직접 만나 뵐 기회가 있었다니 큰 영광이 아닐 수 없다.

탁 교수가 대한상공회의소에서 정년퇴임식을 하는 1988년 2월, 정 회장님이 같은 시각에 길 건너 힐튼호텔에서 진행되는 국가적 큰 행사에는 화환만 보내고 우리 행사에 오신 우정을 잊지 못한다. 정주영 회장님의 검사출신 고문변호사 문인구(文仁龜) 선생께서는 탁 교수의 삶을 되돌아보며 위로하고 치하하는 명 스피치를 하셔서 좌중을 감동시키셨다. 그 명 스피치를 녹음해 둘 수 있었다면 나는 오늘 이 글을 쓰지 않아도 되었을 것이다.

유감으로 남는 것은 정 회장님께서 사사로이 저녁식사를 베푸시는 자리에서 필드에 나가자며 골프에 초대해 주셨는데 나는 골프채조차 쥐어 본적이 없어 "죄송합니다."라고 대답할 수밖에 없었다. 회장님은 의외라는 표정을 지으시며 아쉬워하신 기억이 남아 있다. 그 어른과 친밀해질 수 있는 기회가 비켜갔기에 나의 아쉬움은 매우 컸다.

世紀적 인물이신 峨山 鄭 회장님을 나는 지금도 존경하고 있다. 富의 사회 환원 차원에서 峨山께서 세우신 서울아산병원은 많은 시민들의 건강 향상에 크게 기여하고 있음은 공인된 사실이다. 나는 치료 받으려 병원에 갈 때면 언제나 병원 동관 홀 중앙에 모셔진 정주영 회장님의 胸像흉상 앞에 다가가서 두 손 모으고 새로워지는 감회와 깊은 감사를 안고 기도한다. 큰 지도자로 환생하시기를 간절히 빈다.

*** 양호민(梁好民) 선생과는 만년에 매우 친하게 지냈다. 공산주의 연구하는 정치사상가와 노동정책 연구하는 탁 교수가 가까이 지내는 것은 자연스런 일이라고 생각되었다. 梁 교수님은 평양 출신으로 학문 이론 전개에는 매우 강직하신 분이었으나 인간적 성품은 매우 온화 하셨다. 서울 법대 교수 경력도 탁 교수와 어울릴 수 있는 공통점이었을 것으로 여겨지고, 월간〈思想界〉가 교우의 발판을 더 굳게 다진 것이 아닌가 싶다.

양 교수님은 대단한 진보주의자였지만 공산주의에 대해서는 절대비판자의 위치를 지키셨고 공산주의의 철학적 과학적 허구를 세상에 알리려 노력하셨다. 노령에 척추, 골반 등의 병고로 앉기마저 힘들어 하시면서도 90을 바라보는 고령에 이르기까지 계속 저술하시는 학자적 면모를 나는 존경했었다.

중년에 喪妻상처하시고 연세 높으신 홀 어머님을 모시고 한 때 우리 집 가까운 동네에 사셨던 양 선생님과는 여러 면에서 가족적인 분위기를 유지하며 점점 더 친해지게 되었다. 그분은 한림대 석좌교수를 지내시는 무렵에도 남편이 먼저 떠나 홀로 남은 나를 많이 위로해 주셨다. 언젠가 내 건강이 좋지 않다는 소식을 들으신 양 교수님께서 자부님에게 부탁하여 전복 한 상자를 택배로 보내주셨다. 내 평생에 그렇게 크고 싱싱한 전복을 그렇게 많이 먹은 것은 처음이었다.

2010년 3월 18일, 아들을 데리고 91세로 타계하신 양 선생님 장례식에 문상 갔었다. 혈육을 잃은 듯 가슴 메이는 날이었다.

＊＊＊ 도계 박재완 (陶溪 朴在琓 1903~1992) 선생을 기억하지 않을 수 없다. 도계 선생은 원래 강원도 출신이셨다. 나의 시아버님께서 둘째 아들이 학도병으로 징집 당하고 배치된 곳 일본 관동지방에 밤마다 미국의 B29 편대가 날아와서 燒夷彈소이탄을 퍼붓는 뉴스를 들으시면서 '간이 오그라드는 고통'을 호소하셨다. 용하다고 소문난 젊은 박재완 선생을 아예 자택 사랑채에 거처하게 하시면서 시시각각 아들의 安危안위를 물으셨다. 해방 후, 시아버님께서는 6.25 전쟁이 터지기 전에 돌아가시고 박재완 선생은 대전으로 이사하셨다.

도계 박재완 선생은 〈命理事典〉, 〈명리요강〉, 〈命理實觀〉 등 역저를 남기셔서 현재 한국 명리학계를 대표하는 대학자로 추앙 받고 계시다. 사주 명리학을 미신의 수준에서 학문의 영역으로 복권시킨 조용헌의 '사주명리 이야기 P.P. 119~136'에서 박재완 선생의 위치를 새삼 실감하게 되었다.

생전에 성품이 도인 같으셨던 그 분은 항상 卓 교수를 父情부정같은 사랑으로 격려하셨고 나에게는 자상하신 시아버지 같으셨다.

丙辰(1976)년 추석에, 박재완 선생께서 나의 문안 편지를 받으신 답례로 친필 편지를 보내주셨다. 賢者현자다우신 내용에다 운율에 실어 읽을수록 운치가 풍기는 四字成文體사자성문체는 그 수려함을 따를 사람이 없을 것 같다(사진 참조).

그 편지에는 〈禍自去而福必至-화는 스스로 물러가고 반드시 복이 찾아오리라〉고 격려하는 자애로우심이 깃들어 있다. 특히 〈인생은 誠성실하게 살면 열매가 있을 것이며 믿음으로 빛이 날것이요. 복은 근면함에서 오고 덕은 청렴하고 검소함에서 생긴다. 화는 경솔한 자만심에서 오고 죄는 불의에서 생기는 것이니 대로

불행한 시대의 불행한 지식인 183

를 걸으면 그 끝은 선에 이르느니라〉등 깊이 있는 인생교훈을 아끼지 않으셔서 언제 읽어도 숙연한 마음이 일어 이 편지를 40년 넘어 종이 빛이 바래도록 보물처럼 보관하고 있다.

늘 붓 끝이 몽당 빗자루처럼 닳을 때까지 아껴 쓰셨는데 그래도 필체는 언제나 반듯하고 아름답다. 선비의 면모가 여기에도 여실히 풍긴다. 이 편지는 여러 의미에서 역시 나의 보물이다.

*** Professor D. Straub는 우리 가족이 되신 외국인이다.

탁 교수는 노동정책을 집중적으로 연구하고 각계각층의 자문에 응하다보니 여러 나라의 주한 대사관의 labour attache와 긴밀한 접촉을 유지하고 있었다. 독일 대사관의 Herr Nagel은 한국을 떠난 후에도 상호 방문하는 등의 교류가 이어졌고 미국 대사관의 Mr. Lichktblau와도 오랫동안 교류 하였다.

1980년, 탁 교수가 해직 당하였을 때, 미국 대사관에서 직장과 주거 등 모든 편의를 제공하겠다며 가족 모두 미국으로 이민 갈 것을 권유하였다. 미국 한국재단의 Peterson 소장도 내가 대법원 근무할 때 아시아재단 위해 일한 경력이 있음을 상기하여 나의 미국 내 일자리를 보장하겠다고 했다. 지금 생각하니 갔다가 돌아올 수도 있었는데 그 당시는 모든 것이 悲壯비장하게만 느껴지고 한 번 떠나면 다시 못 올 분위기여서 죽어도 내 나라에서 죽겠다고 우리 내외 미국행을 사양했었다. 그 결과 미 대사관 측에서 광화문 미 대사관에 나의 일자리를 마련해 주기로 결정지었다. 공교롭게도 때를 같이하여 원서를 내 놓았던 청주대학교에서 3월 2일부터 출근하라는 통지가 왔다. 가족이 굶주리게 될지도 모르는 절박한 상황에서 미국 측의 호의는 진실로 고마웠고 또 서울에 직장이 있어야 아이들 돌보는 등의 가정사 운영에도 큰 도움이 된다는 생각을 하면서도 그래도 연구자의 길이 더 보람되다는 판단 아래 미 대사관 측에 감사하며 양해를 구하고 나는 청주대학을 택하였다.

그런 과정을 거치면서 미 대사관 정치과에서 일하던 젊은 외교관 Straub 씨와 알게 된 이후 오늘까지 우리는 그 분과 잔잔한 정을 나누며 가족으로 지내고 있다. 언젠가 내가 누군가에게 그를 '가족 같은 사이'라고 소개했더니 그 분은 "가족 같은 것이 아니라 가족 이지요"라고 한국어로 정확하게 말해서 나를 감동케 했다. 미국에서 유학하는 딸을 위해 Straub 씨는 망설임 없이 보증을 서 주었다. 우리가족을 믿어준 그에게 무한 감사 할 따름이다.

Straub 씨의 외국어 습득 능력은 놀라워서 독일 일본 한국 등 부임지마다 그 나라말을 속히 익혀서 현지에서 유감없이 활용하고 있다. 그는 북한연구가로서 수차례 북한을 방문하였고, Mr. Bill Clinton 미국대통령 방북 시에는 공식 통역관으로 동행하여 한국어 실력을 과시하였다. David를 자랑스럽게 여기는 또 하나 이유는 미 국무부 한국과장을 마지막으로 공직에서 떠나 스텐포드 대학 Shorenstein Center의 아태 연구소 부소장으로 재직하면서 〈반미주의로 보는 한국 현대사 Anti-Americanism in Democratizing South Korea〉를 써서 한미관계 중요역사 (1999~2002)를 기록한 것이다. 이 책이 2017년 2월에 한국어로 번역 출간 되었다. 그의 객관적으로 사태를 파악하는 냉철함과 정확성을 기하려는 치밀함이 부각된 대단한 작품이다. 서울대 국제대학원 박태균 교수는 이 책을 解題해제하면서 Straub 교수의 능력과 노력을 높이 평가하고 있다. (위 책 P.P. 368~377)

*** 일본 동경대학 경제학부장 스미야 미키오(隅谷三喜男) 교수를 존경한다. 혁신적 경제이론을 연구하면서도 드물게 독실한 기독교 신자이시다.

1976년 3월, 스미야 교수는 〈韓國의 經濟〉라는 책을 이와나미 신쇼(岩波新書)를 통해 발간하고 있다. 1장에 '고도성장의 빛과 그림자', 2장에 '저임금을 등에 업고', 3장에 '경제 종속에의 길', 4장에 '위기가 닥쳐오는 한국 경제' 등 총 4장으로 구성된 이 책은 한국정부 자료와 한국은행 통계를 활용하면서 한국정부 경제정책을 분석하고 있다. 한국에 대해서 비판적이라 비춰질 수 있지만 이 책 끝의 〈글을 맺으며〉를 읽으면 스미야 교수의 한국과 한국 지인들에 대한 깊은 이해와 일본인 특유의 감성에서 울어난 Sympathy를 느낄 수 있다.

스미야 교수는 1969년 동경대 야스다(安田)강당 화재를 일으킨 일련의 학생데모 사태 후 동경대 총장에 추대되었으나 이를 피해 딸이 유학 가 있는 Canada에 한동안 피신했었다. 그는 명예나 권력을 멀리한 순수 학자였으나 일본정부가 중국과 관계 개선을 위해 파견한 물꼬트기 밀사 역할을 성공적으로 해 낸 기록적 인물이다.

스미야 교수는 동경대학에서 정년퇴임하신 후 신슈(信州)대학의 학장을 거쳐 동경여자대학 학장을 맡는 등 명망 높은 분으로서 퇴임 후에도 집필하기에 많은 시간을 보냈고 한국에의 방문도 잦아졌다. 탁 교수 해직 중에 정신적인 격려와 함께 경제적 도움도 많이 주셨다.

스미야 교수는 말년에 대장암을 앓고 있었다. 병이 위중하다는 소식을 듣고 먼저 타계한 남편을 대신해서 아들과 나는 그 분이 세상 떠난 후 문상 가는 것 보다는 생전에 한 번 더 뵙는 것이 옳다고 생각하고 동경 세다가야구 다이다(世田谷區 代田)에 있는 자택으로 문병 갔었다. 온화하시던 모습은 간곳없고 너무도 수척해진 모습에 비감이 들었으나 내외분 모두 크게 반겨 주셔서 찾아 뵌 보람이 있었다. 그 날 밤 동경 시내 호텔에서 일박하고 다음날 귀국하였는데, 얼마 후 스미야 교수의 訃音부음을 접했다.

*** 노동법을 전공하는 동경대학의 하나미(花見 忠) 교수와는 가족 간에 서로 집으로 방문하는 등의 교류를 이어왔다. 그의 부

인도 유명한 아까마츠 료꼬(赤松良子) 씨이다. 동경대 법대 동창끼리 만나 결혼 하였다는데 남편은 한 번도 아내의 1등자리를 넘어 보지 못했다며 아내를 진심으로 존경하고 있었다. 내가 그 분들 자택으로 초대받아 갔을 때 아내가 직접 요리했다고 자랑하며 식사가 끝날 때까지 황송해 하고 있었다. 그들은 원래 아까마츠家의 사람이다. 잘 알려진 바와 같이 일본은 같은 동양권이면서 우리나라 여성이 자기 姓을 영원히 그대로 유지하는데 반해서 일본은 서양인들처럼 결혼하면 남편의 성을 따른다. 아내가 세상에 유명해지니까 아내가 불편해 할까 봐 남편이 하나미(花見)로 姓을 바꿨다. 스스로 팬 네임처럼 여기고 있었지만 대단한 애처가가 아닐 수 없다. 부인은 후일 일본 노동부장관이 되었고 주UN 일본대사로 나가 국제무대에서도 능력을 발휘하고 있었다.

하나미 교수가 우리 집에 왔을 때, 우리 어린 호지를 안고 너도 내 아내처럼 발전할 수 있을 것이니 부디 우리 집에 와서 동경대학에 다니라고 했다. 호지는 일곱 살 때의 약속이 실감나지 않아서였는지 미국을 택해서 유학 갔다. 우리는 행복한 교류를 오래도록 이어왔다. 모두 감사한 일이다.

*** 서울대학교의 국제경제학교수 김세원(金世源) 님 내외분과도 친히 지냈다. 김세원 님은 탁 교수의 경기고, 서울법대 후배이기도 하고 한국 UN협회-KUNA 사무국장 시절 함께 일한 인연이 있어 탁 교수가 부뤗셀 대학 막스 고찰크 교수에게 김세원

씨를 추천하였고 고찰크 교수의 지도를 받은 김세원 님은 후일 EU경제 전문가가 되어 나라 경제 발전과 국제경제 교류에 크게 이바지하였다. 이런 일련의 인연이 가족 간 돈독한 인연으로 이어졌었다. 귀국 선물로 부인이 사다주신 프랑스 제품 6인용 커피잔 세트를 지금까지 우리 주방 그릇장에 귀히 간직하고 있다.

*** 외국어대학교 성시탁(成時鐸) 교수님(현 명예교수)이 어느 학회 모임이 끝난 후 회식 자리에서 "탁 교수는 인품이 온순하신 분인데 학문에서는 아주 剛直강직한 분이다."라고 좌중을 향해 말씀하셨다.

그 때 무심히 들은 이 이야기가 지금은 고맙고 그리운 추억으로 떠오른다.

* * *

일생을 사는 동안, 세상을 밝히는 존경스럽고 다정한 친구 분들이 많이 계시지만 지면 관계로 다 기록하지 못하는 것이 유감이다.

여기 글로 남기지 않는다고 해서 결코 가볍게 여기지 않는다. 모든 분들께 감사의 마음을 보내며 오래도록 건강하고 행복하시기를 빈다.

해직 교수

탁희준은 후학 양성하는 직업을 인생 최대의 긍지로 여기며 교수생활에 열정을 기울였다. 학교 연구실에는 물론 집에까지 찾아오는 제자들이 부지기수였다. 기성 교수에서부터 석사과정에 갓 입학한 제자들에 이르기까지 다양한 분들이었다. 박사학위 과정 이수에 10년이 걸린 분에게도 격려와 편의를 최대한 제공해서 수학 한계 연한 안에 논문을 낼 수 있도록 세심한 지원을 아끼지 않았다. 우리 집은 식구끼리 밥 먹는 날이 드물었고 중요한 성장기에 든 우리 아이들과 대화할 시간은 절대 부족하였음에도 남편은 그런 나날을 큰 보람으로 여기고 있었다.

1980년 여름, 탁희준에게 인생 최대의 시련이 찾아왔다. 낯선 남자 두 사람이 학교 연구실에 와서 그를 연행해 갔다. 어딘가에 갔는데 화장실에 갔다가 이화여대 현영학(玄永學) 교수와 마주쳤다. 어디에 왜 왔는지 짐작이 되었다. 그 사무실에서 고참으로 보이는 매우 세련된 남자 둘이서 이쪽은 한숨도 재우지 않으면서 저들은 번갈아 잠자면서 계속 심문했다. 책상 위에 두 무더기의 조서용지가 쌓여 있었는데 각각 45cm 정도 높이였다. 저들이 잠깐 자리를 비운 사이 슬쩍 들춰보니 그간에 이루어진 탁희준 뒷조사 기록물이었다. 그 어마어마한 기록량에 啞然失色아연실색하지 않을 수 없었다. 감금 된지 일주일쯤 지난 어느 날 그들이 사직서를 쓰라며 내민 종이에 서명하고 거기서 나올 수 있었다. 바로 학교에 돌아와 교수회관에 들어서니 '옥류천'에 모인 사람들이 탁 교수가 해직되었다고 수근 거리는 소리가 들렸다. 그제야 느낌이 왔다고 했다. 전국 대학교수 중 87명이 해직되었다는 신문 보도가 있었다.

그 즈음 낡은 집을 헐고 새로 집을 짓느라 이웃으로 방을 얻어 살고 있었는데 탁 교수는 심기가 불편해서 지붕만 올리고 아직 문짝도 달지 않은 새집에 와서 회의 참석 차 유럽에 간 아내가 돌아오기를 기다리고 있었다. 소식에 접하고 예정된 계획을 모두 취소하고 급히 귀국한 아내를 그는 절망과 분노가 교차하는 눈으로 바라보았다. 매일 아침 출근시간이 다가오면 끓어오르는 심사가 발작하듯이 폭발 하는 그를 조용히 감당해야하는 나는 또 다른 희생자로 심한 두통과 소화 불량에 약도 듣지 않았다.

어느 날, 한 제자가 신문을 들고 급히 달려왔다. 김학준(金學俊) 교수의 특강을 보도한 글이었는데 김 교수가 "우리 학계에 탁희준 교수 같은 어려움을 무릅쓰고 일관되게 최선의 노동정책을 펴는 학자가 있다는 것은 매우 고무적이었다."며 그의 해직을 아쉬워하는 내용이 포함되어 있었다. 그 당시 나는 그 분의 얼굴도 본 적이 없었지만 사회의 존경받는 김학준 교수님의 말씀에 크게 위로 받았다. 세월이 많이 흘렀고 위안 받은 당사자는 먼 길 떠나 버린 지금까지 아직 고마운 말을 전할 기회를 얻지 못하고 산다. 이젠 고령이실 김학준 교수님 앞날에 건강과 행복과 영광이 이어지기를 축원한다.

탁 교수는 지병이 악화되어 서울대학교 병원에 입원 치료받아야 했다. 다행이 경기고교 후배 민헌기(閔憲基) 교수의 특별 배려로 병세가 호전되었다. 이때에 교단에 다시 돌아가기까지 입에 대지 않겠다며 그 좋아하던 담배를 끊었다. 그로서는 대단한 結氣결기를 보인 것이다.

그러나 그는 스스로 감당할 수 없는 스트레스로 인하여 실명하였다. 스미야 미키오 교수의 주선으로 동경에 있는 국립병원 안과에 두 번이나 입원 치료 받고 겨우 사람을 알아보는 정도의 시력을 회복하였다. 가장 신뢰할 수 있다는 의사를 만난 것은 행운이었으나 외국인으로서 의료보험이 없어 노후를 위해 마련해 두었던 아파트 한 채를 팔아 치료비와 왕복 여비와 간병하는 가족의 체류비등에 충당하였다. 아내인 나는 남편 간병을 위해서 대학의 양해를 얻어 휴강하고 병원으로 달려가고 귀국해서는 보강하는 등 힘들었고 아들도 직장 휴가내고 엄마와 바통터치 하듯 일본을 드나들며 아버지 간호에 최선을 다 하였다.

탁희준 해직-Perge 소문이 외국 친지들에게도 알려지고 한밤중에도 지구 저편에서 걸려오는 안부전화가 이어졌다. 잠자는 척하면서 부모들의 통화내용을 듣는 어린 아이들도 괴롭기는 마찬가지였다. 가장 가슴 아프고 후회되는 것은 이 사태를 아이들에게 솔직하게 결코 불명예스러운 일이 아니라고 그들이 이해할 수 있도록 충분히 설명해 주었어야 했는데 그리 못한 점이다. 아빠가 아이들 충격 받는다고 말 못하게 해서 비밀로 했는데 아이들은 부모가 받는 전화 내용을 들으며 심각한 고민을 하고 있었다는 것을 나중에 알게 되었다. 무심하고 못난 어미였음을 사죄해 봐도 이미 지난날을 되돌려 치유할 수는 없었다. 멍든 상처를 안고도 낙오하지 않고 잘 자라준 아들 딸이 고마울 따름이다.

이 어려운 고비에 국내외에서 도움의 손길이 이어졌다. 탁 교수네가 얼어 죽는다며 겨울 난방용 기름 값을 보내 주시는 분도 고마웠고 엔화 또는 달러화를 인편에 보내 주시는 분들이 눈물 나게 고마웠다.

그 이듬해 나는 청주대학교 법과대학에 나가게 되었고 해직 당사자 탁 교수는 일본으로 건너가게 되었다.

해직이 탁 교수에게 큰 어려움을 안겨주었지만 오랜 남북 분단의 역사가 노동문제를 민감한 분야로 여기게 된 나라에서 이를 연구하게 된 것 부터가 탁희준 교수에게는 숙명이었다고 여겨진다.

해외에서의 교수 생활

1. 동경대학 사회과학연구소

1980년, 우리 사회가 온통 뒤숭숭한 때였다. 덴마크 코펜하겐에서 열린 세계여성UN포럼에 한국대표로 참석 중이었던 나는 이름을 모르는 한국대사관 직원으로부터 속히 귀국하라는 전화를 받았다.

UN회의를 끝내고 American League of Woman Voters 소속 OEF-Overseas Education Fund의 초청으로 미국으로 가려던 계획을 접고 무작정 파리로 떠났다. 우리나라로 가는 유일한 직항 노선 대한항공 KAL기로 환승하기 위해서였으나 탑승 예약이 없어 난감하였다. 天佑神助천우신조로 때마침 파리에 머물던 조중훈 대한항공 사장을 만나 그 분의 호의로 일등석을 얻어 타고 귀국길에 올랐다.

집에 도착하니 '행방불명'이라던 남편이 집에 와 있었고, 대학에서는 물론 모든 사회적 활동도 금지되었다고 했다.

탁 교수의 해직을 알게 된 국내외 친지들의 후원이 이어지기 시작하였다. 그는 국제 활동 중에 친분을 쌓은 WCC-World Council of Churches 실행위원이었던 일본 동경대학 경제학부장 스미야 미키오 (隅谷三喜男) 교수의 추천으로 동경대학 사회과학연구소 소장 도즈카 히데오(戶塚秀夫) 교수의 초청을 받았다.

스미야 교수는 일본 교과서 출판 '후소샤(扶桑社)'에서 일본 우익 단체의 한국침략 왜곡 교과서 발행 시도가 발생했을 때 일본 양심 세력인 사카모도 요시가즈 동경대 명예교수, 소지 츠토무 목사 등과 힘을 합하여 이의 부당성을 역설하며 저지하려 노력한 분이다. 도즈카 히데오 교수도 역시 진보적 경향의 양심세력 중 한 분으로 스미야 교수를 존경하고 있었던 관계로 탁 교수 渡日도 일이 성사될 수 있었다.

당시 달러화 절약을 위해 일반인들의 해외여행이 자유롭지 못한 '단수여권' 시절이었고 특히 요시찰 인물인 탁희준의 여권을 받아내는데 우여곡절이 많았다. 문교부, 외무부, 안기부, 보안사 등 관계기관을 상대로 하는 나의 줄기찬 90일간의 투쟁 끝에 마침내 여권을 받아내고 탁희준은 일본행 비행기에 오를 수 있었다.

그가 동경대학에서 받는 급료는 한국에서 받던 교수직 봉급 보다 10배가 넘는 금액이었다. 절대로 특별대우는 아니었다. 능력만큼 일한만큼 받는 것이었다. 그는 사상적 의심 따위가 없는 사회에서 일생을 사는 동안 가장 행복한 연구와 강의를 할 수 있었다고 회상했다. 동경대학의 수준 높은 교수들과 계속 이어지는 세미나 등의 연구생활은 정신적 활력소가 되었고 그의 육신 건강 회복에도 도움이 되었다.

탁 교수의 일본 생활 중에서 내가 스미야 교수, 도즈카 교수 두 분과 친분을 돈독히 한 것이 그에게도 도움이 되었다. 처음 내가 도즈카 교수와 인사하는 날 동경 중앙역에서 만나 회식 예약 장소로 걸어가는 중이었다. 앞서 가며 탁 교수와 얘기하던 도즈카 교수가 내게 대한 예의상 한 발 늦추고 내 옆으로 와서 걸으며 "날씨 참 덥지요?"라고 인사 삼아 말을 했다. 나는 "네, 덥군요."라고 짧게 대답했다. 도즈카 교수가 멈칫 서더니 나를 유심히 내려다보았다. 레스토랑에서 식사가 거의 끝나갈 때 도즈카 교수는 "탁 선생은 고급 학술용어를 잘 하시지만 사모님의 말씨는 일본 전통 발음과 억양을 동경 사람처럼 잘 구사 하십니다."라고 했다. 얼마 후, 스미야 교수를 만난 자리에서 남편이 볼멘소리로 도즈카 교수와의 이 이야기를 하며 은근히 스미야 교수의 역성을 기대했는데 스미야 교수가 "그건 사실이지요."라 했다. 남편은 두고두고 이 일을 멋쩍어 했지만 이 분들과의 우정은 깊어갔다.

언어는 미소만으로는 전달하기 어려운 깊은 생각까지 정확히 전달할 수 있는 중요하고도 필수적 도구라고 생각하게 된 계기였다. 이들 일본 지성인들과 우리 사이에서 언어는 그 '도구'이상의 것으로 서로 간 돈독한 신뢰관계를 이루는 힘이 되었다.

오랜 침략의 역사 때문에 일본어를 꺼리는 분위기가 있다. 17세기 영국 철학자 F. Bacon은 '아는 것이 힘이다'고 했다. 국제시대를 사는 나는 'Knowledge is Power'에 더해〈Language is Power〉를 강조하고 싶다.

탁 교수의 서거 소식을 듣고 6개월만인 그 다음 해 이른 봄에

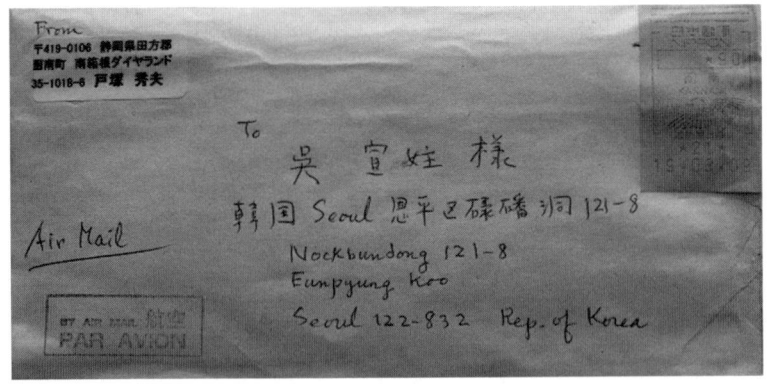

도즈카 교수의 주소 스티커가 붙어 있는 친필 봉투. 2009년

방한하여 그의 산소를 참배하고 돌아간 도즈카 교수가〈탁희준 교수를 기리며〉라는 심금을 울려주는 글을 보내왔다.

이 글이 짧기는 하지만 나의 단편적인 기억보다는 탁 교수의 일본 내에서의 위치와 활동을 정확하게 서술하고 있으므로 여기에 번역해서 남긴다.

〈탁희준 교수를 기리며〉
－ 日韓 學術交流에의 공헌에 관하여 －

戸 塚 秀 夫 도즈카 히데오
전 동경대학 교수, 동 대학 사회과학연구소 소장

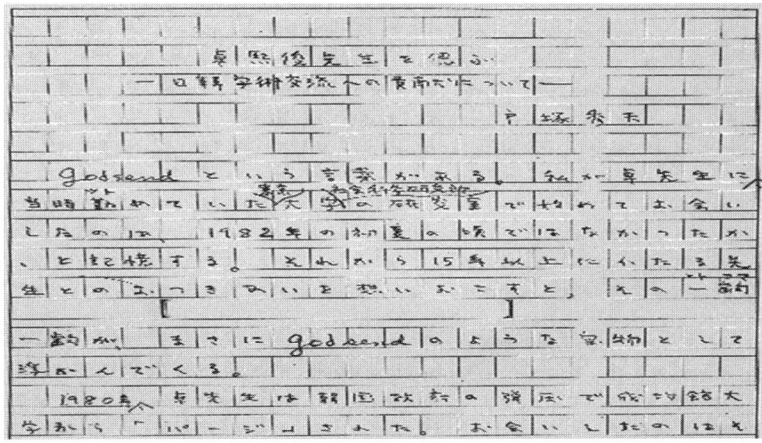

일본 동경대학 사회과학원장 戸塚秀夫 교수의 친필 원고

'Godsend-하늘이 내린 선물'이라는 말이 있다. 내가 탁희준 교수를 당시 근무하고 있었던 동경대학의 사회과학연구소 연구실에서 처음으로 만난 것은 1982년의 초여름경이 아니었을까 라고 기억한다. 그로부터 15년 이상에 걸친 탁 선생님과의 교류를 회상함에 있어서 그 순간순간마다 그 분이 마치 'Godsend' 같은 보물처럼 머리에 떠오른다.

1980년, 탁 선생은 한국 정부의 탄압으로 성균관대학교에서 해직 당하였다. 내가 그분을 뵙게 된 것은 그 직후의 일이었다. 당시 일본의 대학에는 한국 내에서의 정치 동향 특히 박정희 대통령 시해사건, 전두환의 숙군 쿠데타, 노동자의 공장 점거투쟁, 학생의 가두데모, 나아가서는 광주봉기와 그에 대한 대탄압 등 일련의 사건들을 우려하는 많은 사람들이 있었다. 김대중 사형 판결에 항의하는 운동이 널리 퍼져나간 것은 1980년 가을부터 82년에 걸쳐서였다. 동경대학 명예교수 스미야 미키오 (隅谷三喜男) 선생으로부터 '추방−Purge'되어 연구의 장을 박탈당한 탁 선생을 동경대학 사회연구소로 초청할 수 없겠는가 하는 문의가 있은 것은 바로 그 무렵이었다.

한국에서의 일련의 탄압사건에 마음 아파하고 있던 우리들은 즉석에서 기쁜 마음으로 이에 응하였다. 정직하게 고백하건데 그때까지는 탁 선생의 글들을 읽고 있었던 것은 아니었다. 그러나 탁 교수는 한국에서 노동문제 연구의 제1인자이며 리버럴한 학풍의 민주적인 학자이며 현재 수난의 소용돌이 속에 계시다는 사실을 알게 되었다. 이러한 사실만으로도 그분을 초청할 충분한 이유가 된다고 생각하였다. 사회과학연구소 교수회의는 1982년 5월 20일, 탁 선생을 외국인 연구원으로 받아들일 것을 결정하였다.

한국문제에 관심이 있는 동료와 함께 만나 뵌 탁 선생의 첫 인상은 무엇보다도 온후한 篤學독학 선비로 보인 점이었다. 당시의 한국 정세에 관하여 단편적인 지식을 바탕으로 성급한 질문들을 쏟아낸 우리들에 대하여 전반적인 동향을 침착하게 깊이 분석할 필요가 있다는 관점에서 지도하여 주셨다. 격렬한 열정을 안으로 품고 있으면서도 신중한 언어들을 선택하면서 한국사회의 모순을 예리하게 지적하셨다. 그것이 탁 선생의 변함없는 태도였다.

탁 선생이 젊은 시절 영국 옥스퍼드대학 러스킨(Ruskin) 카레지에 유학하셨다는 사실 그리고 국제적인 노동 기준의 중요성에 대하여 배운 일 등등 가끔씩 뵙게 되는 사이에 탁 선생은 자신의 학문연구의 기초에 영국에서의 연구가 살아있다는 등의 이야기를 해주시게 되었다. 당시 나는 영국 노사관계의 실태조사에 몰두하고 있었다. 만나 뵐 때 마다 영국에 대한 나의 인상을 소재로 하여 일본과 한국의 문제들을 화제에 올리곤 하였던 것을 기억하고 있다.

탁 선생이 지니고 있는 학식과 경험을 일본의 대학에서 살려드릴 길은 없을까? 탁 선생을 접촉한 나의 친구들로부터도 이와 같은 강렬한 희망이 싹 트고 있었다. 法政大學호세이다이가구 교수 川上忠雄(가와가미 다다오) 님을 비롯한 여러분의 노력 끝에 우선 1986년 10월부터 1년간 나아가서 1988년 10월부터 1년간 탁 교수는 법정대학 경제학부 객원교수로 일본에 오셔서 연구 지도를 하게 되었다. 나 자신은 그 최초의 일 년간의 세미나에 참가할 수 있는 기회를 얻었는데 그것은 〈"전후 한국의 노동법제 프로젝트"-책임자 小林謙一(고바야시 켄이치) 교수〉라고 이름 지어진 연구계획인데 매 회 탁 선생은 치밀하게 준비된 강의 안을 바탕으로 한국의 노동법제와 노사관계의 역사와 현실에 관하여 성의 있는 강의를 해 주셨다. 탁 선생의 '한국자본주의 분석' 가운데는 2차 대전의 '일본 자본주의 분석'에 있어서의 講座派강좌파적인 구성적인 뿌리가 내리고 있음을 감지한 것은 일련의 세미나를 통하여서였다. 이 세미나의 기록은 〈전후 노동법제 프로젝트 연구회에서의 탁희준 선생의 강의 및 토론'(1988, 비교경제연구소)〉라는 제목으로 마무리 정리되고 있다.

호세이 대학 비교경제연구소는 그 후 1989년도, 1990년도에 걸쳐서 〈한국의 경제발전과 노동정책 연구프로젝트〉를 실시하였는데 이 프로젝트에서도 탁 선생은 여러 면으로 길잡이 역을 하셨다. 특히 이 프로젝트 멤버들은 여러 차례 방한하였고 이 조사를 위하여서도 탁 선생은 조사준비, 현지 안내 등 모든 지원을 아끼지 않았다. 이 프로젝트의 성과는 고바야시 켄이치, 가와카미 다다오 편 〈한국의 경제 개발과 사회노동정책 - 계획과 정책'(1991년, 호세이 대학 출판국)〉이라는 제하에 간행되고 있다. 또 탁 선생의 지도 하에 실현된 방한 조사의 '중간보고'는 비교 경제

연구소의 수많은 워킹 페이퍼로서 엮어져 있다.

이상 내가 본 탁희준 선생의 일·한 학술교류에의 공헌에 관하여 서술하였는데 다시금 그 위대함에 감동하지 않을 수 없다. 실제 탁 선생의 세미나 참가자들 가운데서 그 후 한국경제, 한국 노사관계, 한국 노동운동의 본격적인 연구를 지원하는 분들이 나타났다. 탁 선생은 '해직'당하여 일본에 흘러 들어와서 일본 땅에서 훌륭하게 씨앗을 뿌렸던 것이다.

비단 나뿐만 아니라 탁 선생과 만나 직접 교시를 받은 사람들에게 있어서 탁 선생의 일본에의 출현은 바로 'Godsend' 그 자체였다. 아무리 理不盡리부진하고 가혹한 탄압에 직면하더라도 진리를 추구하는 길을 걸어가는 한 사람은 반드시 진리의 선배, 동료를 만날 수 있음을 탁 선생은 스스로 몸을 던져 가르쳐 주셨다.
　이 가르침을 가슴에 깊이 새기고 살아가고 싶다.
　탁 선생, 정말 고맙습니다.

2002년, 日本 箱根 연구실에서

　　　　　＊　　　＊　　　＊

한국 측 사정으로 위 원고의 국내 발표가 늦어지자 도즈카 교수는 자신의 원고를 일본 내 저널에 싣고 싶다며 다음 같은 편지를 보내왔다.

오선주 선생님

수일 전 편지와 저의 원고 카피를 잘 받았습니다. 다시 한 번 탁 교수님 생각을 떠올리며 그리움에 잠깁니다. 감사합니다. - 중략 - 탁 교수님께서 이룩하신 한일 학술교류에의 커다란 공헌이 현재의 일본 젊은이들 사이에 널리 알려지고 있지 않은 것이 매우 유감스럽게 여겨져서 法政大學호세이 대학의 名譽敎授명예교수 川上忠雄가와카미 다다오 님과 의논한 결과 나의 글, 탁 교수 회상기 〈탁희준 교수를 기리며〉를 호세이 대학의 大原오하라사회문제연구소에서 발행하고 있는 연구 잡지 〈大原사회문제연구소 잡지〉에 게재하는 것이 최선이라는 의견이 모아져 동 연구소 소장에게 내 원고와 편지를 보냈는데 며칠 전 오하라 연구소 소장이 전화로 꼭 도즈카 교수의 원고를 싣고 싶다고 하였습니다. 이 잡지는 월간지로서 노동, 사회문제에 관심이 있는 연구자들이 많이 읽고 최근에는 한국의 노동운동에 관한 논문이 게재된 건도 있어서 탁 교수의 일을 널리 알리는 데에 최적의 연구지라고 여겨집니다.

— 후략 —

2009. 03. 18. 도즈카 히데오 드림

탁희준 교수 산소 참배를 위해 방한한 도즈카 히데오 교수
좌로부터 오선주, 도즈카 교수, 강원대 안종태 교수

2. 호세이(法政)대학

〈韓國의 經濟開發과 勞使關係〉는 일본 동경에 있는 역사 깊은 호세이 대학의 '호세이대학 비교경제연구소 연구시리즈 7'로 간행된 연구서이다.

호세이 대학은 일본 메이지(明治) 13년인 1880년에 민주주의에 입각하여 동경법학사(東京法學社)란 이름으로 세워져서 현재

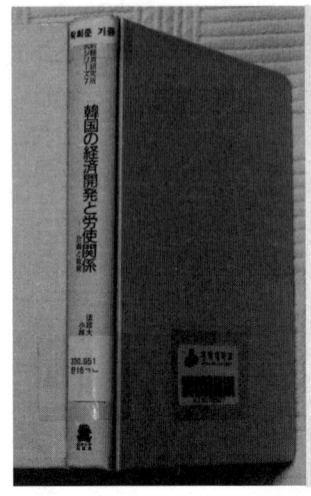

〈한국의 경제개발과 노사관계〉 본 연구서의 서문

는 호세이 대학이라는 새 이름으로 동경대학, 명치대학, 와세다, 케이오 등과 나란히 일본 근대교육 선구자적 위치에서 역사와 전통을 자랑하고 있는 대학이다. 호세이 대학은 〈자유와 진보〉라는 기치를 든 종합대학으로 동경 중심가 이치가야(市谷)캠퍼스에 대학 본부를 두고 코가내이(小金井)캠퍼스에 자연과학계열 그리고 다마(多魔)캠퍼스에 사회과학 계열 대학 등 15개 단과대학이 있다.

탁희준 교수는 호세이대학 객원교수로 임명받고 경제학과가 있는 다마 캠퍼스의 연구실에 들었다. 이미 동경대학 사회과학연구소 세미나에서 친분을 쌓은 열정적인 小林健一(고바야시 켄이치) 교수와 川上忠雄(가와카미 다다오) 교수를 다시 만나 연구하게 되었다.

호세이대학 비교경제연구소는 〈한국의 경제개발과 노사관계-연구 시리즈 7〉를 발간하면서 책 서문에 한국 연구의 목적을 소개하고 있다. 본론 序章서장에서 "한국의 경제개발과 노사관계, 그리고 양자의 관련을 〈開發獨裁개발독재〉의 역사적 전개 속에서 해석해 보려는 것이 본서의 테마이다."고 밝히고 있다.

책은 제1편에 한국의 공업화와 정치체재의 전개, 제2편에 경제성장과 산업 및 노동경제의 전개, 제3장에 경제개발계획과 경제정책의 연구, 제4장에 노동정책과 노사관계의 변모 그리고 終章종장으로 엮어져 있다. 도즈카 교수는 그의 〈탁희준 교수를 기리며〉라는 글에서 이 연구서가 탁 교수의 세미나에서 얻어진 결과라고 적고 있다.

비록 학술교류라고는 하나 내 마음 한편에서는 일본이 이웃 나라 우리 일을 이토록 속속들이 구체적으로 연구 분석하고 있는 사실이 놀랍다는 느낌이 들어 나는 오랫동안 우울하였다.

연구 조사차 여러 차례 한국을 방문했던 가와가미(川上), 고바야시(小林) 교수를 비롯한 호세이 대학 연구팀 일곱 분이 탁 교수 산소 참배하러 건너왔다. 정성 들인 弔文조문과 300년 世業세업으로 유명한 鳩居堂큐교도오가 精良無比정량무비를 자랑하는 はちす御香하치스 어향 한 통을 들고 왔다. 그들은 서울에서 마련한 커다란 화환을 들고 탁 교수의 오랜 친구인 성균관대학교 신문방송학과

김지운(金芝雲) 교수와 나의 제자들의 안내로 강원도 횡성으로 가서 탁 교수의 무덤 앞에 나란히 서서 한참 동안 묵념했다.

한국노사문제임의중재협의회

1984년, 탁희준은 '해직교수'에서 '정상교수'로 복직되었다. 나이 많았던 까닭에 다시 학교에 머문 기간은 3년도 채 되지 않았다. 정년퇴직 후 노사 분규가 끊이지 않는 사회 현상을 바로 이끌기 위해서 탁 교수는 고민을 거듭한 끝에 늘 일 삼아 해오던 일을 제도적 정식 틀에 넣어 일하기로 결심한다.

탁 교수는 1966년부터 해직 기간을 제외한 1988년까지 성균관대학교의 노동문제연구원장을 역임하였고 정부기관으로는 노동부의 임금 대책위원회의 위원장으로 일하였다. 민간 경제인들의 제계 이익을 대변하는 국내 최대 단체 전국경제인연합회(전경련)는 크고 작은 많은 문제를 탁 교수와 수시로 상의하였다. 노조 문제를 기업입장에서 대변할 단체를 필요로 하게 된 사회적 상황에서 발족한 한국 경영자 총협회(경총)에는 창립 당시부터 자문에 응하였다. 한국능률협회와는 윤능선(尹能善) 님과의 친분이 두터워 그 업무에 충실히 관여하였다.

근로자 측에서도 탁 교수의 도움을 고맙게 여기고 있는 분들이 많다. 카토릭계에서 노동운동을 하다가 국회까지 진출한 김말룡(金末龍)선생은 어느 날 KBS 방송에 나가 연설하게 되었다고 원고를 들고 와서 탁 교수와 서로 의견 교환하며 내용을 수정하는 모습을 지켜보게 되었다. 김 선생은 덩치답지 않게 음성이 발발 떨리는 경향이 있어서 나는 자신감을 보여야한다고 거들었다.

혁신 성향 인사들도 도움을 청하면 외면하지 않던 일화를 쓴다. 어느 날 어느 외교관 부인과 함께 국회의사당에 갔었다. 우리를 초대한 국회의원 집무실에서 담소를 나누는 중에 김근태 의원이 들어왔다. 사무실 주인이 나를 탁희준 교수의 부인이라고 소개하자 金槿泰의원이 반색을 하며 다가와서 내 손을 잡고 "탁 교수님은 우리들의 등불이셨습니다."라며 故人을 회상했다. 김 의원은 대학생시절 옥살이도 한 과격한 사회운동가였는데 민주화 이후 국회의원이 된 사람으로 노동운동 할 당시 탁 교수의 조언을 받았다고 했다.

이렇듯 탁 교수는 勞使 가리지 않고 不偏不黨불편부당하게 양측 자문에 응하며 원만한 노사관계 형성에 진력하였고 중동에 파견된 우리 근로자들의 환경과 복지개선에 이바지하는 등의 노력으로 노사 간의 상당한 신뢰를 받고 있었다.

탁 교수의 삶과 관련하여 내게도 깊은 인상을 준 분이 있다. 우촌 전진한(牛村 錢鎭漢)선생이시다. 그 분 말년에 자택으로 우리 내외 병문안 갔었다. 남편이 전진한 선생은 일본 동경 와세다(早稻田)에서 경제학을 전공하신 엘리트 출신 노동운동가로 제헌국회의원이 되고 초대 사회부장관을 시작으로 여러 번 국회의원을 지낸 분이라고 소개했다. 어두워진 시간에 가서 그런지 집이 허름해 보였고 사시는 형편도 화려한 경력과는 어울리지 않아 보였다. 전진한 선생은 "부인이 첫 걸음이신데 빵떡이라도 좀 사와야겠네요"라며 일어서시는 걸 간신히 말렸다. '빵떡'이란 말에 서민적 분위기가 풍겨서 친근감을 느꼈다.

두 분은 우리 노동계 역사를 줄줄이 엮어내며 회상하고 현재 노동계의 빗나간 상태를 비판하고 바른 길을 모색하려 밤이 깊은 줄 모르고 이야기를 나누셨다. 두 분이 나누시는 이야기가 들어둘만 한 가치가 있다고 여기면서도 나는 눈이 감기고 등줄기가 아파오는데 편찮으시다던 그 어른은 오히려 힘이 넘쳐나는 듯 이야기가 끝이 없었다. 역시 큰 인물은 달랐고, 전진한 선생의 신념은 탁 교수의 사고에 영향을 미쳤을 것이 틀림없다는 생각이 들었다.

1988년 2월 대학에서 정년퇴임을 한 후 다섯 달 만인 7월 9일에 탁희준 회장과 뜻을 같이 하는 많은 분들이 모여 〈韓國勞使問題任意仲裁協議會-한국노사문제임의중재협의회〉를 설립하고,

그 날 오후 2시부터 올림피아 호텔에서 내외국인을 위한 'Open Symposium & Reception'을 열었다. 비 오는 날씨에도 많은 분들이 오셔서 분위기는 고무적이었고 이 날 행사는 여러 신문과 KBS-TV 뉴스에 보도되었다.

東亞日報 논설주간으로 계시던 김진현 선생께서는 파격적으로 자연인 '卓熙俊'의 實名실명을 쓰며 노사분쟁이 잦은 이때에 시대적 사명을 띠고 출범하는 노사중재협의회 발족을 축하하고 격려하고 기대 한다는 긴 사설을 쓰셨다. 한국 지성인을 대표하시며 (후일, 과학기술처 장관, 대학 총장 등 역임) 사회적 신망이 높으신 김진현 주간의 격려는 백만 원군과 같았다.

협의회는 안국동 걸 스카우트 건물에 사무실을 열고 일에 착수했다. 탁 교수는 협의회 설립 직후부터 노사분쟁 조정뿐만 아니라 이와 관련된 강연이나 TV토론 등으로 문자 그대로 눈코 뜰 새 없이 바쁘게 뛰었다. 협의회 설립 직후 석 달 간의 메모를 보니 7월 25일에 방한 중인 미국 노동부장관을 만난 것을 비롯하여 27일에는 강연 차 일본으로, 28일에는 한국 초유의 철도파업에 노사 양측 자문에 응하고 8월 1일에는 김동건 아나운서가 사회 보는 〈KBS- 11시에 만납시다〉 대담에 출연하고 9월 26일에 다시 일본으로 강연 차 나가고, 10월 10일에는 대한 변호사회에서 노사관계 강연(이 강연은 7회까지 기획 계속)하고, 17일에는 영국 기업인 Dr. Michel과 대담하고, 21일과 25일에 일본 대학의 연

한국노사협의회와 한국경제신문 공동주최로 〈한국노사관계의 현상과 전망〉 세미나를 진행하고 있다. 오른쪽 끝이 탁희준 회장. 1991. 5. 24.

구 세미나를 위하여 출국하는 등 초인적으로 일하고 있었다.

그런 노력에도 불구하고 현실은 매우 험난했다. 1987년 이후 노동운동이 격화되기 시작하고 노조형태가 산별 노조로 발전하였다. 산별 노조로 그 힘이 막강해진 인천에 있는 〈ㄱㅅ 노조〉에서 조정 신청이 들어왔다. 분쟁의 핵심을 파악하고 단체협약을 검토하며 노사 양측의 대표들 면담하기를 거듭해서 마침내 합의각서 초안을 작성하고 노사 쌍방과 협의회가 조인할 날을 앞두고 있었다. 전화가 걸려왔다. 조정 신청인 측에서 우리 끼리 원만히 해결하였다는 짤막한 통지였다. 노사협의회 측이 마련한 조정안을 저들 노사 양측이 수용하기로 합의하고 나서 협의회 쪽에는 마치 당신네는 필요 없다는 식의 처사였다. 나로서는 그들이 협의회에 낼 중재 비용이 아까워서라고 볼 수밖에 없었다. 자료 수집, 정리 등 노력한 협의회 직원들 모두 허탈해 했다. 경기지역 다른 중소기업들의 노사분쟁도 중재가 마무리될 즈음에 위 〈ㄱㅅ 노조〉 같은 어이없는 처사를 하는 경우가 많았다. 우리나라에는 褓負商보부상시절부터 商道德상도덕이라는 것이 있어왔고 정치에도 윤리, 도덕은 지켜져야 한다는 것이 우리 국민의 정서가 아니던가!

우리나라 노조는 내 문외한의 눈에 기업 길들이기 단체로 보였다. 전국 근로자 평균 연봉의 배를 넘는 월급과 각종 수당을 보장받아 '귀족노조'라는 특권을 누리면서도 해마다 임금 인상 투쟁을 하는 노조가 있다. 그들의 파업으로 하여 기업 측의 손실은 천문학적 숫자에 이르고 그 파업 여파는 울산 일대의 상권까지 휘청거리게 했다.

그런가 하면 근로자가 정년퇴임하는 자리를 자녀에게의 대물림을 '법칙'으로 정해 두고 갓 사회에 나와 정당한 실력으로 취업 기회를 찾는 젊은이들에게 부당한 절망과 희생을 안겨주는 소위 〈세습노조〉도 있다. 이 세습노조가 언론에 보도되었을 때 사회 전체가 황당해 했다. 아직도 시정 여부는 알려지지 않고 있다. 이 세습노조는 불법을 넘어 혐오스런 노사 관계의 현실이며 세계에 유례가 없을 악습일 것이다. 기업하기 어려워진 社側사측은 궁여

지책으로 임금이 상대적으로 낮은 해외로 나가고 국내 일자리는 적어지고 그나마 남은 일자리에는 외국의 싼 임금노동자들이 차지하는 현실이 되었다.

탁 교수가 해직기간에 시작하여 그 후 여러 차례 외국에 가서 대학 봉급 받아 모은 돈은 꽤 큰돈이었고 협의회 회장으로서의 대외 활동에서 받는 사례금도 만만치 않은 큰 수입이었다. 그러나 직원 월급과 사무실 유지비 임대료 등으로 그 돈은 금방 바닥이 나고 내 개인 수입의 저축분 까지 동원하였으나 더 버틸 수 없어 몇 년 못 가서 사회적 기대를 모으며 출범했던 〈한국노사문제임의중재협의회〉는 해체되고 사람들의 기억에서 멀어져 갔다.

강성노조가 판치는 가운데서도 다수의 중소기업들이 어려운 경제적 여건 하에서 노사문제를 소리 없이 順理순리로 풀어가는 모습을 본다. 이러한 노사협력 관계에서 기업은 흥하고 근로자는 직장을 유지해 나가는 현실을 보면 그래도 희망은 있다.

* * *

卓熙俊 교수와 1966년에 결혼한 후 그가 눈 감은 1999년까지 33년을 함께 살면서 보고 듣고 읽고 경험한 이야기들을 여러 언론 매체의 기록물을 찾아보고 나의 해묵은 일기장을 뒤적이며 썼

다. 그러나 탁 교수의 삶이 워낙 광범위하고 다양하여 내가 아는 것에 한계가 있으니 그이에 관한 나의 이야기는 빙산의 일각 일 수 밖에 없다.

확실한 것은 그가 우리나라의 암울한 시대를 불행하게 살았고 자기 뜻을 널리 펴지 못하고 떠난 불행한 지식인이었다는 사실이다.

남편의 가치관이나 철학을 체계적으로 정리할 능력이 내게 없음이 안타깝고 故人에게 미안할 따름이다.

한 가지 마음에 걸리는 것은 내가 이 글 쓰는 것을 저승에서라도 탁 교수가 못 마땅하게 여길까 하는 두려움이다.

祭文 - 탁희준 님의 靈前영전에

탁희준 님의 영전에 올립니다.

진우 아빠! 세상 사람들이 새해가 되었다고 합니다. 모두가 새 千年의 희망에 들떠 있습니다. 그러나 남겨진 우리에겐 변한 것이 없습니다. 같은 해가 다시 뜨고 같은 하늘에 같은 별이 빛나고 있을 뿐입니다. 다만, 당신이 있어야할 자리에 빈 의자만 놓여 있음에 당신의 손길이 닿은 곳 마다 당신의 숨결이 느껴져 울컥해지곤 합니다. 인생무상의 적막감이 悲痛비통보다 더 큰 아픔인 것을 예전에는 알지 못하였습니다. -중략-

당신이 못 다한 부모책임 다하고자 몸과 마음을 추슬러 다시 한 번 억척스럽게 살아보려 노력하지만 심신의 깊은 상처는 나를 깊은 수렁에 머물게 하고 있습니다. 꿈길에서라도 함께 도와주길 바랍니다. 현실에서는 明敏명민한 David 내외가 제사 때마다 온갖 정성을 다하며 우리 곁에 있어 주고 진우와 호지를 잘 다독여 주니 그 위로가 얼마 나 크고 든든한지 모릅니다.

鉁于 아빠! 양력설에 당신의 타계를 아쉬워하는 많은 분들이 오셔서 당신의 영전에 절 올리며 이 시대의 가장 선비다운 선비였다며 당신에 대한 회고담을 나누며 경의를 표했습니다.

교수생활을 천직으로 여겨 학계는 물론 재계 노동계 그리고 정계에 이르기까지 그 많은 일을 하였음에도 권력을 가까이 하지 아니하고 재물에 관심을 두지 않은 당신을 가난에 멍든 나는 원망한 적이 많았습니다. 그러나 지금은 궁핍한 생활 속에서도 청렴정신을 잃지 아니하고 어려움을 예견하면서도 국가의 미래를 위해 直言직언을 서슴지 않으면서 강직하게 살아 낸 당신을 자랑스럽게 여깁니다. 당신의 발자취를 따라 나도 선비의 도리를 다하며 아이들과 함께 씩씩하게 살려고 노력할 것입니다.

鉁于는 금년에는 새 출발을 할 것입니다. 아버지와의 死別, 첫 직장 大宇의 崩壞붕괴는 진우에겐 견디기 어려운 고비였을 것입니다. 아버지 생전에 함께 계획하던 외국으로 공부하러 떠나려던 뜻을 접고 어미 곁을 지키려는 그 마음씨가 애처롭기도 하지만 매우 고맙고 믿음직합니다. 앞으로 자기 인생 개척하는 모습 지켜봐 주세요.

호지도 여전히 잘 하고 있습니다. 내 나라 말로 공부하기도 버거운 학문을 세계 최고를 유지하는 학문적 분위기 속에서 견뎌내

는 것이 참으로 대견합니다. 初志초지를 이루어 낼 수 있도록 꿈결에서라도 격려해 주세요. -중략-

부처님의 자비로우심이 당신의 來世를 축복하여 주시기를 기도합니다.

부디 슬픔과 근심 걱정 없는 극락에서 편히 쉬시기를 빌고 또 빕니다.

庚辰年(2000년) 正月을 맞아
당신의 아내 吳 宣 姓

경희대학교에 탁희준 부부 장서 기증

탁희준 교수가 타계한 후 그가 봉직했던 성균관대학교 중앙 도서관에서 그의 유품인 장서 기증을 요청해 왔다. 그때는 사람 보내고 책마저 내보내고 싶지 않아서 거절했었다.

그의 책들을 그의 서재에 그대로 묵히는 것은 아무 의미가 없다고 판단하고 小祥 大祥 등 제례를 마친 4년여가 지난 어느 날 성균관대학에 책을 기탁하려 했으나 이번에는 역으로 도서관 측에서 서고가 포화상태라서 더 이상 책을 수용할 수 없게 됐다.

법조인 양성제도 개선의 일환으로 '법학전문대학원-Law Sch

ool'제도가 도입되었다. 기존의 법과대학들은 로스쿨로 전환하기 위해서 문교부의 가이드라인에 따라 법학전문대학원 설립 요건을 갖추기에 바빠졌다. 설립 요건 중에 학생 1인당 일정한 장서수를 충족시켜야 함으로 경희대학교는 학생 1인당 책 1권씩을 학교에 기증 하라는 협조 공문을 내렸다 한다. 成大 출신인 경희대 법대 소재선(蘇在先) 교수가 "작고하신 탁희준 교수의 장서를 기증받자."고 제안하였고 이 제안이 경희대 당국에 즉각 수용되었다.

    탁 교수의 장서도 주인 따라 수난을 겪었다. 탁 교수가 해직 당하였을 때 학교 당국에서 연구실을 비우라는 통보를 해 왔지만 그는 오기로 열쇠만 반납하고 모든 것을 그대로 두었다. 조교가 가끔 살피긴 했다지만 체계적으로 정리된 서가의 책들은 어느 결에 이가 빠지듯 조금씩 사라져가고 있었다.

    경희대학교에 기증된 2,690권의 책들은 탁 교수가 해직 당한 후 일본을 오가며 새로 구입한 책이 대부분이고 기타 본가 서재에 보관하던 책들로서 G.D.H. cole, 오꼬치 가즈오(大河內一男), 스미야 미키오(隅谷三喜男) 등 석학들의 연구서들이 포함되어 있다.

    경희대학교 도서관은 2015년 7월 1일 〈탁희준 오선주 교수 기증 도서 목록집 2007~2009〉을 발간하였고 책들을 서명 순, 저자 순으로 분류하여 一目瞭然일목요연하게 정리하고 있다. 고맙게도 탁희준 교수의 기고 논문 170편을 골라서 책 말미에 〈기고논문 리스트〉를 발행처 순, 연도순으로 정리해 두었다.

법대 도서관장 김종원(金鍾遠) 님이 탁 교수 논문 원고를 국회 도서관 등에서 찾아 복사해서 커다란 골판지 상자 서너 개에 담아 놓아서 그 연유를 물으니 탁희준 교수 논문집 출간을 위해서라고 알려주었다.

도서관이 도서 분류 정리 보관 열람 기회 제공 등이 그 업무로 알고 있었는데 김 관장님은 귀한 자료를 모아 출판하는 것도 도서관의 중요 업무라고 말해서 나를 감동시켰다. 3년쯤 지났을 때 문의 하였더니 '예산이 잡히지 않아서' 아직 발행하지 못하고 있었다. '내게 돈 없음의 비애를 느끼게 하는 사건'이었다. 출판 비를 내가 부담할 능력이 있었다면 탁희준 문고를 발행하여 그의 업적을 기릴 수 있었을 것이 고 후학들이 탁 교수의 연구물을 쉽게 활용할 수 있었을 것이다.

기증도서 목록집 표지에 오선주의 이름이 오른 것은 나의 장서들도 남편의 장서가 나갈 때 함께 기증했기 때문이다. 내가 청주대학교를 떠날 때 교수직에 있거나 연구 중인 제자들을 내 연구실로 불러 각자 원하는 책들을 서가에서 뽑아가게 하고 남은 책들은 법대 학생회 사무실에 모두 기탁하여 내 연구실에는 남은 책이 별로 없었다. 내가 경희대에 기증한 책 475권은 모두 나의 집 서재에 있었던 책들로서 나의 연구를 계속하려는 희망이 실린 책들이었다.

은사 김종원(金鍾源) 선생님의 신고 형법각론, 석학 정성근(鄭盛根) 선생님의 형법총론을 비롯하여 일본의 미야모토 에이슈(宮本英修)의 1935년 발행 刑法大綱, 마키노 에이이치(牧野英一)의 1955년 刑法總論, 1957년의 刑法各論 등 희귀한 책도 포함되어 있다.

위 법대 도서관에 기증된 나의 475권 중 〈43권〉은 중앙도서관에 비치된 듯 중앙도서관장이 43권에 대한 별도의 감사장을 주셨다.

우리 부부의 장서는 경희대 법대 도서관의 눈에 띄는 자리에 마련된 서가에 보관되어 있다. 많은 분들이 연구 자료로 널리 활용하심으로 해서 학문발전의 밑거름이 된다면 우리 부부로서는 큰 보람이고 영광이겠다.

4부
홀로 뜬 달

오늘은 내 인생의 가장 젊은 날이다.

30년 전 제자들이 준비한 어느 노 교수의 팔순 잔치

-청주대 법학과 80년대 동문,
 오선주 전 교수를 위한 팔순기념식 미담

매년 5월 15일 '스승의 날'의 의미가 갈수록 퇴색되고 있다. 스승에 대한 사회적 인식이 각박해지면서 일부 초중고는 그날을 교사들의 휴일로 정하기도 했다. 취업학원으로 변질된 대학은 사제지간의 정이 사라진지 오래다. 학생이 교수 강의평가를 하고 학점에 대해 이의 신청할 때만 마주보기가 가능하다. 끊임없는 신자유주의 경쟁사회 속에서 스승과 제자 모두 제자리를 잃어버린 세상이다.

이런 세태 속에 지난 9월 20일 청주 라마다 호텔에서 열린 한 퇴직 교수의 팔순 잔치는 작은 드라마였다. 지난 2001년 정년을 맞이하고 2003년 객원교수를 끝으로 청주대를 떠난 오선주 전 교수(80)를 위해 제자들이 팔순 기념식을 준비한 것이다.

지난 81년 청주대 법과대학 최초의 여 교수로 부임한 오선주 교수는 대구 출신으로 여성 학자로는 최초로 형법학 박사학위를 받았다. 대학을 떠날 때까지 유일한 법대 여 교수로 청주대 최초의 여성 학장으로 이름을 남겼다.

이날 팔순 잔치는 오 교수의 대형 브로마이드 현수막을 내건 행사장에서 일대기를 사진으로 엮은 동영상 상영으로 시작됐다. 이어 참석한 제자들이 일일이 자기소개를 하며 스승의 팔순을 축하하는 인사를 올렸다. 한 제자의 색소폰 공연도 우레 같은 박수갈채를 받았다. 중년 제자들의 정성 어린 환대에 감동받은 노스승은 결국 눈시울을 붉히며 감사 인사를 마쳤다. 또한 자신의 저서 자전적 수상집과 여행 수필집 두 권에 일일이 사인을 해 제자들에게 감사의 뜻으로 나눠주기도 했다.

특히 오 교수로부터 박사학위 지도를 받은 권태호 대구고검 검사(60)와 송형래 주성대 평생교육원장이 참석해 축하인사를 나눴다. 80년대 공부한 50대 제자들이 주축이 돼 기념식을 준비했고 50여명의 학과동문이 직접 참여했다.

청주 라마다 호텔 대표인 송관휘 동문은 행사장 사용에 최저가(?) 편의를 제공하기도 했다. 81학번 최병록 회장(대전교정청 사회복귀 과장)이 깃발을 들었고 84학번 강연성 회장이 짐을 맞들었다. 특히 최 회장은 '오사모'(오선주 교수를 사랑하는 모임)를 운영할 정도의 열성(?) 제자로 알려져 있다.

　최병록 회장은 "우리들이 '스승의 은혜'를 합창할 때 눈물 흘리시던 모습이 지금도 기억에 남아있다. 딱딱한 법학대학에서 제자들에게 늘 위안을 주신 산소 같은 분이었다. '오사모'에선 매년 스승의 날 점심 한 끼 모시는 게 고작이었다. 이번에 동문 여학생회와 동문 박사회의 적극적인 협조로 의미 있는 행사가 가능했다. 교학상장(敎學相長)의 아름다운 우리 전통이 사라지지 않길 기원한다."고 말했다.

권상혁 기자, jakal40@hanmail.net
충청리뷰, 846호 A16, 2014. 10. 24.

(본지 화보 P.P. 12~13 참조)

35년만의 正答정답

 살아오는 동안 상실감, 배신감, 모욕감, 억울함 등으로 분노를 느낄 때가 있었지만 이를 삭히려 노력하며 살아왔다. 남을 용서하면 내 마음이 편안해 지는 것을 느껴서이다. 나이 듦에 따라 망각의 기능까지 찾아와서 어느 결에 내 마음에 평화가 자리하고 있는 것을 본다. 단 한 가지 오랜 세월이 흘러갔음에도 '그날의 그 황당한 사건'이 떠오를 때면 치를 떨게 된다. 다른 맺힌 일들에 대해서는 "그래, 그럴 수도 있었을 거야."라며 易地思之역지사지하는 아량까지 생겼는데 그 사건만은 잊을 수 없고 더욱 분노가 짙어만 갔다.

 1980년 여름, 1975년의 제1회 Mexico 여성 UN대회에 이어 Denmark의 Copenhagen에서 제2차 여성 UN대회가 열렸다. 제1차 대회 때 우리 나라는 소수의 대표를 파견하였는데 북한이 많은 대표를 파견하여 제2차 대회에는 한국이 그에 대응하는 수의 대표를 파견하였다. 정부 대표 열 명, NGO 대표 열 명으로 나는 물론 NGO 열 명 중 하나였다. 세계 100여 개국에서 모여든 여성 지도자들이 2,000여명이나 되고 2주간 이어지는 이 행사를 취재하기 위해 지구촌 동서남북에서 날아온 남녀 기자들이 대표들 수를 훨씬 넘어서 그 작은 도시 코펜하겐이 인산인해를 이루고 있었다. 코펜하겐 시민들은 영어를 잘 하고 친절하였다. 우리는 정부가 정해준 작은 호텔에 들었다. 고풍스런 건물이 아주 깔끔하고 직원들은 매우 부지런하였다.

NGO 회의는 코펜하겐 Royal 국립대학에서 진행되었다. 캠퍼스가 넓고 건물 구조가 복잡해서 해당 프로그램 진행 회의실을 시간 맞추어 찾아가는 것도 힘들었다. 우리는 한국 주 덴마크 대사관 직원들의 안내와 보호를 받았다. 가끔씩 긴 복도나 화장실 같은 후미진 곳에서 검은 통치마에 흰 저고리를 입은 북한 대표들과 마주치기도 했다. 요즘 같으면 말이라도 건네 보았을 터인데 납북 사태가 발생할 우려가 있다는 주의를 받아서 속히 자리를 피하는 것이 안전하다고 생각했었다.

여성들의 〈평등 평화 발전〉을 대 주제로 걸고 진행되는 프로그램들은 매우 유익해서 한껏 보람을 느끼는 날들이 계속되었다. 회의 일정이 후반에 접어드는 어느 날 점심 식사를 마치고 잠시 휴식 중이었는데 우리 일행 중 한 분이 급히 나를 찾았다. 그를 따라 가보니 우리 대표 몇 사람과 일본 대표 열댓 명이 싸우고 있었다. 서로 말이 통하지 않아서 피차 어려운 외국어로 말하다 보니 감정까지 뒤엉킨 것 같았다. 양쪽을 진정시키고 우선 우리 대표들의 이야기를 들었다.

그리고 저들의 입장도 경청하였다. 분명 우리 대표단이 분개할 내용이었다. 나는 일본 부인들을 향하여 시시비비를 가리고 사과할 것을 요구했다. 다급해진 일본 측 참가자가 그들의 대사를 불러왔다. 일본대사는 여성이었다. 덴마크에서 세계 최고의 여성대회가 열리기로 결정되던 해에 일본은 발 빠르게 여성을 대사로 임명한 것이다. 양성 동등 대우를 하고 있다는 과시로 일종의 외교적 전시라고도 볼 수 있다. 다카하시(高橋 HSK) 대사는 참을성 있게 내 말을 다 듣더니 "참으로 미안합니다. 연속되는 회의 참가로 부인들이 피곤하고 과민해져서 실수한 탓이라고 생각됩니다."라고 정중히 허리 숙여 사과하였다. 외교관 자질이 있다고 생각하는 중이었는데 대사는 음성을 착 내려 깔고 여유로운 표정으로 "By the way……."라고 영어로 말문을 돌리고 나서 시니컬한 웃음을 입가에 보일 듯 말듯 비치더니 다시 일본 말로 "오 대표님께서는 어떻게 일본말을 그렇게 유창하게 잘 하십니까?"라고 말하고는 그들의 대표들을 데리고 돌아갔다. "그래 봐야 너희는 우리 식민지였잖아."라는 우월감을 유감없이 떨치고 사라진 것이다. 나는 순간 멍 해져서 말문이 막혔다. 적대적인 사람에게 죽어도 너희 나라에서 배웠다는 말을 하기 싫었다. 둘러 댈 능력도 없지만 그렇게 하고 싶은 마음조차 추호도 없었다. 싸움도 순발력이 있어야 하고 싸 워 본 사람이 잘 싸운다는 또 다른 삶의 방식을 뼈 아프게 깨달았다. 우리 일행은 일본 대사가 무슨 말을 하였는지 알지 못한 채 어떤 승리감에서 서로 잘했다고 기뻐하고 있었다.

올해는 '세계여성의 날'이 제정된 지 104주년이 되는 해이다. UN은 1995년 베이징 여성대회 선언문에 따라 그 이후 20년을 되돌아보는 〈Beijing+20 Review〉란 주제를 내 걸고 양성평등권을 향한 기념식 또는 토론회 등을 열고 있다. 베이징 선언문 23항에는 여성 인권의 존엄함을 보장하려는 특별한 내용을 담고 있다. 2015년 1월 9일 아침 KBS 뉴스를 듣는다. 일본의 어느 교과서 출판사가 중학생용 교과서 〈사회〉에서 '위안부 문제'와 '강제동원' 등을 삭제하려고 일본 문부성에 허가 신청을 한 결과 일본 정부가 전례 없이 일주일 안에 이를 수락 허가하였다는 보도였다. 역사 속에서 과거를 지우려는 저들의 속전속결 전략이다. 우경화 총리의 의중 따라가기 노선이다. 나아가서 교사용 지침서에는 '침략을 통합으로' 바꾸려는 노골적인 역사 왜곡 기술 등이 두드러지고 있다는 보도다.

아, 바로 이것이다. 이것이 정답이다. 내 머리에 靈感영감같은 것이 스친다. 나는 35년 전, 다카하시 대사에게 당신은 외교관이니 "일본이 조선을 침략하고 우리 문화와 언어를 말살하기 위하여 일본어를 강제로 가르친 역사를 모르지는 않겠지요?!"라고 말했어야 했다. 이것이 正答정답이다!!! "우리 어린 처녀들을 일본이 강제 연행해서 일본군인들의 성 노예로 부려먹은 당신 조상들의 만행을 기억하고 있겠지요?!" "We can forgive it. But, we can never forget it"라고 말했다면 금상첨화였을 것이다. 머릿속에 잠재되어 있는 역사적 사실을 그 즉석에서 정곡을 찌르듯 표출하지 못한 것에 통한을 금할 수 없다.

일본에도 〈일본 평화헌법 제9조〉를 지키려는 아홉 명의 '9조회' 구성원들을 비롯한 반전 평화주의자들이 있다. 또 나와 교류가 있는 일본인들 중에도 크게 존경할 만한 지성인들이 많이 있다. 그러나 일반인들이 발휘하는 애국심은 유사시 무서운 단결력을 과시한다. 현재의 일본 정계의 흐름을 예측하기 어려운 이유 중의 하나이다.

우리는 모든 국민이 철저한 역사의식을 갖도록 다지는 것이 나라를 지키는 힘이라 믿고 우리 역사 교육을 강화하여야 한다. 기회 있을 때마다 끊임없이 침략의 야욕을 내보이는 일본을 항상 경계하여야 한다. 선린 관계는 상호주의에 입각해야 한다. 그리고 힘을 길러야 한다. 무력 침공만이 전쟁이겠는가. 경제 전쟁을 넘어 정신적 전쟁도 이겨야 역사 속에 당당하게 살아남을 것이다.

2015. 01. 17. 吳 宣 姓

* We can forgive it. But we can never forget it.
　이 말은 2016년 중국 상하이시 사범대학 앞 원인안文苑 마당에 나란히 세워진 한국 위안부 소녀상과 중국 성 노예 소녀상 옆 돌에 새겨진 글이다. 2017. 03. 25. 빌려 쓰다.

홀로 뜬 달

　1998년의 늦은 여름이었다. 딸이 자기 전공 분야에서 세계가 인정하는 대학의 입학 허가서를 받았다. 10년을 요한다는 과정을 수용하기로 하고 딸이 서둘러 입학 절차를 마치고 미국으로 떠나는 날이었다. 건강이 나빠진 아빠가 걱정이었다. 공항 전송 나가는 길에 "좋은 일로 잠시 떠나는데 아이 앞에서 눈물 보이면 안돼요."라고 마음마저 약해진 남편에게서 다짐 받았었다. 처음 떠날 때는 '공부 마치면 돌아온다.'는 의식이 가족 사이에 자리 잡고 있었다. 그것이 꿈이었다는 것을 깨닫는데 오랜 시간이 걸린 것 같다.

　눈에 넣어도 아프지 않을 만큼 사랑하는 딸이 갑자기 사라진 공허감이 컸던 듯 남편은 서울 A병원에 입원과 퇴원을 거듭하며 겨우 1년 버티다가 세상을 뜨게 되었다. 딸 유학 보낸 것을 크게 후회했었다. 학기말 중요 시험을 치르고 허둥지둥 귀국한 딸을 보고 남편의 병세는 반짝 호전되었으나 지병의 악화로 이미 기울어 있는 병세를 회복하지 못하였다. 딸은 아버지 잃은 충격을 삭히면서 온갖 어려움을 극복하고 박사학위를 받았다. 미국 의약학계 3대 저널 JAMA-The Journal of the American Medical Association에 채택된 논문이 우수 평가를 받는 등 그 학계에서 인정받는 업적을 쌓고 작은 대학이지만 교수직에도 오르게 되었다. 2년이 채 지나지 않아 아담한 도시의 학구적 분위기라 이름난 대학에 스카우트되어 옮겼다.

12월 중순 딸이 잠시 귀국하였다. 학교 사정상 떠나오기 쉽지 않았지만 어미 건강이 좋지 않은 것이 염려되어 어렵게 시간을 낸 듯하다. 딸은 집에 들어서기가 바쁘게 집안 청소 정리 정돈 등 몸을 아끼지 않고 일을 하다가 감기 몸살에 걸려 고생했다. 반면 나는 3주간의 과보호 속에 꿈결 같은 행복을 누렸다. 딸이 임지로 떠나기 전날 밤 아들이 전화 걸어서 "어머니, 내일 아침 호지 떠날 때 눈물 보이지 마세요."란다. 17년 전 딸이 유학길에 오를 때 내가 남편에게 한 말을 아들이 그대로 되풀이하여 놀랐다. 내가 자식들이 걱정할 만큼 심신이 노쇠해져 있었음을 깨닫는다. '노인'이 된 것을 순순히 인식하려 마음먹는다. 딸은 후회를 남기지 않으려는 듯 오래비가 차를 대문 앞에 세우는 순간까지 자기가 할 수 있는 일을 찾아 모든 것을 깔끔하게 마무리 짓는다. 현관으로 나가기 직전 객지에서 야무지게 단련된 듯 보이던 딸이 방울방울 눈물을 쏟으며 뒤 돌아와서 나를 꼭 껴안는다. 자기가 처음 떠날 때 병약해진 아빠를 두고 간 상황이 회상되었을 수도 있고 행여 엄마도 마지막 보게 될지도 모른다는 생각이 일기도 하였을 것이다. 딸은 여름에 또 오겠다며 나를 다독였다. 그것은 연구 계획이 태산 같은 그의 '희망사항'일 수도 있을 것이다.

딸을 태우고 떠나는 차가 골목길을 돌아 사라질 때까지 차 뒤창을 향해 손을 흔들었다. 돌아서 들어와 대문을 닫으려는 순간 내 가슴에 찬바람이 휘익 지나간다. 마음을 다스리려고 비틀즈의 'Let it be'를 연속 틀어 놓는다. 딸이 머물던 큰 방 문을 여니 방 안이 휑덩그렁하다. 차 한 잔 준비하려고 주방으로 향하니 호지가 내가 해 드릴게요 라며 나를 가로 막는 환청 같은 것이 귓가에 스친다.

지난 밤, 짐 꾸리기 등 떠날 준비를 마치고 딸이 취침하러 자기 방에 들어간 후 나 혼자서 마당에 나갔었다. 맑은 중천에 둥근 달이 홀로 떠 있다. 한 겨울의 차가운 하늘에 뜬 달이 높고 皎皎교교하다. 마침 동짓달 보름밤이다. 달을 향하여 숱한 사연을 띄우며 위로 받곤 했었으나 이 밤 따라 구름 한 점 없이 넓은 하늘의 저 달빛이 내 마음을 한 없이 시리게 한다. 목이 메이더니 기어이 눈물이 흘러내린다. 어느 결에 나이만 들어서 자식들이 나를 걱정하게 된 현실이 슬프다. 잘 살아보려고 밤을 낮 삼아 일하던 고된 날들이 오히려 아름답다. 자식들의 영원한 안식처인 줄 알고 등뼈를 곧추 세우고 당당해지려 노력하던 내 모습이 달빛 그늘로 사라져 간다. 아들의 부탁대로 호지 앞에 눈물 보이지 말아야지 다짐했다. 이별의 아픔을 아직은 감당할 수 있을 것이다.

만인의 시선을 모으는 보름달도 새벽녘에 염불하는 스님들이나 볼 수 있는 하현달도 부지런한 새아씨들만 본다는 아미처럼 고운 초승달도 억겁 년을 두고 홀로 뜨고 진다. 사람도 젊은이나 늙은이나 무리 속에서 고독을 다시며 사는 존재가 아니겠는가. 사람이 가족을 이룬다 해도 한때의 인연일 뿐 서로 오고감이 인간의 뜻에 따라 이루어지는 것이 아니란 생각에 가슴이 저리다.

나 자신을 스스로 支撑지탱하려는 의지를 새롭게 다진다. 저 달처럼 나도 나 홀로인 것을.

2015. 01. 06. 吳 宣 姙

非情비정의 계절

칠석이 가까울 즈음이면 농가도 한숨 돌리는 계절이다. 해질녘에 앞산을 감싸 돌며 내려오는 강가에 나가 골뱅이를 주워온다. 잘 씻은 골뱅이를 가마솥에 푸욱 삶아서 은하수에 별똥별이 흐르는 이슥한 시간에 가족들이 앞마당에 모여 앉아 도란도란 지껄이며 까먹는다. 마을 유일한 他姓타성 宋송 씨네 며느리 달천 댁이 夏至하지 지나 캔 감자 삶았다며 소쿠리에 가득 담아 와서 함께 먹었다.

고집불통이라 소문 난 宋 씨 영감은 우리 문중 門客문객이었는데 처가살이 왔다가 상처하고 그냥 눌러앉아 살고 있다. 송 영감 며느리 달천 댁은 딸 넷 낳은 딸 부자였으나 아들 못 낳는다는 단 한 가지 이유로 시아버지로부터 받는 구박이 이만 저만이 아니었다.

어느 무더운 여름날 해질녘 우리가 마당에 깔아놓은 명석에 뒹굴며 저녁 밥상을 기다리고 있었는데 한 무리의 한센-hansen인들이 "밥 좀 주이소."라고 합창하듯 하며 열린 대문 앞에 섰다.

"으와! 문듸이가 왔다아" 소리치면서 사촌 아이들은 기겁을 하고 잽싸게 방으로 달려가서 숨었다. 나도 놀라서 뛰어가려는데 다리가 움직여주지 않았다. 선체로 "아앙~" 울음을 터뜨리고 말았다.

그들은 원래 흰 천이었을 옷이 회색이 되도록 빨래 한번 한 적이 없어 보이는 낡고 헤진 옷들을 걸치고 있었다. 게다가 "문듸이는 얼라들 잡아다가 간질여서 웃다가 숨이 넘어가면 肝간을 빼먹는다."고 어른들이 "절대로 문듸이 따라가면 안 된다"고 가르치고 있었다. 문둥병은 어린이의 신선한 간을 먹어야 낳기 때문이라는 설명까지 듣고 나면 한센인들은 더 없이 무서운 존재가 아닐 수 없었다. 그들은 사람들의 발길이 닿지 않는 깊은 산 솟을바위 건넌골에 집단 거주지인 움막 촌을 이루고 있었다.

비극이 시작되었다. 흉년 탓이었다. 송 영감댁 머슴이 지난해 새경(私耕) 받지 못한 데에 앙심 품고 주인 집 셋째 손녀 필녀(畢女)를 한센인 마을에 팔아넘기고 도망 가버렸다. 필녀는 커다란 마대자루에 담겨 발버둥 치다 제풀에 지쳐 숨죽이고 있었다. 필녀가 누군가의 도움으로 나와 보니 코끝이 문들어 지고 손가락도 두 개 밖에 없는 남자가 웃고 있었다. "닌도 나이 들었시이 알건다 알제?"라며 그 남자가 말을 계속했다. 필녀는 겨우 열세 살 나와 동갑내기 친구였다. 그 남자는 얄궂은 웃음 띠며 "나아이 여기 대장이고 남정네만 열일곱이나 있시이 누구 한나라도 장개를 가야할거 아이가. 니를 보고 서로 탐내고 있다 카이. 그래도 우야겠 노. 뱁대로 해야제."라면서 말을 이어갔다. 그 집단의 불문율은 각자 밥 빌어먹는 바가지를 깨끗이 씻어서 개울가에 놓아두고 여자가 골라 집어 든 바가지 임자가 바로 서방이 되는 것이라고 설명했다. 덧붙여서 "절대로 도망칠 궁릴랑 하지 마래이. 도망가다 잡히는 날에는 니 간을 내서 우리끼리 농궈 먹을 끼다."는 협박까지 했다.

　다음 날 아침 바가지 고르기가 시작되었다. 손발이 덜덜 떨리고 눈물 콧물이 흐르는데 대장의 재촉에 시달려 바가지 하나를 가리켰다. 얼굴이 썩어서 밀가루 바른 것처럼 하얗게 분이 핀 늙은이가 달려와서 필녀를 꼭 껴안았다. 잔치 차린다고 그들이 법석을 떠는 틈을 타서 영리한 필녀는 죽을힘을 다해 도망쳐 나왔다. 간신히 빠져나와 젖 먹던 힘을 다해 집에 도착했는데 식구들은 대문을 굳게 잠그고 필녀를 내쳤다. 송 영감의 지시였다. 울머불머 이 사람 저 사람 붙잡고 호소하던 필녀는 며칠 후 망가진 시체가 되어 거적때기에 쌓인 채 송 씨네 집 앞 골목길에 버려져 있었다.
　달천 댁은 땅을 치며 통곡했다. 가엾은 딸의 주검을 강가 아카시아숲 속에 묻고 돌무더기를 쌓았다. 달천 댁은 그 길로 잎담배 말리는 토담 집 이층에 올라가 목을 맸다. 필녀의 연년생 언니 분희(粉姬)는 이 꼴을 보고 머리카락 수집상에게 머리를 잘라 팔고 그 돈을 노잣돈 삼아 다시는 돌아오지 않겠다며 도시로 떠나가 버

홀로 뜬 달　241

렸다.

　이후 아무도 그 집과 내왕을 하지 않게 되었고 마을에도 찬바람이 불었다. 이웃이 하나 둘 떠나가서 마을이 썰렁해지고 있을 무렵 정부에서 나병환자들을 집중 치료하는 요양원으로 데려간다 했다. 그들이 가는 곳이 소록도라고 했다.

　나는 고교에 진학하기 위해서 고향을 떠난 이후 40년 가까이 고향을 찾지 않았다. 가족 모두 함께 도시로 이사했기 때문에 구태여 고향 갈 일도 없었다. 나는 법학을 전공해서 교수가 되었다. 어느 해였는지 유명인사의 강연회에 초대 받아 참석했다. 강연이 끝난 후 강사로 초빙된 닥터 J의 환영 파티가 열렸다. 나는 집안 어른들의 엄격한 교육으로 여자는 술 마시면 안 되는 줄 알고 자랐지만 와인 잔을 멋으로 들고 다니며 사람들과 어울려 이야기를 나누는 중이었다. 낯 선 한 여자가 나를 유심히 눈여겨보는 것이 느껴졌다. 시선이 마주치자 그녀는 조용히 다가와서 고향이 어디냐고 물었다. 선뜻 대답할 마음이 없어서 "그건 왜요?"라고 다소 퉁명스럽게 반문했다. "실례가 되었다면 용서하세요. 선생님 말씨가 우리 고향 말과 닮아서요."라며 돌아서는 그녀를 나는 놓칠세라 황급히 불러 세웠다. 그녀를 어디선가 언젠가 본 듯 아른거리던 기억이 번개처럼 뇌리에 살아났기 때문이었다 "혹시, 달천댁을 아세요?" 내 직감이 맞았다. 그녀는 화들짝 놀라 술잔을 놓치고 비틀거리더니 이내 정신 차리고 나를 응시했다. 그녀가 필녀의 작은 언니라는 것을 확신 할 수 있었다. 그녀가 명함을 주며 다시 만나기를 청했다. 명함에는 Bunhee P. Song, MD라고 적혀 있었다. 가운데 'P'는 필녀를 기억하려 쓰는 이니셜이 아니었을까?

조선호텔 〈Dolls House〉에서 조용히 커피 향을 즐기며 닥터 송을 기다렸다. 그녀는 아래 위 검은 비단 옷으로 단정하게 차려입고 내려왔다. 야무진 입매와는 달리 눈에는 깊은 憂愁우수가 서려 있었다. 이미 서로의 정체를 인식하고 있었음에도 둘은 새로 정식으로 인사를 나누었다. 분희는 긴긴 인생여정을 풀어내듯 이야기하기 시작했다. 가발 공장에 취직시켜 준다던 머리카락 도매상 경리직원이 분희를 용산 뒷골목 양색시 집 포주에게 팔아 넘겼다. 분희의 가능성을 알아본 주한 미군 중령이 그녀를 양딸 삼아 미국으로 데려가서 학교로 보냈다. 그녀는 이를 악물다시피 하며 열심히 공부해서 의과대학에 진학하였다. 세균학을 전공하고 교수가 되어 '풍토병 연구 프로젝트' 자료 수집을 위해 잠시 서울에 머무는 중이라고 했다.

우리말이 막히면 영어로 설명해가며 지껄였으나 차분하게 말을 이어가던 그녀는 갑자기 훌쩍거리기 시작했다. 아버지만 일찍 돌아가시지 않았다면 할아버지가 그렇게 고집불통이 되지는 않았을 것이라며 가난을 원망했다. '달천양반'은 사람들이 영양실조에 빠진 흉년에 불어 닥친 코레라 유행에 희생되었다. "아들 못 낳은 채 먼저 가니 미안하오. 아버지를 부탁 하네"가 아내에게 남긴 아버지의 유언이었단다. 분희는 부모 山所산소를 찾을 길 없다고 어깨를 들썩이며 소리 죽여 울었다.

   송 박사와 함께 고향 가는 시외버스를 탔다. 고향산천은 여전히 아름다웠다. 본 마을보다 약간 동쪽으로 나 있던 우리 작은 고향 마을은 허리 키에도 못 미칠 만큼 주저앉아버린 흙돌담과 집터 주춧돌들만 남은 채 잎이 시든 마늘종이 솟은 밭이나 감자 꽃이 핀 들로 변해 있었다.
   나는 필녀를 묻었다는 소리를 듣고 가 보았던 내 기억을 더듬으며 분희를 언덕 아래 아카시아 숲으로 안내했다. 오랜 세월 탓인지 장마 때 홍수로 쓸려간 탓인지 반이나 허물어져 납작해진 돌무덤 사이로 빨간 찔레꽃이 흐드러지게 피어 있었다.

   恨한 많은 필녀의 寃魂원혼이 마디마디 가시로 돋아나 저렇게 핏빛으로 還生환생하고 있었다.

吳 宣 娃

2015. 제1회 경북일보 문학대전 入賞 작

영아살해죄와 어린이 인권
– 형법 제251조 폐지를 주장한다

　봄은 어김없이 온갖 생명들을 피워내고 있다. 남쪽 섬진강 가 들녘에는 이미 매화가 만발하였다는 소식이다. 곧 맺힐 풍성한 열매가 기대된다.

　이 좋은 계절에 매일 아침 반가운 뉴스보다 항상 마음이 무거워지는 뉴스가 더 많은 것이 안타깝다. 2015년 3월 23일 보도에 의하면 울산시 어느 가정에서 고부 갈등 때문에 모자 동반자살이 자행되고 있었다. 아파트 17층에서 아들을 데리고 뛰어내린 엄마는 죽었고 아들은 중상을 입었으나 생명은 건진 듯 보도되고 있다. 아들은 살아남았다 해도 생리적 후유증은 물론 정신적 충격은 평생을 안고 가게 될 것이고 천륜이라는 모자지간의 연을 인위적으로 끊으려 한 엄마는 그 죄가 죽었어도 씻어지지 않을 것이다.

　어머니라는 이름으로 자기가 낳은 자식은 자기 것이라는 여성들의 소유 관념이 근본적으로 잘못 되어 있다. 조선 왕조를 통한 오랜 가부장적 사회 이념 아래 여성은 아들을 낳아야 대접 받고 아들을 낳지 못 하면 七去之惡칠거지악이라는 이혼 유책 사유를 떠안게 되어 있어서 여성들이 아들에 집착하게 되었을 것이다.

'나쁘기'만을 기준으로 하면 장가보낸 아들 못 잊어서 아들 내외의 사생활을 간섭하는 시어머니보다 어린 아들 생명의 존엄성을 망각하고 아들의 생존권을 박탈하려 한 젊은 엄마(며느리)가 훨씬 더 나쁘다. 끔찍한 살인미수 사건이다. 아들을 죽이려던 엄마는 죽었기 때문에 죄를 추궁 할 수 없고 '사건'은 성립되지 않는다. '형벌의 주체'가 존재하지 않아 무죄처럼 보일 뿐이다. 이웃 일본에도 '모자 동반 자살-오야꼬 싱쮸(親子·心中)'라는 폐단이 있어왔다. 이는 유교문화권의 전통적 사상적 배경의 산물로 우리와 유사한 면이라고 볼 수 있다. 모자 동반자살은 어린 아이 혼자 남겨서 고생 시키는 것 보다 함께 죽는 것이 낫다고 생각하는 母情모정일 수 있으나 시댁의 家統가통, 代대를 끊어놓겠다는 보복 심사를 안고 있을 것으로도 볼 수 있다.

현대 젊은 세대는 나이 차서 결혼하는 만큼 배울 것 다 배워서 자아의식이 완성되고 똑똑한데 이를 인정 못하고 며느리를 간섭하려는 시어머니는 아들의 사랑이 제3자에게 옮겨간데 대한 허전함을 달래지 못하고 외로움에 시달리는 유형일 것이다. 며느리 과거나 혼수를 트집 잡으며 끊임없이 며느리를 괴롭히는 시어머니가 아직까지 많다고 듣고 있다. 아들 장가보내면 아들은 '내 아들이기보다 며느리의 남편'이란 사실을 인정하고 냉정해질 필요가 있다.

　서로 대접받기를 원하기 전에 상대 인격을 존중하는 마음을 다지고 또 이런 생각이 습관화 되어야 고부갈등 해결의 실마리가 보일 것이라고 믿는다. 이유가 어디에 있던 간에 한 가정이나 사회에서 어린이는 모든 면에서 특별 보호를 받아야 하는데 현실은 그렇지 않다. 나이가 어리다는 이유 하나만으로 우리나라 어린이 생명은 상대적으로 경시되고 있다. 7년이나 키운 아들을 내 것으로 착각한 엄마의 빗나간 모정이 세간의 가슴을 울려주고 있는 사건을 계기로 왜 어린아이 생명이 존중받지 못하고 있는가를 생각해 본다.

　일반적으로는 사형제도 폐지를 주장하는 목소리가 높다 보니 '미운 놈 하나쯤 죽이더라도 최소한 내 목숨은 살아남을 수 있을 것이다'라는 막연한 생각이 사회 저변에 번져 있는 것이 매우 두려운 현상이다.
　사생활 침해를 우려하는 소리가 없지 않은 가운데 CCTV 보급률이 높아지면서 그늘에 묻혀있던 사건들이 사회에 노출되기 시작하고 금년 들어 어린이 집에서 벌어지고 있는 어린이에 대한 학대 폭행이 사회에 알려지게 되어 우리에게 큰 충격을 던져주고 있다. 보육교사의 폭행으로 어린아이가 옆으로 날아가는 장면이 방송에 나올 때마다 내 심장이 오그라들고 사회에는 공분의 소리가 들끓고 있다. 그럼에도 불구하고 어린이 집 운영 이익 단체의 로비를 받았다고 의심받는 국회는 어린이 집에 CCTV 설치를 의무화하는 법안을 부결 시켰었다. 이 법안 통과를 반대한 국회의원 명단이 공개되고 이들 국회의원은 다음 선거에서 낙선시키도록 시민단체들이 나서야 한다는 등 사회적 비난이 거세지자 국회는 지난 달 어린이 집 CCTV 설치를 의무화하는 법안을 통과시키고 있다.

한편, 유치원 버스기사의 부주의로 어린이가 차에서 내려 걷다가 타고 온 버스에 치여 죽기도 하고 졸다가 미처 내리지 못한 어린이가 있는데도 확인하지 않고 유치원 버스 문을 잠근 채 퇴근한 운전기사가 있다는 보도 등이 이어지고 있는 가운데 지난 3월 어린이 안전교통을 위한 〈세림이 법〉이 시행되게 된 것은 매우 반가운 소식이다. 영국이 어린이 버스 운전자에게 차가 움직이기 전에 잠시 생각케 하려는 캠페인을 벌이는 중이란 소식이 들려온다. 운전자에 대한 안전교육은 아무리 많이해도 넘치지 않을 것이다.

어린이 보호를 위하여 아동복지법을 비롯하여 청소년 성폭력 방지에 관한 법률 등 많은 입법 조치가 이루어지고 있다. 문제는 그런 많은 법률들이 서로 유기적으로 효율적으로 운영되지 못하고 있어서 아동학대가 끊임없이 이어지고 있는 현실이다. 가정이나 학교에서 체벌이 가해지는 일이 있다. 우리 선조들은 '귀한 자식 매로 다스려라.'고 가르쳤다. 그런 가르침의 뒤에도 부모 앞에서 내 자식에게 체벌을 가하는 것은 불효라는 도덕규범이 있어서 즉각적으로 매질하는 것을 금기하고 매질의 필요 여부에 대하여 생각할 시간적 여유를 두고 있었다.

훈육과 학대의 차이는 무엇일까. 바른 양육을 위한 의무감에서 비롯된 매질을 훈육으로 볼 수 있는데 반해서 행위자가 무의식중에라도 자기감정 해소 방편으로 폭발한 행위는 학대에 속한다. 행위자의 자기 행위 인식 기준을 어디에 둘 것인가의 입증이 쉽지 않을 것이나 어렵게 말할 것도 없이 체벌로 인해서 '어린 아이가 겁먹으면 학대'라고 규정짓고 싶다. 요즘 어린이들은 지능발달이 빨라서 말을 논리적으로 잘 알아듣는다. 얼마든지 타일러서 바로잡을 수 있다. 학대 가해 문제를 '社會常規사회상규'로 가려보려는 견해도 있지만 명확성을 확보하기가 매우 어렵기 때문에 위험한 발상이다. 가해자는 어른이나 미성년자일 수 있고 개인 혹은 집단일 수도 있고 가해방법도 다양할 것이나 분명한 것은 피해자가 정신적 육체적 양면에서 상처 입는다는 사실이다. 이처럼 복잡하고도 속히 풀어야 할 사회적 과제도 드물 것 같다.

자녀에 대한 방임 학대 등으로 인한 친권 박탈 제도가 생겼고 직계 존속은 고소하지 못하게 하고 있는 형사소송법의 규정이 있음에도 아버지에 의한 성폭력은 직계비속도 고소할 수 있는 길을 터놓았다. 여러 법적 고려가 이루어지고 있으나 근본적으로 우리 형법 제251조(영아살해죄)의 폐지 없이는 사실상 법 이론상 어린이 보호에 한계가 있다. 직계존속에 대한 살인 상해 폭행 유기 학대에는 형벌을 가중하며 특별히 보호하는데 비해서 영아살해와 유기에 대해서는 부모의 치욕을 은폐하거나 양육할 수 없을 것을 예견하는 등 '참작할 만한 사유가 있을 때'라는 이유를 들어 형을 감경하고 있어서 어린이 경시풍조는 좀처럼 가시기 어렵기 때문이다.

우리 형법은 1953년, 6.25 전쟁을 치른 절박한 환경에서 제정 공포되었다. 이후 62년이 지나는 사이에 우리 사회는 경제적 사회적 문화적으로 안전 속에 발전하고 있다. 따라서 형법 제정 당시의 미혼모에 대한 죄악시 내지는 사회적 편견은 거의 사라졌고, 치욕이라 생각되면 해외입양 길도 열려 있고 양육할 수 없으면 시설에 위탁할 수 있는 세상이 되었으므로 영아살해죄와 영아유기죄(형법 제 272조)에 대한 형벌 감경 사유는 정당화 될 수 없고 존재 이유도 없게 되었다.

영아살해죄와 영아유기죄 폐지를 강력히 주장한다. 어린이의 인간으로서의 존엄과 가치를 인정하고 그들의 행복 추구권을 보장하여 어린이들이 정당한 인권을 누리게 되길 바란다. 어린이도 대한민국 국민으로서 헌법상 행복추구권을 누릴 권리를 지녔고 어른은 그 권리를 보장해 주어야 할 의무가 있다.

어린이는 이 나라의 새로 피는 꽃이고 장래 희망이다.

2015. 05. 05. 吳 宣 娃

두더지의 봄맞이

경칩이 지난지도 한 달이 다 되어 가는 데도 나는 아직도 남쪽 창의 커튼을 걷어 본 적이 없다. 사흘 후면 청명 절기에 든다. 달력으로 날이 가는 것을 헤아리면서도 문을 열지 못하는 것은 지난 겨울 유난히 추위를 타게 되어서이다.

아들 내외가 직접 장에 가기도 하고 마트에 전화 주문해서 먹을 것을 냉장고에 가득가득 채워 놓기 때문에 바깥나들이의 필요를 느끼지 못하고 겨울을 보냈다. 그런 중에도 몸을 움직이지 않으면 관절이 굳어서 일어설 수도 없을 것이라는 주변의 염려를 귀담아 듣고 일부러 장이나 동네 어린이 놀이터 등을 한 바퀴씩 돌기도 했었다. 아주 문 닫은 채 칩거하기 시작한 것은 어지럼증이 생겼기 때문이다. 꼭 나들이해야 할 때는 어지럼증 예방약을 미리 먹고 모든 것을 운명에 맡기는 심정으로 집을 나서곤 했었다. 감기 조심도 해야 했다. 한 번 걸리면 오래 동안 나를 괴롭히기 때문에 감기 조심이 머리를 떠나지 않은 겨울이었다.

옛날 어른들이 '보리 이삭 팰 때 햇 늙은이 얼어 죽는다'는 말을 하실 때는 그 말이 무슨 뜻인지 이해하지 못하였다. 고등학교 2학년 고문(古文) 과목의 정철(鄭澈) 송강가사(松江歌辭)를 배우는 시간이었다. 임 향한 일편단심이 절절히 베어나는 사미인곡(思美人曲)에 이은 속미인곡의 '春寒苦熱춘한고열은 어찌하여 지내시며…….'란 한 구절의 해설을 들었다. 그 때만 해도 봄은 따뜻한 계절이라는 관념에 젖어 있었던 나는 봄이 마냥 따뜻하지만은 않다는 사실을 알게 되었었다.

지금쯤 농촌 양지 바른 밭에는 보리 이삭이 패는 때가 아닐까 옛날을 더듬어 상상해 본다. 기억이 가물거린다. 이 겨울을 보내면서 나는 봄이 오는 소리를 음악으로 듣고 있었을 뿐이다. 거실에서 TV 시청할 때도 옛날 영국 할머니들이 그랬던 것처럼 담요를 허리에 두르곤 한다. 난방비를 아끼지 말라는 아이들의 성화 때문에 실내 온도도 높게 유지하고 지낸다. 이번 달에도 도시가스 요금이 너무 많이 나올까 은근히 걱정되기도 한다. 어쨌든 금년은 봄이 춥다는 것을 피부로 느끼며 실감하고 있다.

오늘 새벽, 정기 건강검진 받으러 택시를 타고 풍납동 A병원에 가는 길이었다. 불광 사거리에서 구기터널 쪽으로 향하는데 길 양쪽에 노란 개나리가 만발해 있었다. 어느 해던가 봄비 내리는 저녁나절 귀한 손님 모시고 각각 커다란 우산을 받쳐 들고 어둑발이 번지는 이 거리를 산책하던 내 모습이 눈앞에 스친다. 빗방울이 함초롬히 맺힌 개나리꽃을 감상하던 그 날은 참 행복했었다고 회상에 잠기는 것도 잠시 광화문, 시청 앞, 남산 3호 터널을 빠져나와 올림픽 대로를 달린다.

길 양쪽을 황금빛으로 메운 개나리를 비롯하여 하얀 목련, 분홍 철쭉 등이 착 가라앉았던 내 마음을 잔잔한 파도 일듯 일렁이게 한다. 저 노변의 해묵은 나무에는 해마다 황홀한 꽃을 피우게 하면서 인간에게는 어찌하여 꽃 피는 계절을 일생에 단 한 번 밖에 부여하지 않았는지 조물주가 야속하다. '盛年不重來성년부중래 歲月不待人세월부대인―젊은 시절은 다시 오지 않고 세월은 사람을 기다려 주지 않는다.'라 읊은 옛 詩 한 구절이 더 없는 공감을 자아내게 한다.

어제 저녁부터 시작한 금식시간을 채우고 나서 채혈 채뇨 심전도 흉부 X-레이 촬영 등 검사를 마쳤다. 무료한 시간을 기다렸다가 오후에 세계가 인정하는 심장 내과 박승정 교수의 진찰을 받는다. "괜찮은데요. 체중 감량 노력하시고 1년 후에 오세요." 내 입가에 가벼운 미소가 번진다. 몸은 피곤하여 천근같이 무거운데 마음은 다소 홀가분해진 듯 식욕이 돈다. 식당가에 내려가서 영원히 놓쳐버릴 뻔한 '아-점'으로 따끈한 황태 미역국을 먹는다. 처방전을 손에 들고 나가는 나를 대기하고 있던 약국 기사들이 몰려와서 서로 자기 차에 태우려 신경전을 벌린다. 그들 삶의 고단

함이 물씬 느껴졌다.

　약국을 나서니 강풍을 타고 온 비가 묵직한 무게감을 느낄 만큼 후드득 내린다. 우산 준비가 없어 좀 당황스러웠으나 지하철로 이동하면 노선을 바꾸어 탈 때도 옷 젖을 일은 없을 것이기에 전철을 탔다. 을지로 3가에서 3호선으로 갈아타고 부터는 지상역은 하나도 없다. 신문을 다 읽었는데도 아직도 목적지까지는 몇 정거장 남았다. 늘 지하철을 타고 다니는 나는 스스로 내 인생이 두더지 같다고 생각 한 적이 있었다. 짙은 안개나 풍랑을 만나 바닷길을 헤매는 배를 위해 빛을 발사하는 등대처럼 밝게 빛나게 여생을 살고 싶었는데 오늘은 진실로 내가 어느새 땅굴 속 두더지 인생이 되어 가는가 보다 싶어 심란해진다. 불광역에 내리니 비는 그치고 하늘은 개어 있었다. 용케 비를 피하고 집에 도착한다.
　대문을 열고 마당으로 한 발짝 들어서다 말고 나는 눈길을 빼앗긴 채 발을 멈추지 않을 수 없었다. 세상에! 이게 웬 일인가?! 마당 남쪽 가장자리에 높이 선 자목련이 하늘을 가릴 만큼 흐드러지게 피었고 서쪽에 선 살구나무 꽃은 만발하여 아름다운 꽃구름처럼 피어오르고 있지 않은가!
　내 집 마당에 꽃이 피는 것조차 모르고 방안에만 칩거하던 날들이 이렇게 어리석게 여겨질 수가 없다. 나의 반려견 Rex가 귀를 뒤쪽으로 바짝 밀어붙이고 뛰어나온다. 열세 살이 된 그는 사람 수명으로 치면 80세가 훨씬 넘는다는데 나이답지 않게 날렵하게 달려와 온갖 예쁜 몸짓으로 나를 반긴다. 렉스는 둘째가라면 서러워 할 만큼 영리한 강아지이기는 한데 개는 사람보다 강인한 것일까? 같은 나이 또래면서 벌서 지쳐버린 나는 강아지보다 못한 의지박약자인 것 같다. 뼈가 부러지지 않은 것만도 감사히 여기기로 했었는데 지난해의 낙상 사고를 억울해 하는 마음이 다시 가슴 저 밑바닥에서 꿈틀거린다.

내 집안에 핀 꽃을 볼 줄도 모르면서 바깥 세상에 핀 꽃들에 마음을 빼앗겼던 내 모습이 어이없기도 하고 약간 부끄럽고 또 조금은 서글프다. 몸이 식으면서 추위를 타고 마음이 움츠려 들면서 의욕마저 가라앉은 이 현상을 아직은 체념처럼 수용하고 싶지 않다. "박 교수님이 1년은 더 재밌게 살라고 생명연장 허가증을 주셨네."라며 깔깔대던 친구의 화사한 웃음소리가 더 힘차게 더 정겹게 내 귀에 생생하게 되살아난다.

늦은 오후 나른함에 겨워 낮잠을 청하다가 문득 '날마다 오늘을 최고의 날로 살아야지'하는 기특한 생각이 솟았다.
곧 여름이 오겠지!
마음만이라도 푸르게 가꾸어 가야지!

2015. 04. 02. 吳 宣 娃

본능적인 욕망

- 삶과 죽음 사이에서

실로 오랜 만에 집을 나와 이웃 한의원에 다녀왔다. 이대로 집 안에만 있다가는 자식들을 더 힘들게 하게 될 것 같아서 큰 용기를 낸 것이다. 전에는 걸어서 5분이면 가던 거리를 30여분이나 걸려서 겨우 병원에 도착할 수 있었다. 웬만한 통증에는 얼굴 찡그리는 일도 없었는데 나이 들면 참을성도 줄어드는 듯 의사가 침을 찌를 때마다 '아야야'를 연발하고 나니 여간 창피한 것이 아니었다. 어쨌든 온 찜질, 침 치료, 교정 치료 그리고 부황 뜨기까지 한 시간 넘게 치료 받다보니 정신마저 얼떨떨하다. 치료실에서 나와 따끈한 녹차 한 잔 마시며 숨결을 고른다. 휴게실에 놓인 기기로 혈압을 측정해 보았다. 혈압 108/68, 맥박 77. 맥박이 좀 빠르지만 혈압은 좋은 편이다.

집으로 돌아오는 길에서는 한 번도 쉬지 않고 걸어올 수 있었다. 조심하느라 천천히 걸어오는 동안 사람 구경도 많이 했다. 복숭아 빛이 감도는 아름다운 얼굴에 피부가 보슬보슬 고운 예쁘장한 아가씨가 반 토막 원피스 아래 하얀 레깅스를 입고 아장아장 걸어오는데 그 허벅지가 미안하게도 내 눈에는 살 오른 돼지 뒷다리를 연상케 했다. 아, 저 아가씨는 저 다리가 고민이 되겠구나 하는 안쓰러운 마음이 들었다. 얼마간 더 걸어오는데 앞에 본 아가씨와 비슷한 차림새의 한 아가씨가 걸어온다. 이 어찌된 일인지 생물학 표본실에서나 볼 수 있음직한 뼈대에 사람 가죽을 입혀서 내 놓은 것 같은 아가씨다. 로봇이 걸어오는가 착각할 정도였다. 나하고 눈이 마주치자 그 아가씨는 "나, 먹을 것 다 먹는데도 이래요."라고 호소하는 듯 사뭇 자조적인 표정이 그녀의 얼굴에 스쳐갔다. 세상에! 고르지도 못한 이 현상!! 가능하다면 앞에 간 아가씨와 이 아가씨를 섞어서 균등하게 나눌 수 있다면 서로에게 얼마나 좋을까 하는 부질없는 생각을 했다.

사람 사는 세상 이치도 별반 다르지 않은 것 같다. 누구는 천하장사가 되고 누구는 만날 친구들에게 얻어터지며 왕따 당하는 아이도 있다. 천수를 누리는 사람이 있는가 하면 젊어서 요절하는 이도 있다. 편안하게 장수하는 자도 있고 나처럼 부상이 잦은 자도 많다. 누구에게나 공평한 것이 있다면 태어났다가 죽는 것뿐이다. 그런데 대다수의 사람들이 삶에 집착한다. 사람들이 삶에 집착하는 것은 미련한 것일까, 인간의 본능일까?

내가 아주 어렸을 때, 이웃집에 며느리의 효성을 고마워할 줄 모르고 늘 불만인 할머니가 있었다. "내가 너무 오래 살았다. 빨리 죽고 싶다."를 그리 쉽게 입에 달고 있었다. 시어머니의 그런 태도에 주눅이 든 며느리는 하루도 기를 펴고 사는 날이 없어보였다. 일곱 살 난 어린 손자는 눈치가 말짱해서 어머니를 가엾게 여기고 있었던 것 같다. 어느 날, 늘 소화불량인 엄마가 병원에서 타다 먹는 하얀 가루약 한 봉지를 빼내 들고 할머니 방에 가서 "할매! 내 오늘 할매 소원 들어 드릴랏고 먹고 죽는 약 구해 왔데이."하며 약 봉지를 내밀었다. 제발 울 엄마 괴롭히지 말아 달라는 반항의 표출이었고 할머니의 진심이 어디에 있는가를 시험해 보고 싶은 심사의 발동이 아니었을까? 할머니는 분노로 얼굴이 새하얗게 변하더니 "거기 두고 나가거라. 니 애비 한 번 더 보고 먹을 것이니…"하고는 손자가 나간 후 약봉지를 요강에 던져버렸다. 할머니 반응을 몰래 살피며 그 모습을 본 손자가 가족들이 모인 저녁 밥상 앞에서 이 사실을 말하게 되었고 동네에 소문이 쫙악 나버렸다. 그 할머니는 오래 살고 싶어서 주변의 관심을 끌려고 며느리를 괴롭혔던 것 같다.

10여 년 전에 석지명 큰스님께서 작고 낡은 무동력 요트로 북태평양을 건너는 고행을 하신 적이 있다. 배는 고장 나고 태풍은 진로를 가로막으며 닥쳐오고 망망대해 고립무원 상태에 계신 스님께서 일본 큐슈에 기항할 자리를 찾아보라는 긴급전화를 하셨다. 우선 기상청에 도움을 청하고 나서 큐슈에 수십 통의 전화를 거는 등 우여곡절 끝에 큐슈 오이타 쿠니사키 요트 정박장에 기항할 수 있는 계약을 하였다. 스님께서 무사히 태풍을 피하고 큐슈 작은 요트 하버에 입항하실 수 있었다. 이 때 배 수리가 마무리되기를 기다리는 동안 큰스님의 인솔에 따라 그 유명한 아소산(阿蘇山) 구경에 나섰다. 운이 좋아 맑은 날씨 속에서 활화산 밑바닥에서부터 울리는 굉음을 들으며 용암이 부글부글 끓어오르는 것을 육안으로 직접 볼 수 있었다. 바람결도 우리 일행의 뒤 쪽에서 불어와 유황 가스를 마실 우려도 없었다.

모두 즐겁게 관광하시는 사이에 나는 하나의 팻말을 읽게 되었다. 〈잠깐!! 멈추세요!!〉란 입간판이 군데군데 보였고 그 주변의 낡은 커다란 입간판에는 잔글씨로 다음 같은 긴 이야기가 적혀 있었다.

〈아소산 현재 위치에서 뛰어내리면 바로 용암구덩이에 떨어질 것처럼 보이지만 그렇지 않다. 중간에 암벽들이 층층으로 깎여있어서 뛰어 내려 봐도 암벽 선반에 떨어져 금방 죽을 수 없고 고통만 크다. 뛰어 내리면서 까무러친 채 떨어져 죽은 자는 오히려 좋은 편이고 맑은 정신으로 중간 바위 위에 떨어진 자들은 죽음의 공포를 이기지 못하고 살아서 돌아오려고 암벽을 기어오르려 노력하다 죽은 흔적들이 명확히 보인다. 그들의 손가락 발가락이 다 닳아서 하얀 뼈가 보이도록 바위를 잡고 기어오르며 살려고 노력한 흔적을 뚜렷이 남겼다. 삶을 포기하려던 생각은 간 곳 없고 절실하게 살아나고자 발버둥 쳤겠지만 이미 때가 늦었음을 증명하고 있다. 생명은 귀한 것이니 자살충동을 다스리고 다시 새 용기 내고 뛰어내리지 말라.〉

한 때 아소 산에서 자살 시도한 시체를 수 없이 수습한 사실이 있었던 것을 상기 시키고 있다. 죽으려는 충동을 이기지 못하고 실행에 옮겼지만 죽음의 중간지점에서 삶을 갈망하게 되는 인간의 묘한 심리를 여과 없이 알아차리게 되었었다. 삶의 교훈을 얻은 셈이었다.

덥고 긴긴 夏至 節氣 하지절기에 가뜩이나 보행이 불편한데 메르스 사태까지 겹쳐서 여름 내내 집안에서만 칩거하다 보니 울적해진 적이 있었다. 이제 더 살아서 무슨 영광을 더 볼 것인가? 천지신명이 적당한 시기에 잠든 나를 데려가 주면 그것도 복이다고 생각하게 되었다. 그러나 때 아니게 갑자기 내가 떠나버리면 자식들 가슴에 한을 남길 것이며 자식들이 세상에 얼굴 들기 어려운 죄인으로 추락 할 수도 있을 것이란 생각이 드니 가슴이 떨렸다. 그런 끔찍한 생각을 한 것만으로도 효성스런 자식들에게 죄스럽기 그지없다.

일본 사람들 사이에는 '손자가 와서 기쁘다. 손자가 돌아가니 더욱 기쁘다.'라는 말이 있다. 우리나라에도 핵가족화가 진행되고 주거형태도 달라지면서 이런 생각이 널리 전파되고 있는 것 같다. 나는 늦게 결혼한 아들이 자유롭게 신혼을 즐길 수 있도록 결혼과 동시에 분가시켰다. 첫 손녀를 얻었을 때는 정말 신기했었고 둘째의 재롱에 넋이 나갔었고 셋째의 재치에 두 손 들었다. 그들이 차를 타고 빠져 나간 대문에 빗장을 닫는 순간부터 다음 만남을 기다리게 된다. 잠자리에 들어서도 고놈들 애교 부리던 모습이 눈에 선하여 혼자서 싱긋 웃는다. 가끔은 벌떡 일어나서 큰 소리로 하하 웃기도 한다. 나는 일본 노인들과는 좀 다른 할매인 듯하다.

  잠시나마 적당한 때에 일찍 가게 되는 것이 복이라고 생각한 것은 천부당만부당하다고 강하게 머리를 젓는다. 저 손녀들이 얼마나 예쁘게 잘 자랄 것인지를 보고 싶은 이 마음은 진실로 큰 축복이다.

2015. 07. 16. 吳 宣 娃

며느리 사랑과 媤시강아지

언젠가부터 명절증후군이란 낯선 용어가 생겨났다. 산업화와 여성의 자립능력 향상이나 맞벌이 가정이 늘면서 생겨난 일종의 사회적 현상을 일컫는 말이라 볼 수 있다. 해마다 명절이 다가오면 어김없이 언론에서 명절증후군 때문에 가족 간 불화가 일어난다는 등의 기사가 나온다. 더러는 있을 수 있는 현상이겠으나 기사거리가 마땅치 않을 때 삼류 언론에서 노루 친 막대기 삼 년 우려먹는 식으로 묵은 수첩 꺼내서 리메이크 하지는 않는가 하는 의구심이 드는 경우도 있다. 드라마에서 조차 막장이라는 욕을 감수하면서까지 명절증후군 문제를 단골로 꺼내 든다.

새 며느리들이 명절 제사상 차리기에 힘 든 것은 사실이다. 장보기에서 시작하여 김치 담그기 전 부치기 산적 굽기 송편 빚기 등등 헤아릴 수 없는 일들을 감당해야 한다. 이때 〈苦海고해는 끝이 없으나 고개를 돌리면 彼岸피안이라〉는 말처럼 생각을 달리하면 해방감을 얻을 수 있을 것 같다. 내가 시댁에서 고생하는 사이 친정에는 올케가 와서 엄마 시중들겠구나 라고 한 번 돌려 생각하면 억울할 것도 없다. 세상은 돌고 돌면서 서로 돕고 사는 품앗이 세상임을 바로 깨닫게 되고 몸은 힘들어도 마음은 편안해 질 것이다. 메스미디어에서 흥미위주로 시댁과의 갈등을 그려 현명한 며느리까지 싸잡아 욕보이는 것은 아닐까 하여 앞으로는 이런 기사 나오지 말았으면 한다.

사위도 편치 않기는 마찬가지인 것 같다. 얼마 전 까지만 해도 '사위는 백 년 손'이라며 사위를 극진히 위하는 우리 풍습이 있었는데 요즘은 사위가 장모 눈치를 보는 분위기가 늘어나는 추세라 한다. 남녀평등을 향한 자연스런 움직임인 듯하다. 그러더라도 한 가정의 중심에 있는 며느리 자리에는 막중한 책임이 따르니 며느리는 백 년 손보다 더 많은 배려를 받아야 옳을 것이다. 지난 주말 본가를 찾아온 아들 가족을 위해 점심준비하면서 며느리에게 간 좀 보라고 하고나서 "얘, 나는 며느리가 제일 무섭다."라고 말해 둘이서 눈을 마주치며 웃었다. 그런데 그들이 돌아간 후 가만히 생각하니 그것이 아주 농담만은 아니었던 것 같다. 며느리 앞에서 항상 조심하게 되는 내 모습이 떠올랐다.

며느리를 보는 과정에 여러 상황을 겪었다. 아들이 철없이 여자 친구를 사귈 때 나도 여느 엄마처럼 걱정을 많이 했었다. 느닷없이 커플링 같은 걸 끼고 나타나면 가슴이 철렁하기도 했었다.

내가 婚脈혼맥을 찾아 가문과 재력을 조사하는 그런 세속 인심과는 거리가 멀었음에도 그랬다.

　아들이 원하는 아가씨를 몇몇 만나 본 적이 있다. 거부한 경우 중 하나는 아이 자체가 탐탁지 않아서였다. 비가 많이 내리는 저녁나절 아들과 약속한 장소에서 기다리다 차를 탔는데 아들 옆 조수석에 탄 아가씨가 인사를 나누기도 전에 뒤를 돌아보며 "이대(梨大) 나오셨다면서요?"라고 말을 건네 왔다. 왠지 '나도 이대 나왔으니 당신 이대 나온 것 내 세울 것 없어요.'라고 은근히 기싸움을 걸어오는 느낌이 들었다. 근처 고급호텔에서 예약해 둔 저녁식사를 함께 하였다. 2시간 남짓 걸린 이 회식이 그녀를 알아보기에 시간이 부족하지 않았다. 나는 입을 다물었고 얼마 후 아들이 그녀와 헤어졌다고 했다. 그때의 안도감은 잃어버린 아들이 살아서 돌아 온 느낌이었다.

　정말 탐나고 아깝지만 받아들이지 못한 경우도 있었다. 학식과 미모에 재력까지 갖추고 사회적으로 일정한 지위가 공인된 아가씨가 아들에게 관심을 보이고 영리하고 예쁜 골든 리트리버까지 선사 하면서 호의를 보였다. 생후 몇 달 되지 않는 강아지를 우리 집에 보낼 때 그 어머니가 그냥 보낼 수 없다며 깨끗이 목욕시키고 털을 말려서 차에 태워주셨다는 말을 듣고 그 어머니의 교양 있는 마음 씀씀이까지 마음에 들었다. 그러나 남에게 돈 꾸러 다니지 않을 정도의 서민으로 살아가는 우리 집에서 이렇게 곱게 자란 아가씨를 어떻게 감당해낼 것인지를 두고 고민하며 아들에게 보통 친구로 지내면 좋겠다고 말했었다.

아들이 30대에 들어 나는 아들의 판단을 믿을 수 있게 되었고 이후 아들의 선택을 존중하기로 마음을 굳혔다. 평생의 반려를 선택하는데 본인의 의사만큼 중요한 것이 더 없을 것이기 때문이다. 아들이 친구를 소개했다. 부모는 평범한 샐러리맨이고 두 오빠가 있고 아가씨 본인은 디자인을 전공하고 재벌 계열사에서 차근히 승진을 거듭하며 일정 수준에 오른 착실한 직장인이라 했다.
어느 일식집에서 만나기로 했다. 들어서는 아가씨가 첫눈에 조신하게 보였고 몸매가 표준형에 키도 큰 편이다. 모두 식탁에 앉은 후에 바라보니 얼굴이 백옥 같이 아름답게 보였다. 예쁘게 보이려고 그랬었는지 아가씨 머리 직선 위로부터 떨어지는 조명이 연출한 백자 같이 하얀 모습이었음을 나중에 알게 되었다. 다시 만났을 때 보니 아가씨 피부는 갈색 톤이어서 이 장면은 에피소드로 남았다.

두 사람 마음을 확인하고 즉시 이수성 교수님에게 주례를 부탁했다. 전 국무총리가 주례 했다고 주변에서 화제로 삼기도 했다지만 그분은 나와 같은 형법 학자이고 특히 그 분과 내가 같은 임기에 함께 한국형사법학회 부회장 임무를 수행한 친분이 있어서 주례로 모시게 된 것이다. 그분 덕에 아들 결혼식은 빛났고 나는 아들을 결혼과 동시에 분가시켰다.

나는 사회 교육에서 혼수 폐단을 지적하며 이 풍습 타파를 주장해 왔다. 실제로 나의 혼사에서도 낭비할 필요 없다는 평소 신념에 따라 혼수니 예단이니 하는 일체를 생략하기로 했다. 혼수 문제로 결혼식 올리기 전부터 며느리를 주눅 들게 하는 것은 참으로 어리석은 일이다. 다만 아들의 건의에 따라 양가 혼주와 당사자가 결혼식 날 입을 옷을 서로 교환 하였다. 며느리는 나의 이불 한 채를 마련했고 나는 그간 모아온 보석들을 귀금속으로 세팅해서 예를 표했다.

천생으로 성격이 꼼꼼한데다가 학생 가르치는 일을 하다 보니 내 눈이 된 편이다. 안보는 척 하려해도 거슬리는 일은 용케도 보이고 그냥 넘기는 일이 없어서 남학생 일색인 교실에서 나는 꽤 야속한 교수로 지목받고 있었다. 그런 나를 스스로 알기에 며느리한테는 처음부터 한 쪽 눈을 감아야 한다고 다짐했었다. 며느리가 첫 아이를 낳으니 나머지 한 쪽 눈도 반으로 가려진 것 같고 둘째를 낳았을 때는 아예 며느리가 사랑스럽게 보였다. 어린 것들을 열심히 잘 거두는 며느리에게 인간적인 신뢰가 생겨서일 것이다. 나는 제자들 결혼식 주례를 설 때, 덕담 외에 훌륭한 교육을 받은 신랑신부가 아이 셋은 낳아야 한다고 강력히 권유해 왔기에 셋째가 생겼을 때는 내 마음이 흐뭇하기 그지없었고 며느리가 고마웠다.

지난 6월 중순, 내가 꽤 큰 수술을 받으려 할 때 생긴 걱정거리는 반려견 Rex를 맡길 곳을 찾는 일이었다. 렉스는 2003년 이후 함께 살아서 이젠 내 자식이나 다름없고 오래비 격인 아들이 분가했을 때 우울증을 앓을 만큼 정에 여린 犬生견생이다. 덩치가 커서 단골 동물병원에서도 수용할 수 없다하고 낯선 농장 같은데 맡기려니 마음이 놓이지 않는다. 어려운 줄 알면서도 아들네 집에 맡길 수밖에 없었다. 며느리는 처음엔 다소 생소하고 부담스런 눈치였으나 친정에서 개 키운 경험이 있어서 잘 돌보아 주고 있다. 아이들 위생상 청결을 위해 목욕을 자주 시키고 마침내 개를 무릎에 눕혀 놓고 귀 청소도 해주게 되었다. 개가 영리하고 점잖아서 아이들하고도 잘 어울려 놀다보니 이젠 내가 개를 데려오게 되면 또 다른 '안쓰러운 이별'이 생길 것이어서 가슴이 아려질 것 같다.

렉스를 맡아 놓고 잔 손길이 자주 필요해지자 아내에게 미안해진 아들이 "얘는 媤시강아지니 잘 모셔!"라고 농반진반 말했더니 며느리는 숨넘어가게 까르르 웃었다고 한다. 렉스는 〈媤의 위엄〉을 능가하는 배경이 있다. 혈통이 불분명한 개와 교배시키지 않는다는 서약서를 써 주고받아 온 강아지이고 媤보다 더 확실하고 대단한 족보와 출생증명서가 있는 귀하신 몸이다. 며느리는 수시로 렉스 사진을 찍어 카톡으로 보내 나의 궁금증을 풀어주고 가끔 영상 통화로 개와의 교감을 도와준다. 개와의 스킨십이 잦아지면서 며느리 스스로도 정이 깊어진 듯 14년을 Rex로 불린 개에게 美犬미견이란 이름을 따로 지어 주었다. 나는 며느리의 착한 심성에서 아들 가족의 행복을 본다.

　투병에 지친 어느 날 갑자기 내가 며느리에게 사랑한다는 말을 남기지 못하고 눈을 감게 되면 어쩌나 하는 생각을 품게 되었다. 손자는 영원한 짝사랑이라지만 며느리와는 미운 정 고운 정 쌓다 보면 마주사랑이 이루어질 것이다. 지난날들을 돌아보며 귀한 인연이 맺어진 것에 감사하며 서로가 서로를 인정하는 삶이 얼마나 아름답고 생산적인지를 생각하며 마음 속 숙제를 풀어본다.

　새 애기야! 사랑한다!! 아주 많이!!!

2016. 09. 12　吳 宣 姃

청주 가는 길
- 車窓따라 변하는 風景에 사는 기쁨이 겹쳐

서울신문 칼럼. 1982년 2월 12일. 오선주

학생시절, 주말이면 기차 타고 훌쩍 떠나 마음 닿는 곳까지 다녀온다는 친구를 부러워했었다. 내게는 낭만을 즐길 만한 마음의 여유도 없었고 소심했던 탓으로 학교공부를 미룰 수 없었다.

그 후로도 시집살이, 남편 시중들기, 아이 기르기 등으로 한가한 여행이란 엄두도 내어보지 못했다. 그러던 것이 늦게야 여행복이 터져서 매주 한 번씩 청주나들이 하는 것이 벌써 8년 째 접어들었다. 지금은 생활의 일부로 익숙해졌지만 처음 1년은 이 여행이 여간 고달픈 것이 아니었다. 월요일 아침 아홉시 강의에 들어가기 위해서 새벽 4시에 일어나야 했다. 언제나 강의 준비가 마음에 차지 않아서 청주 가는 고속버스 안에서도 책 읽느라 여념이 있을 수 없었고 어쩌다 계획한 시간의 버스를 놓치고 나면 다음 출발 차 안에서 발을 구르고 싶은 심정으로 눈을 감아야 했다.

해가 바뀌어 첫 교시 강의를 면하게 되었고 마음의 여유가 다소 생기기도 했었다. 그러나 어린 자식들과 '나래 꺾인 남편'을 두고 주부가 집을 비워야하는 것은 여전히 커다란 고통이 아닐 수 없었다. 차창에 비치는 모든 것이 서러웠다. 고속도로 변에 벌거벗고 서 있는 겨울나무도 서러웠고 이른 봄 버들가지에 푸른 기가 감돌면 봄이 오고 있음을 깨닫게 하지만 진정 우리 집 봄은 언제 올 것인가 한탄하곤 했다.

어느 날 고속버스가 톨게이트를 빠져나가고 있는데 갑자기 눈이 부시고 가슴이 환해지는 느낌이 들었다. 어느새 개나리꽃이 흐드러지게 피어 있었다. 겨울 눈비 속에서 차량 매연으로 찌들대로 찌든 가지 속에 저토록 찬란한 생명을 키우고 있었던 자연의 섭리 앞에 나의 나약함이 부끄러웠다. 오랜만에 가슴 가득히 경건함을 안고 연구실에 들어섰다. 읽다가 덮어 둔 논문들, 살펴보아야 할 서류들, 그리고 꼭 읽어 보아야겠다고 벼르기만 하던 책들이 한꺼번에 눈에 들어왔다.

경부 고속도로 나들이는 그 후 내게 귀중한 시간이 되었다. 하행선 상에서 달릴 때는 습관처럼 이번 주 학교에서 무엇을 어떻게 할 것인가를 생각하고 지난 주 모자랐던 점을 더듬어 정리한다. 귀갓길 상행 버스에 오르면 이번 주 무사히 일을 마치고 귀가할 수 있게 된 것에 감사한다. 어미 없는 집에서도 구김 없이 잘 자라주는 아이들 모습을 떠 올리고 그들의 건강 그들의 장래 등에 대하여 깊은 생각에 잠긴다. 하루를 30시간쯤으로 늘리고 싶은 내 생활에 이 차 안의 시간이야 말로 나를 모든 것에서 해방시켜 주는 유일한 시간이 되고 있다.

게다가 차 창 밖에 보이는 자연은 내게 휴식을 준다. 주초에 내려갈 때 푸르스름하던 나뭇가지에는 주말에는 이미 넓은 잎이 활짝 피었고, 지난 주말에 갓 옮겨 심은 벼가 뿌리를 내려 논밭이 파랗게 변한 모습을 보는 월요일 아침!!! 잔잔한 감격을 거듭하면서 이 여행을 계속한다.

이젠 '바빠진' 남편과 함께 한번쯤 이 길을 즐기며 달리고 싶다.

* 남편은 외국으로 나가 교수생활을 시작해서 바빠졌다.

행복을 심어주는 천사들

나의 손녀들이 아빠의 엄마를 친할머니라 하고 엄마의 엄마를 외할머니라고 한다. 내가 어릴 적 자란 고향에서는 아버지의 어머니를 "큰 어메(大母)"라 했다. 친할머니만 어머니 대열로 존중받아 "큰 어메"이고 그 외 아빠의 위 항렬 그 곁 촌수인 여자들에게는 할머니라 했다. 증조(曾祖) 할머니, 종조(從祖)할머니 외할머니 등을 그 例예로 들 수 있다.

이런 호칭이 시사하는 깊은 뜻을 손자들을 보면서 새록새록 음미하게 되었다. 내가 32살에 결혼하고 34살에 아들을 낳고 그 아들이 39에 결혼하고 이듬해에 첫 아이를 낳았으니 나와 손녀 사이의 나이 차는 자그마치 '강산이 일곱 번이나 변하는' 시차가 있다. 이러니 내 손녀는 아이일 수가 없고 공주이고 보물이다. 손자가 예쁘면 똥강아지라 하기도 하고 옛날엔 귀신이 넘볼까 봐 개똥이라고 이름 지어 천덕꾸러기로 위장한 뜻도 이해가 된다.

내가 70 넘어 얻은 첫 손녀가 내게 얼마나 귀한 존재인지를 설명할 필요가 없다. 임신 사실을 한 동안 숨긴 아들 내외가 괘씸하기 그지없고 그 이유가 어디에 있었던 간에 그 일은 지금도 용서가 되지 않는다.

내 자식 키울 때는 시어머님 섬기랴 물 한잔도 자기 손으로 갖다 마시지 않는 남편 시중들랴 직장생활 하랴 내 능력의 한계를 넘나들다 보니 가엾은 내 어린 것들을 제대로 보살펴 주지 못했다. 그런 恨이 남아서 일까 내 손녀만큼은 정말 잘 키우리라는 생각이 내 마음 속에 자리 잡게 되었다. 며느리 입장에서는 자기 나름 육아방식이 있을 터인데 하는 생각에 최소한의 관심만 갖자고 다짐하지만 주말 마다 아이가 내 눈 앞에 보이면 내가 독점하게 되는 것은 어쩔 수 없었다.

첫 아이 뽀기는 순둥이었다. 첫 돌 전부터 자다가 깨어나도 혼자서 일어나 어른들이 도란거리는 방으로 기어오거나 아장아장 소리 없이 다가오곤 했다. 딱 한번 주변을 놀라게 운 일이 있다. 맏동서님 초상에 갓난아기 데리고 갈 수 없어 아이는 내가 맡고 아들 내외를 보냈다. 평소 내 품에서 잘 자던 아이가 마치 불에 덴 것처럼 소리 지르더니 기가 꼴깍 넘어가게 울었다. 오죽 당황했으면 큰 집으로 문상 가는 중인 아들 내외에게 차를 돌리라고 했을까! 지나고 보니 그 갓난아기도 지 부모가 옆에 없음을 감지하고 갑자기 불안해졌던 것 같다.

뽀기가 겨우 "맘마"할 무렵 세계적 지휘자로 그 명성이 절정에 달한 정명훈이 지휘하는 오케스트라와의 협연으로 이태리의 앙드레아 보첼리-Andrea Bocelli가 '영혼의 아리아-Sacred Arias'를 노래하는 DVD를 샀다. 이를 72인치 대형 TV에 재생시켜 즐기는 중이었는데 내 무릎에 앉은 뽀기가 미동도 않고 푹 빠져 시청하고 있는 것을 알게 되었다. 하도 신기해서 얼마나 오래 집중하는가 시간을 재어 보았더니 12~3분 넘게 심각한 표정으로 시청하였다. 이것이 나를 놀라게 한 첫 번째 사건이다.

뽀기는 유아시절에 말 수가 적어 걱정이었다. 뽀기가 얼마만큼 자란 후에 보니 아이의 신중한 성격 때문이었다고 깨닫기는 했다. 어느 날, 어린이 집에 다녀와 혼자서 〈싹 트네에, 싹 트요오, 내 마음에 사랑이 ~~~〉라고 노래하는 걸 보고 온 가족이 탄성을 질렀다. 드디어 뽀기가 말문이 트이고 노래도 한다고!! 얼마 후에는 〈달빛 으스름 한 밤중에 깊은 산속 걸어가다 / 머리에 뿔 달린 도개비가 방망이 들고서… 에루와둥둥. / 깜짝 놀라 바라보니…〉하는 노랫말이 긴 노래도 거뜬히 불러 우리를 안심시켜 주었다.

문자 익히기는 또래 아이들보다 훨씬 앞서서 주변 엄마들의 시샘을 사기도 했다. 현재 속독하는 재능이 그때 이미 싹 트고 있었던 것 같다.

뽀기가 겨우 네 살 되었을 무렵 둘째의 감기 때문에 애미가 못 와서 뽀기만 데리고 불고기집에 갔다. 아빠가 잘게 가위질해서 제 앞 접시에 놓아주는 고기를 열심히 맛있게 먹고 나더니 "아빠가 할아버지가 되면 내가 아빠 고기 이렇게 해(썰어)드릴 거야."
라며 혼잣말처럼 지껄였다. 나는 내 목이 메는 것을 느꼈다. 누가
시킨들 저런 마음이 생길까. 떡잎부터 알아본다 했으니 내 아들
은 딸의 효도를 받을 것이다.

    둘째는 뽀기에겐 세 살 아래 동생이다. 뽀기는 아홉 살 쯤 자랐
을 때 세자빈 간택을 기다리는 규수 같이 맑고 귀티 나는 분위기
인데 둘째는 눈매가 어글어글하고 가슴 속에서만 웃는 듯 한 미소
가 화사해서 때론 요염하게 보일 때도 있다. 둘째는 태중에 미동
(未童)이라 임시 이름을 얻게 되었었으나 우리는 이 별명을 美童
미동으로 격상시켰다.
    미동이는 어쩔 수 없이 언니의 견제를 받았다. 첫 애기가 아우
를 보면 남편이 첩 들인 것보다 더 큰 충격을 받는다는 말이 실감
나게 뽀기가 안쓰러운 모습을 보일 때가 있는데 둘째 입장에서는
억울하지 않을 수 없다.
    겉보기보다 야무진 미동이에게 양보란 절대 있을 수 없고 언니
동생 비교도 허락지 않는다. 다섯 살짜리가 언니와 비교되는 것
이 싫어서 피아노를 아예 배우지 않겠다고 선언한다. 본인의 원
에 따라 태권도를 배우게 했더니 매우 흡족해 하고 옆차기, 송판
격파 등 성공해서 의기양양하다. 줄넘기도 언니에게 질세라 열심
이다.

어찌된 영문인지 당당한 태도와는 달리 눈물이 많다. 기가 너무 고와서이다. 뭔가 아니다 싶으면 말하기에 앞서 금세 눈시울이 붉어지고 구슬 같은 눈물을 방울방울 쏟아낸다. 간신히 달래서 말을 시켜보면 앞뒤가 딱 맞게 시시비비를 가리고 억울함을 호소한다. 그런가 하면 아빠의 관심을 끌기 위해서 불쌍한 척 연기도 잘 한다.

미동이는 천사의 마음을 지녔다. 누군가가 궁지에 몰려 있다 싶으면 지나치지 않는 의협심이 있다. 식탁에 부닐며 꼬리 치는 렉스를 아빠가 저리가라 야단치면 불쌍하다며 말린다. 좋은 것을 나누는 아량도 있다. 장난감 조각을 꿰어 예쁜 목걸이를 만들어 내게 선물해 준다. 다섯 살도 되기 전에 맛있는 반찬이다 싶으면 슬그머니 내 밥숟가락 위에 얹어 주어서 나를 감동케 했다. 그 후로도 식탁 내 옆자리에 앉아 맛있는 것을 챙겨준다.

미동이 일곱 살에 든 이른 봄 어느 날, 아직 손시려운 날씨인데도 내가 병원에 다녀와 보니 미처 내가 치우지 못해서 마당에 널려 있는 렉스 배설물을 싹 치워 놓았다. 렉스가 실례해 놓은 것을 내가 '지뢰'라며 밟을까 봐 조심시켰더니 어린 것이 궁리를 한 것 같다. 내가 깜짝 놀라 "어떻게 이런 일 할 생각 했니?"하니까 "할머니가 치우려면 허리 아프시잖아요."란다. "아이구~ 내 똥강아지!!" 가슴 속이 찌릿해지는 감동에 행복을 느꼈다.

미동이가 올해 초등학생이 되어 축하와 선물을 많이 받았다.

학교에 대해 긴장하고 있었던 듯 첫날 다녀오더니 "별 것 아니네. 뭐"라며 씩 웃었다. 학교생활이 항상 즐겁고 학업이 순조롭기를 빈다.

셋째가 태어났다. 아들 내외가 예정한 것은 아니지만 생긴 아이이니 낳기로 합의했단다. 행여 내가 아들이기를 바라는 것은 아닐까 내 눈치를 살피는 기색이다. 말끝에 "이왕 갖은 아이, 좀 알아보지 그래"라고 넌지시 운을 떼 봐도 "요즘은 불법이래요."라고만 했다. 저희들은 친구 산부인과 의사를 통해 이미 확인하고 있으면서 내게 모른 척 하는 낌새였다. 역시 또 딸이다. 흔연 듯 반길 수 있었던 것은 며느리가 순산한 안도감과 셋째 낳아 애국했다는 만족감이 커서였다. 아들 앞에 "내 아들 같은 아들!" 하나 있기를 은근히 기대 했었다고 후일 고백했다.

이런 서운함을 씻어주듯 이 셋째가 자라면서 어찌나 똘똘한지! 게다가 어느 곳 하나 군데 없이 눈 코 입이 자로 잰 듯 대칭이 정확하고 두상도 공처럼 반듯하게 둥글다. "똥그란 놈일세!"라 했더니 이것이 셋째의 별명 '똥그란 놈'이 되었다.

며느리 볼 때 셋째 딸이면 묻지도 말고 데려오라는 말이 있었다. 똥그란 놈 성장과정을 살펴보니 옛날 어른들은 판단의 기준이 확실하고 참으로 현명했었다. 언니들 사이에서 어울리며 자라서인지 지능 발달이 매우 빠르다. 언니들 틈에서 얻어듣고 보는 모든 것이 경험이고 교육이 되어 어른과의 대화에서도 논리가 통한다. 뿐만이 아니다. 기분 좋을 때는 까치발로 사푼사푼 리듬 타며 걷다가도 삐졌다 하면 발걸음에 타박타박 소리를 내어 자기 기분을 '알아 모셔'라고 주위에 확실 하게 알린다.

그림물감을 선물로 받은 어느 날 4방 50cm크기 종이에 풍선을 들고 있는 아빠 엄마 그림을 그렸다. 앙증맞은 분홍색 창문이 있는 아담한 집도 있고 그 위에 커다란 달과 작은 별도 있다. 놀란 것은 아예 아빠의 눈을 하트형으로 그려 놓고 아빠 엄마 젊은 날의 사랑이 싹 트는 것이라며 두 개의 구름 속에 눈 코 입을 그려 하나의 그림 속에 과거와 현재를 담았다. 물감이 마르기도 전에 내게 들고 와서 동화 이야기 엮어내는 듯 한 해설을 한다. 그림솜씨에 이야기꾼 소질도 다분하다. "아이쿠! 그림 속에 시차를 두다니! 피카소가 울고 가겠네." 이후 '똥그란 놈' 대신에 '화가'가 새 별명이 되었다.

동물 사랑도 남달라서 세 자매 중 Rex와 가장 친하다. 개와 나란히 누워 깊은 잠에 빠진 모습은 천진난만 그 자체다.
오늘 저녁 막 자리에 들려는데 카톡 문자가 왔다. 애미가 망고 3개를 사왔는데 화가 녀석이 내일 불광동 가서 할머니랑 먹어야 한다고 우겨서 그러기로 했단다. 고놈 참으로 기특하다. 2012년 12월생 아이의 2017년 2월의 이야기다. 기쁨은 행복을 낳고 쌓인 행복이 내 삶의 원동력이 된다.

　벌써 오래전부터 많은 독거노인들이 우울증에 시달리다가 치매에 걸려 비참한 종말에 이른다는 뉴스가 이어지고 있다. 나도 자칫 울적 해질 때가 있다. 그러나 종이 한 장 넘기듯 가볍게 생각을 달리하면 나처럼 복 많은 이도 없을 것 같다. 손녀들 예쁘게 잘 자라는 모습을 떠올리면 절로 웃음이 피어오른다. 쪼고만 화가 놈이 말 재주가 늘어 할머니랑 '밀당'하는 장면을 생각하면 아무리 멋쩍어도 혼자서 폭소를 터트리지 않을 수 없다.

　며느리가 첫째를 낳고 전업주부로 들어앉을 때 적극 찬성하였다. 직장에서 받는 봉급으로 가정부를 고용하는 것까지는 좋은데 어미 사랑 받아야할 아기에게는 몹쓸 짓이기 때문이었다. 대신에 내외간 안팎 분업을 잘하고 남편은 가장으로서 경제적 책임을 중히 여겨라 일렀다. 아들은 자기 아버지와 달리 매우 가정적이고 자상한 남편이고 아빠이다. 며느리는 요리를 잘하려 노력하고 뜨개질을 열심히 해서 세 아이들을 치장시킨다. 불광동 내 집에 오면 청소 설거지를 돕는다. 발전 지향적 긍정 마인드를 발휘하는 애미가 믿음직하게 느껴지면서부터 나는 아무런 걱정거리가 없어진 것 같다.

　아들은 아침 8시 15분이면 문안전화를 한다. 내 몸도 이 시간에 잠이 깨는 습성이 생겼다. 퇴근길에 또 전화해서 하루 일과를 보고한다. 나는 겉보기만 독거노인이다.

　남들은 내가 엔도르핀 제조기를 여럿 가졌다고 부러워한다. 이 새로운 가족 모두가 나의 아들딸과 같은 金枝玉葉금지옥엽이고 내게 행복을 심어주는 천사들이다.

2017. 04. 08.　吳 宣 姃

어미 마음, 아빠 마음

　세상에서 가장 보기 좋은 것이 내 논귀에 물들어 가는 것과 내 자식 입에 밥 들어가는 것이란 말이 있었다. 옛날 灌漑관개가 발달되지 않은 시절 하늘만 바라보고 비 오기만 기다려야하는 天水畓천수답 농사 지을 때의 농민 심정을 잘 표현하고 있고 자식 배 골리지 않는 것을 가장 행복하게 여기던 때의 전설 같은 이야기이다. 잘 살게 된 지금도 자식 배불리 먹이고 싶은 부모 마음은 달라지지 않았다고 믿는다.

　독거노인 문제가 사회적 관심사로 떠오른 지도 벌서 오래지만 나는 외관상으로만 독거노인이고 현실은 아들내외의 알뜰한 보살핌 속에 산다. 그들은 주말마다 손녀들 데리고 와서 이것저것 집안 관리를 해준다. 하루는 보일러 누수 때문에 정전이 되었다. 밖은 이미 어둡고 한전에서는 집안 사고는 수용자가 직접 처리하라며 외면한다. 아들이 근무를 마치고 서둘러 달려와서 손 보고 나서 다시 밝은 세상이 되었다.

나는 지하에 있는 보일러실을 오르내리며 땀을 뻘뻘 흘리는 아들 모습이 안쓰러워 저녁 먹고 가라 했다. 전기밥솥에 따끈한 밥이 있고 냉장고를 열면 먹을 만한 반찬이 많이 있지만 시간 없다 핑계 대고 중국집에서 팔보채와 삼선짜장면을 배달시켰다. 손녀들이 좋아해서 가끔 팔보채를 주문해서 먹는데 큰 접시 요리가 와도 아이들 셋 먹이다 보면 내 아들은 먹을 것이 없다. 오늘은 마음 편히 맛있게 많이 먹게 해줘야지 하는 것이 어미 된 나의 속마음이었는데 아들은 젓가락을 들자마자 아이들이 함께 있으면 잘 먹을텐데… 라고 아쉬움을 나타낸다. 저희들은 외식을 자주하는 편이고 가끔은 비싼 요리도 잘 먹는데 그래도 이 저녁식사를 앞에 두고 아이들이 마음에 걸려하는 아들의 모습을 보고 '저것이 아빠의 마음'이구나 하는 생각이 새삼 들었다. "엄마 마음은 몰라주고…"하는 야속한 생각도 잠시 들었으나 이내 '이런 아빠마음'이 있어서 인류가 멸종되지 않고 면면히 역사를 이어오는 원동력이었겠구나 하고 마음의 평정을 얻는다. 내 스스로도 손녀들이 입을 오물거리며 먹는 걸 볼 때가 제일 행복한 것을!!!

인간에게 내리사랑이 없다면 세상이 진실로 삭막할 것 같다. 삼강오륜에서 구태여 부자유친을 강조하지 않아도 天出천출로 인간에게 주어진 것이 내리사랑이라 생각하게 되었다.

2017. 05. 14 吳 宣 娃

不二如來불이여래 모신 인연

　4월 초파일은 불교계의 가장 성스러운 명절이다. 불교 신자는 물론 비신자들도 이 날만은 마음을 경건히 하고 부처님 오신 성탄절을 축하하는 분위기이다. 경향 각지 사찰들은 연등을 밝히고 불자들은 소원을 빈다.

　나도 안면암에는 돌아가신 친정 부모님 영가를 위해서 등을 켜고 과천 포교당에는 망부의 극락왕생을 비는 등과 우리 가족을 위한 소원 등을 달았다. 병고로 인한 칩거 끝에 실로 오랜만에 포교당 법회에 참석하였다. 석지명 큰스님의 법문 중에 '병고 없기를 바라지 말라'는 말씀에 합장 하였다. 생로병사는 누구에게나 지워진 고행 과정이라고 받아들인다.

　우연한 기회에 안면암에 딸과 아들을 위한 탑을 세우고 또 우연한 인연으로 그들 남매 탑 앞에 불이여래 부처님을 모시게 되었다. 스님께서 신임하시는 佛母 김 사장의 石工석공 작업실을 찾아갔을 때 별 감흥이 없었고 스님께서 부처님 상호에 대한 의견을 말씀하셔도 무식한 탓으로 특별한 관심을 두지 않았다.

　마침내 불기 2554 庚寅년 음력 4월 25 戊子일, 안면암에 불이여래 부처님을 모시게 되었다. 며칠 전에 철근과 시멘트로 다져 놓은 바탕 위에 각각 돌 基壇기단이 놓이고 연꽃 좌대가 오르고 나서 그 위에 부처님이 모셔졌다. 파란 하늘을 배경으로 우뚝 솟은 부처님을 바라보는 순간 눈물이 솟고 그 성스러운 모습에 가슴이 뜨거워졌다.

　석지명 큰스님께서 삶과 죽음, 시작과 끝, 앎과 무지, 부처와 중생, 밤과 낮, 원인과 결과 등이 둘이 아니며, 석가모니 가르침의 기본이 不二불이라 하시며 새로 모신 부처님의 尊號존호를 〈不二如來불이여래〉라 하셨다.

　뿐만 아니라 큰스님께서는 無知하고 無智한 내게 普賢菩薩보현보살의 十種大願십종대원을 행할 수 있는 지혜를 내려 주셔서 나는 이를 글로 써서 伏藏복장하였다.

　이제 〈불이여래〉는 나만의 부처님이 아니다. 이 거룩하신 부처님 앞에 많은 중생이 기도하며 위로받고 깨달음 얻고 성불하기를 두 손 모아 기도한다.

2010. 09. 24. 吳 宣 娃

질경이도 꽃을 피운다

선택의 여지가 없었다.

1973년 5월 16일. 불광동 집에 이삿짐과 함께 도착하였다. 이삿짐이래야 남편의 책들이 태반이고 가족들의 옷가지와 침구 그리고 부엌살림 정도였다.

강원도 대지주의 둘째 아들로 태어난 남편은 초등학교 고학년이 될 때까지 돈을 사용한 적이 없었다 한다. 늙은 집사가 항상 뒤따라 다니며 그가 가게에 들어가서 필요한 것 집어 들면 즉시 돈을 지불하곤 했다. 그래서인지 남편은 돈 관념이 희박했고 理財이재에는 전혀 관심이 없었다. 제자들이 보증서 달라 하면 거절하는 일이 없었고 문서 작성에 도장이 필요하면 도장방에 가서 새로 파서 쓰라고 하였다. 서울 법대 출신이라는 것이 기록에 없었다면 절대로 믿을 수 없었다. 필연이랄까 드디어 집에 압류가 들어오고 빨강 딱지가 붙었다. 신혼 첫 살림을 꾸렸던 흑석동 언덕 450평대지 위의 3층 벽돌집이 남의 것이 되었다.

돈 한 푼 손에 든 것 없이 하늘만 쳐다보는데 남편의 학교 선배라는 고리대금업자가 곧 경매로 넘어갈 집이지만 우선 비바람은 피하라고 이사할 집을 소개했다. 이삿짐을 미처 다 풀기도 전에 법원 경매가 행해진다는 통지서를 받았다. 이제 더 물러설 자리가 없었다. 대법원 통역사 시절 총무과에 함께 일한 동료 김OO 씨가 지방법원 신청과에 있다기에 염치불구하고 찾아갔다. 남편이 근무하는 대학에서 발행해 준 자기앞 수표 한도 안에서 합법적 경매절차에 따라 하자 없이 내가 사는 집을 낙찰 받았다. 천신만고 끝에 빚도 다 갚고 1980년에는 납작한 낡은 집을 헐고 48평 2층 기와집을 새로 짓고 마당에 잔디를 깔고 나무도 심었다.

눈물을 뿌리며 들어온 이 동네는 집집마다 빨강 넝쿨장미가 만발하고 Peace란 이름의 노란 장미가 흐드러지게 피어 있어서 이들이 위로가 되었다. 양식 있는 중산층이 살고 있어서 마을은 조용하고 큰길 건너 대조동에는 전통시장이 크게 자리 잡고 있어서 우리가 살기에는 안성맞춤 이었다.

노태우 대통령의 서울 200만호 건설 공약에 따라 이 동네가 다세대 주택촌으로 변해갔다. 좋은 이웃은 하나 둘 떠나기 시작했다. 모두 강남으로 이사하면서 함께 가자고 했다. 나는 아이들 교육상 학교를 옮기는 것은 좋지 않다고 생각해서 눌러 앉았다.

지하철 3호선이 개통하고 한참 후 6호선이 건설되고 서로 교차하게 되자 이 동네에 재개발 붐이 일고 이에 따라 유리한 보상을 노린 5층짜리 주택이 즐비하게 들어섰다. 새 집 보상으로 수지 타산이 맞지 않는다며 재개발은 물 건너가 버린 상태에서 인구 밀도만 높아지고 자동차 통행량은 기하급수적으로 증가하였다. 나의 집은 외톨이 단독주택으로 남았고 창틈으로 들어오는 매연과 쌓이는 먼지에 더 이상 살기 어려워졌다. 그러나, 나의 일생 중 반 이상을 이 집과 희로애락을 함께 했으니 이사한다는 것은 생각만 하여도 울적해진다.

강남으로 이사 간 친구들이 아이들을 좋은 대학에 진학 시키려면 8학군에 이사 와야 한다고 성화를 할 무렵에는 남편의 해직으로 인하여 나는 또 다시 큰 시련 속에 잠겼었다. 내가 가장 역할을 해야 해서 교수직을 얻어 청주로 가서 밤을 낮 삼아 강의 준비에 골몰하게 되었다. 교수직 첫 해의 어려움은 수도승의 고행 같았다.

고3 때 교통사고로 생사의 문턱을 함께 드나들던 자매 같은 평생 친구가 나의 삶을 돌아보며 "너는 질경이 같다."고 했다. 노변에서 숱한 발길에 밟혀도 죽지 않고 살아나는 강인함이 내게서 느껴진다고 했다.

질경이는 잎은 마냥 밟혀도 꽃대는 훤칠하게 쭉 뻗어 올라 작지만 야무진 꽃들을 피운다.

잘 자라 준 나의 아들 딸은 질경이가 피워낸 꽃과 같다. 내 인생 보람은 오로지 아들 딸이 존재함이다.

2016. 05. 16. 吳 宣 姓

告解聖事 고해성사

한낮에도 별을 헤아리는 것은
절대 암흑은 없다고 가르친
빈 하늘이 자비를 품고 있기 때문입니다.

그의 미소가 고마운 것은
두어 보름 지나면 시들지라도
마음의 양식이 되어주기 때문입니다.

추위에 떨어도 서럽지 않은 것은
먼지 하나 일으키지 않고 스쳐가는
향기로운 바람결이 훈훈하기 때문입니다.

다가갈수록 더욱 그리워지는 것은
五慾오욕을 물리친 磨崖佛마애불이어도
물씬 풍기는 채취가 너무도 인간적이기 때문입니다.

아스라히 멀어져가는 추억마저 아름다운 것은
물 항아리에 잠긴 달을 건져다가
잔잔한 밤바다 금빛파도 위에 띄워주셨기 때문입니다.

이승을 하직할 관문이 저만치 다가와도
살아있음이 귀한 것은
아직 그를 思慕사모할 시간이 남아있기 때문입니다.

끝은 또 다른 시작이라 하셨나요
백팔 염주 굴리는
黎明여명에 새 문을 열어둡니다

오늘도 佛恩이 기다려지는 나그네
六度육도 輪廻윤회를 넘은
그대 무량수 비는 보람으로 삽니다.

諸行無常 제행무상

미풍 따라 다가온 화사한 날개 짓
나를 소중히 여긴다 뜨겁게 속삭일 때
오월 청보리 이랑 일렁이듯 나부꼈다.

빨간 단풍잎 흩날리는 오후
마주 놓은 찻잔에
비취색 향 외가닥으로 피어오르고

늦가을 이슥한 밤 무서리에
이슬 맺힌 거미줄 고운 숨결조차 힘에 겨워
메아리마저 삼켜버린 저 彼岸 피안

칼바람 비명 지르며 휘몰아치는 벌판
석양의 긴 그림자는 갈 곳 없어 헤매는데
그대 어느 숲에 몸져 누웠는가

번뇌를 놓으세요

무엇이 당신의 마음을 그리 흔들어놓는지
무엇이 당신을 아련한 그리움으로 몰아가는지
무엇이 당신을 끝 간 데 없는 고뇌로 괴롭히는지

부처님께서 네 자신이 부처라고 하셨는데
부처님은 어디다 버리고
세상만사 번뇌를 다 짊어지고 사시는지

하늘은 제멋대로 눈비를 내리고
바람은 제멋대로 봄바람 불러오고
계절은 제멋대로 꽃을 피우는데

티 없이 솟아나는 맑은 마음으로
그냥 마음 닿는 대로 하세요
그냥 마음 가는대로 걸어가세요.

번뇌를 놓으세요
부처님 손이
그대 손을 꼬옥 잡아 주실 거여요

5부
자유 평등 평화를 향하여

과거는 바꿀 수 없어도 미래는 바꿀 수 있다.

글 쓰고 싶은 마음, 잠들지 않는 숲

20여 년 전의 어느 날, 문득 '正直정직은 나의 自由를 보장해 주고 慈悲자비는 내 마음에 平和를 심어준다'는 생각이 들었다. 이 작은 깨달음은 내 생활 속에 숨 쉬고 있어서 지나간 일들을 글로 쓰는 과정에서 아픈 기억까지도 솔직하게 쓸 수 있는 智慧지혜의 根源근원이 되어주고 있다.

특히 自傳的 隨想集 〈나는 어디쯤에 있는가〉를 쓸 때에는 아버지가 작은 카드에 親筆친필로 써 주신 엘리노아 루즈벨트 여사의 말에 힘을 입었다. "Do what you think is right. If you would not be ashamed to tell those you love what you have done and why, you need not worry about criticism from others." 아버지의 깊은 뜻이 담긴 이 빛 바랜 카드는 淡淡담담한 마음으로 글을 쓸 수 있게 해 주는 힘이 되었고 아버지의 큰 遺産으로 남아 해마다 새 수첩에 옮겨가며 간직하고 있다.

아버지는 가세가 기운 양반 집안의 맏아들로 태어나서 성장

> "Do what you think is right. If you would not be ashamed to tell those you love what you have done and why, you need not worry about criticism from others." creed of Eleanor Roosevelt

그리운 아버지의 친필

과정에서 고생 많이 하셨다. 스무 살에 동경으로 유학 가셔서 첫 발에 노동으로 생활비와 학비를 벌어야 했고 귀국하신 후에도 지독한 흉년과 사회적 혼란을 겪으셨으나 자녀 교육에 남다른 정성을 쏟으셨다. 새집 지으려 다듬어 둔 목재를 팔아서 나의 중학교 입학금을 마련하여 나의 학업 중단 위기를 넘겨주셨다. 참으로 고마우신 아버지셨다. 아버지가 생존해 계실 때 감사하다는 뜻을 말씀드렸어야 했는데 너무 철없던 나는 이마 위에 서리가 내릴 즈음이 되어서야 울먹거린다.

나는 세계 제2차 대전의 戰雲전운이 짙어 가는 시대에 일본에서 태어나 민족 차별을 받으며 초등학교에 다녔다. 祖國光復조국광복을 맞아 귀국하여 1946년의 대흉년으로 끔찍한 굶주림을 경험하였다. 태어나서 십년을 자란 동경과는 전혀 다른 낯선 환경인 첩첩산중 깊은 골짜기 삶에 적응하려 애쓴 어린 시절, 이승만 대통령과 감격을 함께 나눈 대한민국 수립, 6.25 동란으로 인한 同族

相殘동족상잔, 부패해 버린 자유당 정권에 항거하는 4.19 학생 의거에의 동참, 진정으로 민주주의를 실현하려 노력하였으나 무기력에서 헤어나지 못하는 張勉장면 정권을 밀어낸 5.16 군사혁명을 맞이한 청년시절, 민주화를 잉태한 5.18 광주시민 항쟁을 고뇌한 날들, 헌법적 가치 구현을 목표로 性差別성차별 克服극복을 위한 길고 험난한 가족법 개정 운동에의 참여 그리고 후학을 양성하며 刑法學 발전에 미미하지만 기여한 일 등등 절망과 희망이 交叉교차하는 실로 파란만장한 일생을 살았다. 이 삶의 역사들이 나의 뇌리 속에 살아있어서 많은 글들 속에 片鱗편린처럼 남는다.

영양(英陽)중학교 국어 담당 정휘만(鄭輝만) 선생님이 삶의 기록은 매우 귀한 것이라며 일기 쓰기를 권장하셨다. 선생님께서 기록하는 습관을 갖게 해 주신 것은 나에게 일생을 통하여 큰 자산이 되었다. 이 습관은 교수생활을 하는 데에 큰 도움이 되었고 글들을 쓰고 엮는 힘이 되었다.

삶의 모든 여정들이 무성한 숲 속의 요정들처럼 잠들지 않고 반짝이며 글 쓰고 싶은 마음으로 나를 이끌고 있다.

학도호국단 시절의 다짐

1953년, 휴전 협정을 앞두고 대구에서는 피란 온 학생들을 위해 급히 조직한 서울연합고등학교 학생들까지 합세한 대규모 신탁통치 반대 데모가 한창이었다. 데모하러 나갔다가 땀에 흠뻑 젖어 돌아와도 집에는 씻을 물이 없었다. 마을 공동수도 앞에 놓인 긴 물통줄이 늘어져 있어서 언제 차례가 돌아올지 알 수 없고 얌체 새치기로 순서가 바뀌지 않도록 감시도 해야 해서 책을 들고 나가 읽는 날이 이어 졌다. 책에는 건성으로 눈길만 쏟은 채 막연하지만 나라 앞날을 걱정하고 있었다.

대학 2학년 때, 나는 선배들의 추천으로 학도호국단의 말단 간부가 되었고 3학년 때는 단과대학의 호국단 단장으로 선출 되었다. 학도 호국단은 문교부의 학도호국단 조직 요강 〈단체훈련을 통하여 신체를 단련하고 정신을 연마하며 민족의식을 고양함으로서 애국적 단결심을 갖추게 하기 위한〉 목적으로 각 급 학교에 조직된 단체로서 1949년 4월 22일 창설되었다.

1958년, 학도호국단 창립 기념일에 景武臺경무대(현 청와대가 세워진 1990년대 말까지 사용된 대통령 집무실 겸 관저)에서 대학과 고교 학생 호국단 단장들을 초청하였다. 우리는 학도호국단 창립기념식을 마치고 바로 경무대로 갔다.

　사진에서만 보던 이승만 대통령을 직접 뵙는 감회가 컸었다. 오래 전의 일이라 구체적인 말씀은 흐리지만 이승만 대통령은 조국의 의미, 내 나라를 사랑하여야 할 이유, 내 나라 있음의 긍지, 청년학도들의 활동에 거는 기대 등 내용의 줄기만은 확실히 기억하고 있다. 연로하신 이 대통령은 조용히 그러나 힘차게 당신의 사상을 역설하시는데 젊고 순수한 마음에 가슴이 뜨거워지는 대목이 많아 몇 번씩 감동하면서 미래에의 꿈도 싹 틔우게 되었다.

　언론에서 부패한 자유당에 대해 신랄하게 비판하던 시절이었으나 이승만 대통령의 연설을 듣는 사이 내게는 그를 존경하는 마음이 움트고 있었다. 정치적 조직 기반이 없는 것이 그 분의 치명적 약점이었을 것이라 생각하게 되었다. 그 시대적 상황이나 세계정세에 비추어 이승만 대통령은 그렇게 대처할 수밖에 없었을 것이란 생각도 들었다. 지금 생각해도 어찌하여 우리나라 사람들은 훌륭한 조상을 훌륭하다고 인정하기에 인색한 것일까? 아쉽기만 하다.

이 대통령의 '말씀' 외에 나에게 감동을 준 것은 그 분의 학생들을 대하는 태도였다. 꽃샘 추위였을까, 그날 날씨가 꽤 쌀쌀하였다. 차가운 날씨에 코트 호주머니에 손을 넣을 수도 있는데 차가워진 손을 코트 옷자락에 문지르시면서도 손을 호주머니에 넣지 않은 채 꼿꼿하고 단정한 자세로 당신의 말씀을 한 시간 가까이 이어가시는 모습에서 대통령의 위엄을 보는 것 같기도 하고 우리가 존중 받고 있다는 생각이 들기도 하였다. 경무대 현관 앞에서 남녀 따로 따로 단체 기념촬영을 하였다. 돌아 나오면서 나의 인생 헛되이 보내지 않으리라 속으로 다짐하였다.

　이날의 이승만 대통령의 말씀은 분명 내 인생 방향을 제시해 준 명연설이었다. 나는 특별히 이름을 남길만한 업적을 쌓은 것은 없으나 어느 곳에 있던지 사회에 필요한 사람이 되려는 노력만은 평생 놓지 않고 살아왔다. 내가 어릴 때는 인과응보, 권선징악 그리고 위인의 일생을 우러러 보는 교육을 받았다. 세월이 흐르는 사이, 어느 결에 사회는 서로 냉소적으로 바라보는 분위기로 바뀌었고 특히 선거철이 되면 정치지망자들이 남의 성과를 도용하면서도 남을 비난하고 호되게 비판할수록 자기가 똑똑하다는 착각 속에 빠져들고 있는 듯 보인다. 이런 흐름 속에 상호 존경과 신뢰는 사라지고 사회적 분열만 거듭되는 사이에 이승만을 폄훼하는 분위기도 짙어졌다.

시대적 배경과 국제정세 등을 종합적으로 검토 회고해 보면 이승만 박사는 1919년 임시정부를 구성하고 '대한제국'을 '대한민국'으로 체재를 바꾸어 공화정치 기반인 3권 분립 제도를 역사상 처음으로 도입하고 이 해를 '대한민국 元年'으로 6년간 우리 임시정부의 대통령직을 수행한 것부터 시작하여 우리 건국 역사에 미친 이승만의 행적에서 그의 공(功)이 과(過)를 만회하는 점도 있다고 생각하고 있었다. 광복 70주년을 맞아 '국민대통합위원회'는 기념 강연회를 열었다. 강연에 나선 역사학 허동현 교수는 '이승만과 김구는 외교와 무력 투쟁이라는 방법은 달랐지만 독립운동을 함께한 건국의 아버지'라고 평가하고 있다.

이승만 대통령이 死後사후에라도 귀국할 수 있어 동작동 국립묘지에 안장된 것을 매우 다행으로 여긴다.

6.25전쟁이 일어나자 '에치슨 라인-Acheson Line'을 건너 일본 오키나와로 철수했던 미군이 다시 돌아오고 UN군도 들어와서 주둔하였다. 그들이 사회에 미치는 영향이 막강하여 영어는 삶의 필수조건이라 생각하게 되었다. 고교 시절 대구에서 그리고 서울에 와서도 통행금지가 해제되는 첫새벽에 영어학원에 다녔다. 영어 학원 ELI는 미군장교들이 강사로 나와 본바닥 영어를 배우는데 적격이었다. 덕택으로 석사학위를 취득한 직후 법원 공채시험을 통과하여 대법원 법원행정처의 영어통역사가 될 수 있었다. 나의 영어는 미국 물을 먹어보지 않은 소위 自手成家型자수

성가형 영어여서 늘 조심스러웠으나 사법부가 지니는 국가적 공신력이 절대적이어서 이 법원공무원 경력이 나의 일생에 큰 힘이 되었다.

영어를 열심히 공부한 것도 학도호국단 시절의 다짐을 실현하려는 노력의 일환이었다.

이승만 대통령을 경무대로 예방한 학도호국단 대표들. 뒤줄 왼쪽에서 4번째가 오선주

김옥길 선생과 대한여학사협회

제자의 입장에서 본 김옥길(金玉吉) 선생님은 거의 완전무결한 분이었다. 이화여자대학교 제8대 총장직에 오르신 후 임기를 세 번 연임하시면서 이화여대와 나라 발전에 헌신하신 일은 공인되고 있다.

대학에 들어가서 모든 것이 낯설고 새롭기만 했던 시절에 어느 선배가 김옥길 선생님은 항상 하얀 저고리에 검은 치마를 입으시는데 기분 좋으신 날은 분홍 저고리를 입으신다고 귀띔해 주었다. 비가 오나 눈이 오나 치마저고리를 입으신 모습에 묵직한 자존감이 풍기고 있어 반했다. 걸음걸이도 활달하여 보폭이 크고 리듬을 타며 걸으시는 모습이 믿음직스럽고 당당하게 보였다.

그 분이 수천 명이 넘는 학생 이름을 다 외우신다 해서 설마 했었다. 당시 6개 단과대학 중 3개 단과대학이 따로 조를 이루어 격일로 대강당에서 정오 예배를 올리고 있었다. Chapel 시간에는 절대로 빠지면 안 되는 것이 이화의 불문율이다. 校牧교목이 예배를 집전하는 대강당 단상에는 해당 대학교수들이 가득히 앉아 함께 예배를 올린다. 어느 날 김옥길 선생께서 입장하시면서 고개를 왼쪽으로 돌려 장내를 쓰윽 둘러보시더니 "2층 몇 줄 몇 번째 ㅇㅇ학과 아무개, 껌 뱉어요."라고 강당을 울리는 그 굵직한 음성으로 지적 하시는데 당사자는 물론 다른 모두들 놀라지 않은이가 없었다. 김옥길 선생께서 전교생 이름을 모두 외우고 계시다는 소문이 사실로 밝혀지는 순간이었다. 후일 그 대단한 사실에 대해 여쭈었더니 자투리 시간 날 때는 언제나 학생부를 살펴서 얻은 결과라고 하셨다. 학생 하나하나가 교수의 관심 속에 있다고 깨닫게 하는 교육적 효과가 엄청난 것이었다. 후일 내가 교수가 되었을 때 내가 자기 이름을 기억한다는 것을 알게 된 학생들이 용기를 얻어 뜻을 이루기까지 발전한 것은 오로지 김옥길 선생님의 그런 노력과 제자 사랑을 본받은 덕이었다.

1957년 5월, 전국 학도호국단 주최의 학술토론회가 이대 본관 3층 소강당에서 열렸다. 겨우 2학년이 된 나는 겁도 없이 〈UN 안전보장이사회의 거부권〉이라는 거창한 논제를 연구 발표하였다. 긴장했음은 물론이다. 남학생들로 가득 찬 청중석을 바라볼 용기가 없어 눈길을 연신 창밖으로 보냈다. 한 달쯤 지난 어느 날, 교정에서 김옥길 선생님과 마주쳤다. 인사하는 나에게 선생님은 "오삼호(1964년 선주로 개명). 말이 너무 빨랐어요."라 하신다. 학술토론회장에 오셨던 것이 너무 고마웠는데 나의 자신감

부족과 세련되지 못한 매너까지 지적해 주셨다.

그 이듬해 고려대학이 '모의국회를 모범국회로'라고 기세를 올리며 제8회 '아남(亞南)모의국회'를 명동 시공관에서 열었다. 전국의 22개 대학 학생들이 '야당의원'으로 겨루는 장에서 나는 '조세법 개정에 관하여' 실제 현 조세법의 불합리성을 지적하고 개선책을 제시하여 '유진오 총장상'을 받았다. 2등이 장면 총리가 주는 '총리상'이었으니 法大에서 김활란 총장님과 박 마리아 부총장이 참석하는 축하 다과회를 열어주었다. 이 영광은 전적으로 김옥길 선생님의 조언과 가르침 덕이었다.

김옥길 선생께서 회장으로 계시는 대한여학사협회에 선생님 교훈 받는 기회가 많기를 바라는 마음에 가입하였다. 회관이 수유리 쪽에 있어서 당시 교통 사정상 접근성이 그리 좋지 않았다. 매번 회의 시작 시간이 되어도 참석 예정 인원의 10% 안팎의 회원이 시간 안에 오는 것이 보통이었다. 어느 날, 선생님께서 대여섯 명의 회원이 참석한 가운데 회의를 시작하셨다. 〈늦게 오는 다수보다 정시에 온 소수가 존중 되어야 한다〉고 선언하셨다. 시간은 금이고 약속은 지키라고 하는 것이고 이를 지켜야 상호존중이 이루어지는데 고등교육을 받은 자들이 시간 하나 지키지 못한 데서야 우리 사회에 무슨 희망이 있겠는가 라고 一喝일갈하셨다. 그 이후 회원들이 정시에 모이게 되었음은 물론이고 나는 언제 어디서나 선생님의 이 말씀을 유념하였고 대학교수 시절에는 해마다 신입생에게 김옥길 선생의 이 신념을 전했다.

김옥길 선생님은 언제나 제자와의 만남에서 큰 미소로 긴장을 풀어주시고 자유롭게 말할 수 있는 분위기를 유도하신다. 1976년, 일본 여학사협회(大學婦人協會) 국제부에서 3개월간 일본에 체류하며 문화교류를 할 두 사람을 초빙한다는 공고를 냈다. Fellow-ship은 왕복 항공료와 체류비가 포함된 좋은 조건이었다. 여학사협회의 추천장이 필요했다. 추천장을 받으러 김옥길 회장님을 찾아 갔을 때 "좋은 일이 있어?"라며 먼저 말문을 터주셨다.

일본 측에서는 많은 지원자들 가운데서 파리 솔본느에서 형법학 박사학위를 받은 아르헨티나의 Nelida Secreto와 한국의 오선주를 선발했다. 그들은 지원자를 뽑아놓고 보니 각자 서로 지구 중심을 통과해서 직선으로 가면 만나게 되는 지구상 정 반대쪽 사람이라며 우연 치고는 신기하다 했다.

1946년 부모 따라 귀국 이후 30년만의 일본 나들이였다. 일본 측에서 제시하는 프로그램 같은 것은 없고 전적으로 본인 책임 하에 활동하고 체류 활동 보고서와 재정 지출내역서만 제출하라 하였다. 나는 제일 먼저 도서관과 서점들을 돌아다니며 상당량의 서적을 구입했다. 체류 90일 동안 나는 하루도 빼지 않고 크고 작은

동경에서 Nelida Secreto 박사와 오선주

여성 NGO 단체를 방문하여 그들의 관심사와 활동을 알아보고 다녔다.

일본 총리실 직속 〈여성지위향상위원회〉에 여학사 협회의 소개를 받아 옵서버로 참석하였을 때 그들은 나의 신분을 인정하여 발언 기회를 주기도하고 내 의견을 묻기도 하였다. 한편으로 일본 여성 NGO에서 요청하는 강의는 모두 사양하지 않고 수용했다. 일본 동경여대 교수세미나에서는 한국 국회에서 진행 중인 가족법 개정과 관련하여 우리 여성계가 어떤 案을 어떻게 발의하고 어떻게 법 개정에 기여하였는가를 구체적으로 적시 강연하여 많은 공감을 얻었다.

일본 여성지위향상위원회의 목적을 들으니 10년 후에는 남성 쪽에서 역으로 여남 평등을 부르짖게 될 것이란 생각이 들 정도로 광범위한 문제를 파악 정리하고 있는데 놀랐다. 짧은 3개월이었지만 진실로 많은 것을 배울 수 있는 유익한 기회였다.

직경 25cm 가량 되는 무늬가 고운 유럽형 은쟁반을 사서 감사의 뜻을 담아 김옥길 선생님께 귀국 선물로 드렸다. 선생님은 사저로 들고 가시는 대신에 회원 모두가 보도록 여학사협회 사무실 장식장에 전시하여 회원들에게 공인의 태도를 배우게 하셨다.

선생님께서 은퇴 후 문경새재 신선봉 아래 고사리마을에 隱居은거하셨다. 선생님이 그리워 찾아 뵀을 때 손수 가꾸신 풋고추를 한 소쿠리 따주셨다. 감자도 몇 개 넣어 주시며 아이들 쪄주라 하셨다.

김옥길 선생님께서 幽明유명을 달리하신 후에도 나는 가끔 내 삶에 용기를 주신 선생님을 향하여 "선생님! 사랑합니다! 존경합니다!"라고 마음 속 깊은 그리움을 보내곤 한다.

중간집단 리더 양성 프로그램

　결혼과 더불어 대법원 영어통역사 자리에서 물러나 전업 주부로 살게 되었다. 한강이 내려다보이는 흑석동언덕 꼭대기에 있는 일본 금광주가 살던 별장이 남편의 집이었다. 차고가 달린 벽돌 3층 집이 넓다보니 친척들이 많이 드나들었다. 드나드는 식구가 많아 한 달에 쌀 두 가마니가 부족했고 쌀 소비량에 정비례해서 오르는 부식비는 밑 빠진 독에 물 붓기 같았다. 남편 혼자의 월급으로 사는데 엥겔계수가 90도 넘어 숨통이 막힐 지경이었다. 각종 공과금이 밀려 동사무소에 가서 통사정을 하지 않을 수 없는 경우가 비일비재 하였고 요금납부가 밀려 전기가 끊기는 곤욕을 겪기도 했다.

　시숙 내외분이 건재하시고 남편은 차남이지만 둘째 아들 사랑이 대단하신 시어머님을 모시고 살아서 큰집 조카들을 비롯하여 6.25때 남편을 납치당한 큰시누이의 자녀 6남매와 남편이 바람나서 홀로 살게 된 작은시누이의 아이들 다섯 등이 번갈아 드나들어서 우리 집은 매일 장날이고 여인숙 같았다. 성균관대학교를 삼성재단이 인수한 후부터 매달 쌀 한 가마니씩을 보내주는데 그렇게 요긴할 수가 없었다. 우리 내외는 조카들 혼사 등 뒷바라지를 계속하지 않을 수 없었다.

시어머님은 매우 현명하신 분이었으나 며느리 보는 눈은 다르셨다. 아드님 공부 많이 한 것은 대단한 자랑이고 긍지였으나 나의 학력은 인정하려 하지 않으셨다. 내가 대학원 수료할 당시 이화여대 학부생 7천여명에 석사가 단 열 일곱 명이었으니 그 중 한 석사인 나는 사회적으로 귀한 존재였음에도 나를 가부장적 시대의 며느리로만 보셨다.

중앙대학교 정문 앞을 지나가는 흑석동 시장에 내려가서 열대여섯 식구의 열무김치 거리 사들고 꼭대기에 올라온 날 임신인지도 미처 몰랐던 태아를 死産사산했다. 그렇게 많은 사람들이 드나들어도 청소한번 설거지한번 거들어 주는 이가 없었다. 달리 시집살이가 아니었다. 무엇보다도 생활비가 모자라 빚이 쌓여가는 것이 견딜 수 없는 고통이었다. 대지주의 안방마님이셨던 시어머님께서도 내가 다시 수입이 있는 일을 해야 하는 사정만은 부인하지 않으셨다.

개신교 강원룡(姜元龍)목사가 운영하는 크리스천 아카데미에서 '중간집단 리더양성 프로그램'을 연다는 소식을 듣고 참여했다. 강원룡 목사님은 지도층 1%에 99%의 국민이 매달려 사는 현

실이 사회적 불구라 했다. 튼튼한 중간 집단이 있어야 민주주의
가 뿌리 내릴 수 있고 이 집단을 리드할 인재양성이 시급하다고
이 교육의 필요성을 강조하였다. 후일 이화여대 여성학 교수가
된 장필화 선생이 프로그램 진행담당 간사 역을 하고 있었다. 여
성으로는 드물게 고시에 합격한 강기원(姜基遠) 씨가 여기에 동
참했는데 사교춤 강의 시간까지도 열성을 보이고 있어서 눈 여겨
보았었다.

수료하는 날, 지난 허송한 세월이 아까워 눈물이 났다. 무엇보
다도 어려운 살림에 딸을 교육시키느라 애 쓰신 부모님께 죄송하
여 더욱 뜨거운 눈물이 솟았다.

이 교육 과정은 반드시 보람 있는 일을 하리라 새롭게 다짐하
게 하고 다시 사회에 나아가려는 마음의 원동력이 되었다.

민법개정 운동

국민의 재산과 신분에 관한 우리 민법은 1958년에 제정되고 1960년 1월 1일부터 시행되고 있다. 1948년에 제정 공포된 우리 헌법에는 모든 국민은 법 앞에 평등하고 성별에 의하여 차별을 받지 아니한다고 선언하고 있는데 그로부터 10년이 지나 제정된 민법에는 헌법정신이 반영되지 못하였다. 원래 민법은 헌법 이전의 자연 발생적 도덕규범에 뿌리를 두고 있음으로 1960년의 우리 새 민법도 관습법을 존중하는 입장을 취하게 된 것이라고 본다.

1973년 여성계에서는 민법 중 친족 상속법의 불평등 조항을 없애기 위해 〈평등 평화 발전〉이란 대 명분을 세우고 당시 61개 여성단체가 뭉쳐 민법 개정 운동을 시작하였다. 호주제도, 친족 범위, 이혼 배우자의 재산분할청구권 등 10개 항목의 폐기 삭제 신설을 통한 개정 운동이었다. 그 당시 나는 이숙종(李淑鍾)선생께서 회장으로 계시는 여성 단체협의회의 국제친선부장으로 활동하던 시기였다. 법학을 전공한 여성이 드물었던 탓에 여협(女協)

이사회에서 민법 개정 운동본부의 사무총장 직을 나에게 위촉하였다. 그러나 이 일은 불발이 되었다. 이사회 결정이 있는 날 오후 이태영 선생께서 내게 전화를 걸었다. 민법 개정 운동 본부 사무총장 자리를 강력히 원하시며 "네임 벨류도 없고 자가용도 없는 네가 어떻게 감히 큰일을 맡고 나서냐" 등 모욕에 가까운 말로 나의 사임을 요구했다. 나는 즉각 사표를 냈으나 이사회에서는 이를 수용하지 않았다. 그 사무총장 자리는 무산되었다. 나는 효자동 10번지 이숙종 회장 댁을 찾아가서 죄송하다는 말씀을 드리고 女協도 떠났다.

그렇다고 민법 개정운동을 저버린 것은 아니었다. 각 여성단체를 비롯하여 여성동창회 등 강연을 청하는 곳은 시간과 거리를 가리지 않고 가서 민법개정의 정당성 필요성 당위성 등을 역설했다. 금융 노조 여성 간부들의 〈미네르바-Minerva〉같은 모임에서는 강사료를 두둑이 주었고 1박2일을 요하는 연수원 같은 곳에서는 칙사 대접을 받기도 했다. 한편으로는 개인적으로 받는 남성사회의 저항과 인격적 피해도 없지 않았으나 끝까지 노력하였다. 여자로 태어났다는 이유 하나만으로 시집에서 차별 받고 사회에서 불이익을 당하는 억울함이 커서였다.

1989년 개정 민법에서 어느 정도 여성계의 목적이 수용되어 이 운동이 마무리될 즈음 나도 이 일에서 스스로 해방되었다.

매우 보람된 사회운동이었다. 지금은 평등의 의미가 왜곡되는 현상마저 보일 때가 있어 우려되는 바가 없지 않으나 그런 문제는 국민 모두의 양식에 기댈 수밖에 없다.

스승의 은혜는 하늘같아서

"스승의 은혜는 하늘같아서 우러러 볼수록 높아만 지네" 스승의 날 이 노래를 부를 때는 항상 코끝이 시큰해진다. 특히 내 일생을 돌보아 주신 스승 김종원(金鍾源) 선생님 앞에서는 더욱 그렇다. 목이 메이는 때도 있다.

남편이 해직 당하고 내가 가족의 생계를 책임져야할 절박한 상황에서 청주대학교 임용 통지를 받았다. 기쁘고 감사한 마음이야 이루 말할 수 없었지만 강의를 어떻게 해나갈 것인가 하는 또 다른 절박함이 높은 장벽처럼 내 앞에 놓여 있었다. 믿을 사람은 오로지 한 분이었다.

서둘러 김종원 선생님을 찾아뵙고 도움을 청했다. 선생님께서는 '종로 외국 서적'으로 나를 데리고 가서서 일본 호세이(法政)대학 키츠가와 쯔네오(吉川經夫) 교수의 〈형법 총론〉을 사 주셨다. 강의 준비를 위하여 죽기 살기로 통째로 외우다시피 이 책을 읽었다.

청주대학교에서 강의 4학기를 마치고 나니 선생님께서 박사학위 과정을 이수하라 하시고 '罪刑法定主義죄형법정주의'부터 쓰게 하셨다.

김종원 선생님께서는 석사학위 받으신 직후인 1958년 봄 이화여대 시간강사로 오셔서 우리 반 법철학 강의를 해주신 이래 내가 교수생활을 마감한 오늘에 이르기까지 언제 어디서나 경우와 방법을 가리지 않고 소리 없이 나를 보살피시고 나의 길을 인도하여 주셨다. 나의 자전적 수상집〈나는 어디쯤에 있는가. P.P.328~343〉의 〈김종원 선생님과 한국형사법학회〉란 글에 쓴 것처럼 나는 김종원 선생님의 지도가 없었다면 온전히 교수직을 수행할 수 없었을 것이다. 스승 김종원 선생님의 은혜를 진정으로 '하늘과 같다'고 생각하는 까닭이다.

김종원 선생님께서는 華甲화갑을 맞이하실 때쯤에는 이미 한국형사법학회 총무간사를 맡으신 것을 시작으로 40년 가까이 형사법 발전과 후진양성으로 널리 학덕을 베풀고 계셨다.
선생님께서는 대학 행정직에 일 하시는 동안에 세계적인 형법학자인 H. Welzel 교수와 H-H Jescheck 교수에게 명예법학박사학위를 수여하시는 등 학문의 국제적 교류에 힘 쓰셨고 團藤重光, 平野龍一 등 일본의 기라성 같은 형사법 학자와 학술 교류를 하여 우리 법문화 발전에 크게 이바지하셨다. 김종원 선생님의 화갑기념논문집에는 주옥같은 논문 50편이 실렸는데 석학 성시탁(成時鐸), 정성근(鄭盛根) 교수 등 국내 원로학자들을 비롯하여 G. Keiser, H-H Jescheck, A. Eser, 宮澤浩一, 松尾浩也 교수들의 寄稿기고도 있었다. 김종원 선생님께서 국제적으로도 존경 받으시는 분위기가 짙게 풍기고 있어서 나는 진실로 선생님의 제자 된 인연을 황송해 했다.

김종원 교수님께서는 정년퇴임 이후에도 계속 국내외 학계의 연구 특히 뇌 과학 발전과 형법 이론과의 관계를 살피시는 한편으로 선생님의 傘壽산수에 즈음하여 기어이 대작을 내놓으셨다. 선생님의 석사학위 논문 〈형법에 있어서의 목적적 행위론〉, 박사학위 논문 〈금지착오에 관한 연구〉, 〈유기천 교수의 형법각론 상권에 대한 서평〉 〈한국 형법사〉 등 형법 이론과 그 발전 과정 등 42편의 큼직한 논문을 엮으셨다.

처음 논문들이 쓰일 때는 槪念개념 파악이 빠르고 쉬운 한문을 많이 사용하셨으나 한문을 배우지 못한 후학들을 위하여 한글로 옮겨 쓰시는 일에도 엄청난 시간과 정성을 쏟으셨다. 세종대왕께서 한글 창제 하신 그 마음이시다. 우리 형법 발전의 발자취를 후학들을 위해 남기신 김종원 선생님의 업적은 길이 빛날 것이다.

萬人만인의 존경을 받으시는 김종원 선생님의 제자로 살게 된 것은 나에게는 기적 같은 인연이고 하늘이 내린 복이다.

정년퇴임식 날 기념선물 주시는 김종원 선생님과 이를 받는 오선주

    선생님 내외분께서는 나의 정년퇴임을 축하해 주시기 위해 백화점에 직접 가셔서 선물을 사셨다. 도자기라고 믿기지 않을 정도로 꽃잎이 얇고 색상과 모양도 화사한 꽃바구니이다. 내가 런던에 갔을 때, 사려다가 너무 비싸서 돌아섰던 바로 그 도자기 예술품이다. 선생님의 선물이 내가 사려던 것의 10배 정도 더 커서 그 가치를 짐작하기 어렵지 않았다. 이 아름다운 기념품과는 비교도 할 수 없이 보다 더 귀한 것이 선생님께서 나를 평생토록 돌보아 주신 은혜이다. 내가 '허리 굽혀' 선물 받는 사진 속 저 모습이 필생의 날까지 감사 올려도 모자랄 내 마음을 상징하고 있다.

東泉 金鍾源 선생님의 古稀고희가 다가와도 나는 은사님께 드릴 것이 없다. 선생님의 평소 이미지를 떠올리며 이름 없는 옛 민화를 본으로 松下虎鵲圖송하호작도를 그렸다. 頌辭송사로는 나의 오랜 느낌 그대로 〈嚴 毅 如 靈 虎 學 德 如 翠 松 엄의여영호 학덕여취송 － 엄격학고 의연한 모습은 신령스런 호랑이 같고, 배움터에서 베푸시는 덕은 늘 푸른 소나무와 같으시다〉고 그림 왼쪽 위에 썼다. 소나무 가지에 앉은 까치는 기쁜 소식을 전하는 길조라 해서 선생님 댁에 항상 기쁜 소식만 이어지기를 비는 마음으로 빼지 않고 그렸다.

　　비록 내 정성을 다하여 그리기는 하였지만 특별히 그림 그리기를 배운봐도 없는 문외한의 어설픈 솜씨로 그린 그림을 선생님께 드리고 나서 내 마음이 편치 않았었다.
　　십 몇 년이 흐른 오늘 아침 (2017. 04. 30.) KBS-1 TV의 명품진품에 출연하는 고서화 감정 전문가 진동만 선생이 출품된 그림을 평가하면서 "민화는 잘 그렸느냐 못 그렸느냐 보다는 상징성을 중요시 한다."고 했다. "소나무는 長壽장수를 상징하고 호랑이는 辟邪벽사를 뜻한다.'고 해설하는 것을 시청하고 나니 오랜 나의 근심이 조금은 가벼워졌다.

　　은사님의 閤夫人합부인 丁菊子 여사님께도 이 자리를 빌어 아우처럼 돌봐 주신데에 존경과 감사의 뜻을 올린다.

은사 東泉 金鍾源 선생님의 古稀 축하로 그려드린 松下虎鵲圖

존경하는 선생님 내외분!
부디 天壽천수 누리시며 해로하시기 축원합니다.

                                        2017년 5월 吳 宣 娃

한국여성유권자연맹

1973년 가을이었다. 이화여대 사회학과 이효재(李效再) 선생께서 "여성 NGO에서 일할 생각이 없겠니?"라며 한국여성유권자연맹에 나를 추천해 주셨다. 이효재 선생님과는 대학 2학년 때, 그 분이 〈농촌가족 실태 조사 연구〉 모델로 희망하시는 '농촌에, 기와집 많고, 옛 전통이 살아 있는, 집성촌'의 요건을 갖춘 곳이 내 고향이라 여겨 경북 영양의 감천동으로 안내해 드리면서 함께 설문조사에 참여한 이후 오랜 인연이 이어지고 있었다.

한국여성유권자연맹(이하 연맹)은 김미희, 김정례, 이범준, 이태영, 최이권, 황신덕 선생 등 여성계 지도자들이 모여 〈올바른 주권행사로 새 시대의 여성상을 부각시켜 민주 발전을 이룩하자〉는 취지로 1969년 6월 12일에 창립된 단체이다. 연맹은 자유 평등 평화 번영을 위하여 정당 정파를 넘어 정치적 중립을 지키며 남성전제(男性專制) 인습을 타파하려 노력하였다. 연맹 목적 사업 확장을 위한 회원 증가를 위해 서울시 지부와 그 아래 동대문

지부를 조직 하였다. 각각 회장단만 다르고 회원들은 어느 모임에나 다 같이 어울려 움직이고 있었다. 멀리 전남 광주에는 조아라 선생이 이끄시는 연맹 지부도 결성했었다.

우리 연맹은 1927년에 창설된 미국 여성유권자연맹 American League of Woman Voters-ALWV과 활발한 교류를 하고 있었다. ALWV의 해외교육재단 Overseas Education Fund-OEF에서는 Harvard 대학 사회학과 출신 Miss Karen Smith를 한국으로 파견하여 우리 연맹 회원에게 진정한 자원봉사 정신과 단체 운영 방법을 가르치는데 힘을 쏟고 있었다. 입회 바로 당일 내게 국제교류부장 일이 주어졌고, 교육부장 변문규(卞文圭) 선생이 하던 통역 역할이 내게로 넘어왔다. 대법원 영어 통역사 일을 손 놓은 지 8년이 지났지만 아직 그 느낌은 살아 있어서 즐거운 마음으로 무난히 적응해 나갈 수 있었다.

Karen은 그 많은 金 씨들 이름을 분간할 수 없어 자기 나름 방법을 만들었다. 화사한 사람은 Mrs. Kim B - (beautiful), 서울시 위원장은 Mrs. Kim S-(Seoul City), 그런 식이었다. 걸작은 중앙연맹 김정례(金正禮) 위원장을 Mrs. Kim G-(great)라고 한 것이다. 당시 김정례 위원장은 소신이 뚜렷하고 한번 들은 이야기가 옳다고 생각하면 그 이야기를 제3자에게 옮길 때는 이미 당신의 철학으로 변하여 열변을 토하는 당찬 성품을 지니고 있어서

이 표현은 그런 이미지에 딱 맞았다.

　Karen이 와서 교육을 시작하면 보통 1주일 그리고 지방 나들이 등이 있을 때는 열흘 넘기는 때도 있다. 김정례 위원장은 말을 시작하면 통역인의 사정은 아랑곳 않고 5분도 넘게 아예 연설을 하기도 하고 같은 말을 강조하고 싶어 되풀이하는 경향도 있었다. 나는 실감나게 통역하려 노력하였고 분개하는 대목에서는 나도 분개하는 억양을 쓰고 강조하는 대목에서 나도 힘주어 말했다. 김 위원장은 자신은 영어를 몰라도 듣는 쪽 반응과 이어지는 질문만으로도 제대로 통역이 이루어지고 있는가를 감지하는 판단력을 지니고 있었다. 식사시간에도 통역을 면할 수 없어 양쪽 말을 전하다 보면 식사는 끝나고 나도 따라 일어서야 했다. 생리작용으로 자리를 뜨는 일이 없기 위해 물 마시는 일도 삼가다보니 일주일 사이에 체중이 쑥 빠지는 것은 보통 예사였다.

　미 국무부 아태 담당 차관보가 우리 연맹을 방문하여 기자회견할 때는 사전에 그의 이력을 확인하고 무엇이 화제로 오를 것인지도 연구하면서 사용될 것이 예견되는 어휘 연구도 했었다. 성공적인 통역을 해서 안도했었다. 그녀의 연맹 방문을 다른 단체들이 크게 부러워했다. 일본의 여성계 代母대모로 존경 받으며 革新界혁신계 정치가이자 여성 정계 진출의 물꼬를 튼 이치가와 후사에 (市川房枝) 여사의 방문이 있었을 때, 윤보선 대통령 부인 공덕귀

(孔德貴) 여사가 와서 환영사를 하고 이어지는 이치가와 여사의 강연은 내가 통역하였다. 백발의 이치가와 여사는 대의정치에서는 각 의회를 구성할 때, '나가고 싶은 사람보다 내보내고 싶은 사람'을 뽑아야 한다고 역설했다. 감명 깊이 들은 그 분의 이 철학이 이 나라에도 뿌리 내리기를 원한다.

외국 VIP를 맞이하는 자리에서 나는 우리 연맹뿐만 아니라 나라 이미지도 살리고 김정례 위원장을 빛내 드리려 최대한 노력하였다.

김정례 위원장을 받들어드려야겠다고 생각한 것은 첫 대면에서였다. 그분 자택 작은 응접실 벽에 방 크기에 어울리지 않는 크기의 액자가 걸렸는데 김정례 위원장이 '청산리 전투'의 영웅 철기 이범석(鐵驥 李範奭) 장군을 존경하고 있음을 느끼게 하였다. 얼마 지나 김 위원장이 이범석 장군이 주도한 '조선민족청년단' 출신이란 사실을 알게 되었다. 당당한 태도와 달변은 '족청' 시절에 몸에 익힌 것일까. 그는 처음 만난 나를 앞에 두고 당신 소개부터 세상사 보는 생각까지 두 시간 넘게 열변을 뿜어냈다. 그의 생각에 단박에 반해서 함께 일할 생각이 굳어졌다.

김정례 위원장은 사교 범위가 매우 넓었다. 우리 집에도 자주 와서 밤이 이슥할 때까지 탁 교수와 이야기를 나누었다. 나는 대개 저녁식사 준비도하고 차 나르기도 해서 일관 된 이야기는 들을 수 없었지만 김 위원장은 자기 뜻을 강조할 때면 방석을 끌어 다가앉으며 탁 교수의 무릎을 치기도하고 흔들기도 하였다. 친밀의 표시이기도 하고 공감을 얻어내려는 제스처이기도 하였다. 다음 날 열린 연맹 회의에서 어젯밤 늦게까지 탁 교수로부터 들은 이야기가 김 위원장의 입을 통해 거침없이 자기 소신으로 터져 나오는 것을 보았다. 그 대단한 흡수력과 이해력 그리고 그것을 재구성해내는 능력과 자신감에 놀라지 않을 수 없었다.

김 위원장의 강력한 멘토는 김철(金哲) 선생이었던 것 같다. 김철 선생이 하는 이야기는 자리만 달리해도 금방 김 위원장의 소신이 되었다. 후일 들은 바로 김 위원장은 국민학교를 마친 것이 현대 교육의 전부라는데 남의 말을 자기 생각으로 흡수하고 열변으로 토해내는 이 기막힌 재주는 타고 난 것이라 믿게 되었다. 어쩌다 가방 끈이 짧은 것이 노출되는 경우도 있었다. 대화 중에 자주 듣는 영어 'Radical'을 말할 때 그 발음이 어려워 '라도칼'이라 하는 것이다. 그래도 그것이 조금도 이상하지 않았던 것은 역시 그의 열정 때문이었을 것이다.

1974년 5월, 미국 본토에서 열리는 OEF 교육에 인도네시아, 태국, 말레이시아 등 동남아 7개국에서 2~3명씩의 대표가 참가하는 3개월 교육프로그램이 열렸다. 우리나라에서는 나와 청년부장 신낙균 씨가 참석했다. 워싱톤 DC에서는 주로 이론 강의였고 이때 풀뿌리 민초-grass roots가 민주주의의 초석임을 다시 확인하였다. 자원봉사 단체는 1달러 회원이 주축이 되어야하는 까닭은 한사람의 큰 기부를 받으면 그의 의사에 영향을 받기 때문이라 했다. 미국 연맹은 정치적 '엄중중립'을 표방하고 있어서 선거 때도 유권자들의 신뢰도가 높아 민주 공화 양당 대통령 후보를 전국망 TV 무대로 불러내어 토론회-Debate를 열 정도의 탄탄한 기반을 닦고 있었다.

OEF 세미나 마지막 시간에 귀국 후 활동을 묻는 질문서에 나는 근로 여성들의 동일노동 동일 임금의 원칙-Equal pay for equal work를 실현하기 위해 노력하겠다고 계획서를 써냈다. 귀국 후 미국의 Asia Foundation의 재정 후원을 받아 구로 구미 공단 등에서 여성근로자 실태를 조사하고 그 연구 결과의 보고서를 한국여성유권자연맹 이름으로 발간하였다. 미국 OEF는 이를 〈오선주 프로젝트 완성〉이라고 반겼다. 그러나 미국에서 각종 법률까지 제안자의 이름을 붙여 부르는 관습적 사실에 익숙지 못한 분들이 오해하여 오선주가 공로를 혼자 챙겼다고 섭섭해 하는 소리가 들렸다. 이를 이해시키려 애 먹은 기억이 아직도 남아 있고, 기여한 바도 없이 연구 동참자 명단에 자기 이름만이라도 올리려는 사람도 있었던 사실이 기억난다.

유감스럽게도 여기 남기고 싶은 가슴 아픈 이야기가 있다. 내가 김 위원장을 존경하고 사랑하는 마음에 불운이 닥쳤다. 1980년도 코펜하겐에서 열린 여성UN포럼에 참가 중 탁 교수가 행방불명이라 속히 귀국하라는 연락이 주 덴마크 한국 직원을 통해서 내게 전달되었다. 폐회를 이틀 앞두고 김 위원장에게 귀국 사실을 알리고 동행중인 청년부장 신낙균 씨에게 김 위원장 미국행 통역을 부탁했다.

　김 위원장으로서는 미국에 처음 가는 길인데다가 ALWV 고위 인사들과 겨루어 인정받으려는 포부가 서린 기대가 큰 여행이었다. 신낙균 부장은 평소 김 위원장의 긴 연설조 대화에 다소 비판적이었는데 이것이 또 다른 불행의 요소가 되었다. ALWV에서 계획한 여러 면담에서 신 부장의 간단한 통역이 김 위원장으로서는 영 마땅치 않았고 상대의 반응도 기대 이하였다. 이 상황을 痛恨통한으로 안고 귀국한 김 위원장은 주변 인사들에게 책임감 없는 오선주가 내 미국 여행(목적)을 망쳤다고 저주에 가까운 불만을 토로하기 시작했다. 나는 김 위원장 댁에 가서 백배 사과하고 席藁待罪석고대죄라도 하고 싶다고 거듭 용서를 빌었다. 그 분풀이 범위가 얼마나 넓었는지 대림산업의 이재형(李載瀅) 회장도 이 이야기를 들었다. 이 회장님은 나와는 특별한 연이 있었던 분이라 바로 연락이 와서 해명의 기회가 주어졌다.

　이 일에 종지부를 찍은 것은 우리 부부의 친구 천관우 선생이었다. "당신은 남편이 아예 외국에 살고 있으니 별로 느끼지 못하시겠지만 일반 가정부인이 남편의 행방불명을 알고 귀국하지 않을 여자가 어디 있겠는가. 더 길게 말하다 보면 당신 위신에도 마이너스가 될 염려가 없지 않다."고 조언했다 한다. 분풀이는 이로서 끝난 듯 했으나 김정례 위원장의 내게 대한 괘씸죄는 앙금처럼 남았다. 당연한 일로 이해한다.

  탁 교수와 함께 사과하러 갔을 때 김정례 님은 오선주가 예정을 뒤집고 떠나는 이유를 남편이 해직 되었다고 바른대로 말했으면 내가 도와줄 수 있었는데 아무 말 하지 않았다고 원망했다. 내가 덴마크 떠날 때는 남편이 '어디 있는지 모른다'는 사실 밖에 알지 못하였다. 탁 교수가 교수직 사표를 내게 된 것도 그로부터 7~8일 후의 일이었다. 어찌 되었던 그때 도움 받지 못한 것을 후회한 적은 없다.

  그런 파동 속에서도 김 위원장은 가끔씩 나를 자택으로 불렀다. 전에 해오던 대로 그가 미국으로 보내는 편지를 대필하고 받은 편지를 번역해 드리는 것을 비롯하여 연말에는 미국, 일본 등 지인들에게 발송하는 크리스마스카드와 연하장을 쓰느라 나는 11월이면 더욱 바삐 지냈다. 그 분 성격이 통 크다고 알려진 것과는 또 다른 꼼꼼한 면이 있어서 다른 사람 시키기가 마음 놓이지 않아서였다.

  김 위원장이 청주로 여성대회 강연하러 왔을 때였다. 주최 측에서 호텔 예약을 해둔 것을 알면서도 내가 우리 집에 가서 주무시지요라고 말했더니 의외로 흔쾌히 받아들이셨다. 이자숙 비서를 데리고 나의 아파트에서 함께 묵고 아침식사에는 운전기사도 불러 들였다.

김 위원장과 나의 애증 갈등은 이렇게 이어지고 있었다. 그러다가 어느 계기에 내가 마음의 문을 닫게 되었다. 정말 불행한 사건이 아닐 수 없다.

김정례 위원장은 전두환 장군이 정치 일선에 나왔을 때 숯장군과의 면담에서 의기투합하였던 것 같다. 김 위원장은 18년간 온갖 정성을 기울여 이끌어 온 연맹을 떠나 정계에 투신하였다. 김 위원장은 우리 여성 정치사에서 전례가 없었던 여성으로써 국회의원과 장관직을 동시에 수행하는 권력자로 부상하였다. 그의 후임 연맹위원장 이계순 선생을 정무장관직에 추천하는 것을 비롯하여 많은 여성들을 국회 비례대표로 추천하여 국회에 입성시켰다. 이로 인해 김정례 위원장은 出世街道출세가도로 가는 구름다리로 인식되어 정치 지망인 들이 부닐고 연맹위원장이 되려고 애쓰는 분위기가 생겨났다.

가족법학자 배경숙(裵慶淑) 교수는 차분하게 공부하는 연맹의 모습을 보이면서 당시 여성들의 숙원사업인 민법 개정에 관한 연구 논문집 〈家族法 改正의 諸問題 論集—가족법 개정의 제문제 논집〉을 한국여성유권자연맹編편으로 발간하였다. 나는 국제 교류부장을 지낸 경력 때문에 대외 홍보 차원에서 이 책에 〈The Legal Status of Women in the Civil Code of Korea〉라는 영문 글 (P.P. 109~113)을 -10대 개정법안-이라는 부제를 달아 기고했다. 연맹의 업적으로 기록될 논문집이다.

연맹에 정치바람이 불면서 비민주적인 세태에 비판의 소리를 높였던 연맹의 氣槪기개는 사라지고 국가 중대사에 목소리 내는 일도 거의 없어진 것 같다. 김대중 대통령 집권이 시작되면서 여성 단체가 200도 넘게 세 배나 급격히 늘어난 것이 각 NGO의 특색이 희석된 하나의 원인으로 작용했을 수도 있었을 것이다.

돈 안 쓰는 선거문화 창조

한국여성유권자연맹 충북 지부는 회원이 많이 빠져나가 존폐 위기에 처하고 있었다. 2001년, 충북연맹의 지킴이 역을 해 온 김정영(金正永) 부회장과 충북과학대학 학장 이진영(李振榮) 박사가 내 연구실로 찾아와 거의 강제로 나에게 연맹 회장직을 떠맡겼다. 회원도 이름만 걸어 놓은 몇 명뿐이고 재정도 한 푼도 없어 난감하기 그지없었다.

어려서 공부 못한 恨을 안고 육영사업에 성공한 형석학원의 김맹석(金孟錫) 이사장님이 백만 원을 기부해 주셔서 취임식 겸 연맹사업을 〈돈 안 쓰는 선거문화 창조〉에 주목적을 둔다는 행사를 열 수 있었고, 청주의 큰 기업 대신화물운송의 故 오주열(吳周烈) 회장님이 좋은 일에 쓰라며 100만 원을 기부해 주어서 업무를 시작할 수 있었다. 용기를 낼 수게 도와주신 이 두 분께 다시 한 번 감사드린다.

우리 연맹 창설 당시는 행정 정치 경제 문화 모든 것이 중앙집권제도 하에 있어서 NGO도 그런 조직 체제를 갖추고 있었고 우리 연맹도 예외는 아니었다.

내가 충북지부의 회장직을 맡았을 때는 이미 지방자치제가 도입되어 뿌리를 내리고 있었다. 나는 연맹이 발전 하려면 우리 연맹도 지방 분권제도가 이루어 져야한다고 생각하게 되었다. 중앙연맹의 사업계획과 관계없이 나는 우리나라 정치계의 고질적인 병폐를 없애기 위해서 〈돈 안 쓰는 선거문화 창조〉라는 기치를 올리고 이 일에 착수하였다. 국회에서 터져 나오는 각종 비리가 분석 보도되고 있었기에 주저 없이 이 주제를 연맹 활동의 주목적으로 삼았다.

2001년. 오선주(앞 줄 가운데)의 충북연맹 회장 취임식 후 간부들과 기념

나의 〈돈 안 쓰는 선거문화 창조〉에 관하여 관직 임명 지사를 두 번 역임한 후 처음으로 선거를 치루고 다시 충북 지사가 된 이원종(李元鐘) 지사님이 나의 적극 지지자가 되어주었다. 나의 충북연맹 회장 취임식에 民選민선 이원종 지사와 청주지방법원 황인행(黃仁行) 원장을 선거관리위원회 위원장 자격으로 초대했다. 이원종 지사는 명석한 두뇌의 소유자다운 맑은 선거가 우리 사회에 빛을 준다는 요지의 축사로 회원들에게 깊은 공감을 안겨주었고, 황인행 원장은 공명선거 실현과 주권 행사자로서의 의무 차원에서 〈돈 안 쓰는 선거 문화 창조〉의 중요성을 강조해 주셨다.

나의 충북연맹 회장 임기 중에 〈돈 안 쓰는 선거〉의 필요성을 널리 알리려 명강사로 소문 난 충북대학교 정치외교학과의 안성호 교수를 초빙해서 강연회를 열었다. 안 교수는 부패된 정치 현실을 분석 비판하고 유권자의 의식 개조가 깨끗한 정치의 첫걸음이라 하고 아울러 유권자들의 사회단체와 정치에의 참여 의식을 앙양시켜 주었다.

안성호 교수 강연교재 표지

〈돈 안 쓰는 선거문화 창조〉사업은 우리가 낸 세금 낭비 예방이라는 희망이 있어 회원은 물론 많은 유권자들의 절대 지지를 받았다.

이 후, 충북연맹은 충북도의회에서 예산결산심의 등을 할 때는 의회 감시 교육받은 회원들이 나가 모니터링을 하여 납세자의 눈과 귀가 되었다.

앞으로 우리 연맹이 국회를 비롯한 모든 국가기관의 재정운영의 투명성 확보를 위해 노력하기를 바란다. 국민의 세금으로 운영되는 모든 기관이 유권자의 감시를 두려워하는 세상을 우리 유권자들이 만들어야 한다고 믿는다.

자원 낭비 풍조를 개선하려고 나는 또 하나의 목적을 세워 일했다. 유권자 연맹 회장 취임 이전 '충북여협' 이사로 있을 즈음부터 〈식당에서 먹다 남은 음식 싸가기〉 캠페인을 적극적으로 밀어 붙였다. 이 일은 이원종 지사와 청주시장의 적극 지지를 얻어 시내 각 요식업소에 고객의 요구가 있을 때는 언제나 남긴 음식을 싸 갖고 갈 수 있도록 위생적인 적절한 그릇을 만들어 비치토록 한 것이다. 연맹 회원 교육 기회는 물론 다른 모임에서도 다른 강연회에서도 이 일을 주장 하였다. 남은 음식 싸갖고 가는 것을 부끄럽게 여긴 풍조는 가난의 유산이고, 이 음식이 상에 오르기까지 농부의 피땀, 유통업자, 요리사 등등 얼마나 많은 사람들의 노력이 깃들어 있는가를 생각해야한다고 역설했다. 나는 쌀 한 알도 아껴야 한다는 각오로 이 일을 적극 권고하였고 시민들의 호응도 좋았다. 이 일이 지금도 이어지고 있기를 바랄 뿐이다. 자원을 아끼는 것도 애국이라고 믿기 때문이다.

平統평통에 띠운 희망

돌이켜 보니 각종 선거에 유권자로서 투표한 것, 각종 국가기관 위원회에 참여한 것, 시민사회단체 등에서 여럿이 힘을 합하여 의견을 낸 것 등등 직접 간접으로 참정권을 행사할 기회가 많았다.

민주평화통일자문회의- The Advisory on Democratic Peaceful Unification은 대통령의 통일 업무에 관련한 자문에 응하고 범 민족적 의지와 역량을 확인하고 집결하여 대통령에게 건의하는 헌법기관 -Presidential Constitutional Authority이다. 자문회의 위원은 주민이 선출한 지역대표와 정당, 직능단체, 주요 사회단체의 대표 등 대통령 자문에 응할 수 있는 인사들로 구성되는 기구로서 내게는 서울시 회의와 청주시 회의에 각각 한 會期회기씩 참여할 기회가 주어졌었다.

노무현(盧武鉉) 대통령께서 김정일 북한 국방위원장과의 남북

정상회담을 위해 2007년 10월 2일 방북하게 되었다. 대한민국 국가 원수로서는 처음으로 남북 군사분계선(MDL)을 걸어서 넘게 된다는 구체적 소식도 전해졌다.

청주시 평통자문회의가 소집되었다. 대통령 방북에 즈음한 건의사항을 논하는 것이 목적이었다. 당시에 북핵문제가 위협적으로 다가오고 있어서 절대 다수 위원이 북한의 핵 억제를 강화하라는 뜻을 제시하였다.

나는 평소 위원들과 개인적 친분이 없어 공감대 형성의 기회를 갖지 못한 열세 분위기였으나 내 의견을 분명히 밝혔다. 핵문제는 국제원자력기구 –IAEA –International Atomic Energy Agency에 맡기고 보다 더 실현 가능한 작은 일부터 하자고 제안하였다. IAEA는 1953년 미국 D. 아이젠하워 대통령이 발의하고 3년 후 핵물질 저장과 보호, 평화적 사용을 목적으로 80개 국이 調印조인하여 발족한 기구로서 우리나라도 가입 회원국이다. 그 무렵 북핵 현장을 사찰한 IAEA의 엘바라데이(Elbaradei) 사무총장의 활동을 상기시킨 것이 주효하였는지 청주시 자문위원들이 이 기구를 믿어도 좋을 것이라고 의견을 모으게 되었다.

북한 주민들에게 자유 한국의 실상을 알려주고 민족 동질성을 회복하고 통일의 날을 앞당기기 위해 남북 간 편지 교환, 전화 개통 그리고 일반 시민들의 자유 왕래, 이 세 가지를 꼭 이루도록 대통령에게 건의하자고 열성을 다하여 주장하였다. 논쟁 끝에 나의 의견이 채택되었고 이 결과가 청와대에 보고되었다 한다. 나는 이 건의안이 이 남북회담에서 꼭 이루어지기를 기도하는 마음으로 기다렸다.

노무현 대통령 귀환 이후 방북 결과에 관한 성명이 있었으나 나의 건의는 빛을 보지 못한 것 같았다. 물론 남북 간에 서로 수용하기 어려운 사정은 있었을 것이다. 그래도 희망을 걸고 기다리게 된 것은 노 대통령 방북 전부터 북한이 다음 해에 북한이 세계 정상급의 뉴욕 필하모닉 오케스트라를 평양으로 초청하여 수차례 공연하며 적대적 관계에 있던 미국과의 화해 무드를 조성하려 계획하고 있었기 때문이었다.

역사의 수레는 쉬지 않고 전진하고 지도자도 바뀌는데 순수한 민간인의 소망은 구름처럼 바람결에 날아 가버린 것인가? 개혁과 개방을 주도한 소련의 고르바초프 같은 지도자가 북한에 나타나기를 기대하는 것은 허황된 꿈일까? 소련이 지정학적으로 동독을 원했듯이 중국이 북한을 원하니 북한에서 고르바초프 같은 인물이 나오는 것은 어려울 것이다. 역사가 얼마나 더 흘러야 우리는 통일을 이룰 수 있을까.

새들도 날아가고 짐승들도 자유로이 왕래하는데 사람만 못 다니는 남북 군사분계선이 베를린 장벽 허물어지듯 사라질 날이 속히 오기를 오늘도 놓을 수 없는 희망으로 세상에 띄운다.

2010. 03. 05. 吳 宣 娃

국민 주권과 국회의원 당적 변경
- 당적변경 시 의원직도 재신임 물어야

어느 원로 언론인이 그의 칼럼에서 '지난 1년간 한국 사회는 건국 이래 그 유례를 찾을 수 없을 만큼 분열하고 갈등해 왔다'며 '한국 정치는 이대로 4년을 더 갈 수 없다'고 단언하고 있다. 지금 불법선거자금으로 얼룩진 정치계 모습은 국민들의 가슴을 멍들게 하고 경제도 침체 일로에 있다. 2004년 4월 총선을 이 불안에서 벗어날 기회로 삼아야 한다는 결의를 다지게 되는 까닭이다.

우리나라 選擧史上 대선 또는 총선을 앞두고 정계 개편, 政綱

변경, 解黨, 脫黨, 新黨 創立 등 離合集散이합집산이 수없이 반복되어 왔다. 이번에도 민주당은 열린 우리당으로 분당되었고 한나라당은 신구세대 교체론으로 시끄럽다. 우리 정치인들은 정치 이념에 따라 헤쳐 모여 하는 것이 아니라 개인은 議員職 公薦받기 위해서 當選 可能性 있는 지역을 찾아 철새처럼 옮겨 다닌다.

의회민주정치의 선진국 英·美의 양당 정치를 본다. 군소정당도 있을 수 있고 선거에 의해 집권 정당이 바뀔지라도 각 정당은 면면히 이어져 온 전통 속에 그 가치관을 지켜 나간다. 유권자는 입후보자와 그가 속한 정당도 중요 고려 대상으로 삼고 각 정당이 내세우는 公約을 면밀히 분석 파악하고 그리고 투표장으로 간다.

우리 선거 역사에 인물 본위로 투표하는 시대가 있었다. 다행이랄까 작금에 유권자 의식이 발전하면서 정치인을 뽑을 때 그가 속한 정당도 고려하는 경향이 자리 잡게 되었다. 政治意識이 발달한 유권자는 입후보자와의 인적 유대, 청탁, 향응에 관계없이 입후보자의 인품과 그가 속한 정당에 대한 신뢰를 기준으로 마음을 정하고 투표장으로 간다.

나는 현재 〈돈 안 쓰는 선거 문화 창조〉라는 슬로건을 걸고 충북여성유권자연맹에서 일하고 있다. 정치 혼탁 양상에 한 가닥 맑은 물을 흘려보내려는 마음에서다. 정치인들이 선거에 쏟아 붓는 엄청난 돈이 어디서 나오는가? 정치인들은 당선 후 임기 전반기에 그가 뿌린 돈 회수에 골몰하고 후반기에는 다음 선거에 대비해 선거자금을 축적하여야 하는 형편에 내몰린다. 이러한 풍토는 결국 불법정치자금 조성으로 이어지고 이로 인한 정치, 경제, 사회적 부정부패 비리는 깊어만 간다. 이렇게 부정하게 비생산적으로 쓰인 선거자금으로 생긴 경제적 피해 복원 비용을 부담해야 하는 자는 바로 선거철에 정치인에게 손 벌려 돈을 챙긴 유권자에 다름 아니다. 그래서 국민은 최대 피해자로 남는다. 이러한 피해 사실을 밝히고 깨우치고 개선하려고 나는 선관위의 도움을 받으며 열성적으로 〈돈 안 쓰는 선거문화 창조〉를 위해 3년여의 노력을 사회에 쏟았다.

나는 각종 선거에 입후보하는 사람들 중에서 누군가가 상대 입후보자를 비난하고 인신공격을 하는 대신 부정선거자금의 폐해를 유권자에게 호소하는 용기 있는 정치지망생을 보고 싶다. 부패한 정신에서 벗어나지 못하는 유권자가 부패 정치인을 낳는다. 깨끗한 유권자가 미래를 밝힌다. 선거유세 단상에서 이러한 사실을 전하면서 스스로 법정비용 한도 안에서 선거를 치르는 정치인을 우리 대표로 뽑고 싶다. 가까운 미래에 유권자들이 부정 선거자금 사용자를 배척하고 신선하고 양식 있는 정치인에게 표를 던지고 정당을 중시하는 시대가 올 것을 기대한다.

과거 배고팠던 세월에 국밥 한 그릇 향응의 대가로 표를 찍어준 유권자는 '표를 주었으니 밥값 빚은 갚았다'는 생각으로 그 후의 일에 별 신경을 쓰지 않는 시절이 있었다. 그러나 지금 영리하고 현명한 유권자는 국가백년대계를 생각한다. 차 한 잔은커녕 악수 한 번 나누지 못하였을지라도 입후보자와 그가 속한 정당을 믿고 표를 준다. 그리고 그의 임기 내내 그에 대한 기대를 갖는다. 당선자의 의정활동은 물론 그의 개인적 활동에도 관심을 갖는다. 당선자의 정치가로서의 역량과 책임의식에 대하여 관심 갖는 것은 유권자의 권리이자 의무이다.

정당은 의회 민주주의의 존립에 있어서 불가결의 존재이다. 국민의 위임을 받은 의원은 정당이라는 조직을 통해서 의정 활동을 통해서 국민에 대한 정치적 책임을 다 하여야 한다.

우리 정당법에서 〈정당은 국민의 이익을 위하여 책임 있는 정치적 주장이나 정책을 추진하고 공직선거의 후보자를 추천 또는 지지함으로써 국민의 정치적 의사 형성에 참여함을 목적으로 하는 국민의 자발적 조직〉이라고 정당을 정의하고 있다. 또 정당법은 〈국민의 정치적 의사 형성에 참여하는 필요한 조직을 확보하고 정당의 민주적인 조직과 활동을 보장함으로써 민주정치의 건전한 발전에 기여함을 목적으로〉제정되고 있다. 이것은 의회민주주의의 기본 입장을 명시하고 강조하고 있음이다. 우리는 '인물본위'선거에서 '정당본위'선거가 더욱 중시되는 이유를 이 정당법의 정신에서 본다.

여기서 우리는 의원의 당적 변경과 의원직 상실 여부에 관하여 생각해 볼 필요가 있다. 현재 국회의원 비례대표제에 의하면 비례대표 의원이 당적을 이탈. 변경할 때는 의원 자격을 상실하고 있음으로 그 법리의 시비를 접어두고 일단 그 제도에 찬성을 보낸다.

선거에 의하여 의원직을 얻은 지역구 의원이 특별한 법정 사유 없이 당적을 이탈한 경우가 진정한 문제이다.

국민은 국가의 주권자이다. 국회는 국민의 지지를 받아 국민으로부터 민주적 정당성을 부여 받은 국민의 대의기관으로 태어난다. 총선거는 국회의원 한 사람 한 사람을 뽑는 행위임에 틀림없으나 거시적으로 본다면 주권자인 국민이 갖는 국회 구성권의 행사이다. 이 권리의 행사에 의하여 국회 내의 정당 간의 세력분포가 정해진다. 따라서 주권자인 국민이 국회의 정치적 구도를 결정하게 된다. 이 주권자의 표시된 의사는 엄격히 존중되어야 하는데 현실이 그렇지 못하다.

우리 헌법재판소는 〈대의 제도에 있어서 국민과 국회의원은 명령적 위임 관계에 있는 것이 아니라 자유위임관계에 있기 때문에…〉(판례집 10-2, 606면) 라고 판시하여 국회의원에 대한 자유위임관계를 명확히 하고 있다. 그러나 이 자유위임관계는 우리 헌법이 추구하는 가치 질서 내의 정책 결정 활동 안에서만 인정되는 것임을 간과해서는 안 될 것이다. 따라서 우리 헌법의 근본이념과 기본원리에 해당하는 국민주권주의라는 가치를 침해하는 내용에서까지 이 자유위임의 논리가 정당화 될 수는 없다. 즉 민주주의에 의한 선거를 일신상 권력을 얻기 위한 자유경쟁의 형식적 방법으로 이용하거나 공익 목적이 아닌 사리사욕을 위해서 당선 후 당적을 이탈하는 유권자에 대한 배신행위까지 '자유위임' 범주 내에 둘 수는 없는 일이다. 위와 같은 당적 이탈, 변경의 경우 국회의원직을 상실하게 하는 것이 옳다. 이 경우 헌법 이론상으로도 정당화 될 수 있다고 본다.

   사람들은 국회의원이 임기 중 실덕을 하면 다음 선거에서 탈락시키면 된다고 하고 실제로 시민 단체의 낙선운동이 전개되기도 했었다. 이와 같은 소극적 방법보다 당적 이탈자는 의원직도 동시에 반납하도록 법률에 명시하고 재신임을 받도록 법제화되기를 바란다.

   이로써 국민의 국회 構成權구성권이 보장될 것이다. 아울러 국민이 주권자임을 정치인은 명심하게 될 것이다.

(중청포럼 창립기념 정책집. 2004. P.P.37~41)

교수 삶의 起承轉結기승전결

*** 고마우신 아버지

인간만사 塞翁之馬새옹지마란 말이 있다. 대학 졸업 후 첫 번째 지원한 금란여고 교사 채용시험에서 낙방한 것이 대학원으로 진학하는 계기가 되었고 석사과정을 이수한 것이 대학 교수로 가는 길이 되었다.

나의 아버지는 先見之明선견지명이 있는 분이었다고 철들면서 깨닫고 있다. 아버지는 19살에 18살의 여인과 중매결혼을 하셨다. 아버지는 가난을 이기려면 일본의 신식 교육이 필요하다는 아내의 권유를 바로 수용하셨다. 어려서 서당에서 漢文을 배우다가 열네 살에 보통학교를 졸업한 것이 전부인데다가 누구 하나 여비나 학자금을 도와주는 사람이 없어 아내의 혼수 필목과 은비녀 가락지 등 돈 되는 것을 모두 팔아 일본으로 건너가셨다. 보통학교의 교장 선생이 써 준 소개장을 들고 가서 생활비와 학자금 마련을 위해 취직부터 하셨다. 3년여를 그렇게 일하고 일본 말도 익혀서 마침내 무슨 塾(쥬꾸)라는 학교의 야간부에 들어가셨다. 졸업하고 진로를 고민할 무렵 일본에 유학 온 일도 오희병(一島 吳熙秉) 할배를 만나 그 어른의 도움으로 릿교(立敎)대학 청강생으로 籍적을 올리셨는데 학비 부담이 커서 오래 버티지 못하셨다. 아버지는 그렇게 고난의 연속이었던 일본 생활을 조국 해방과 더불어 청산하고 귀국하셨다. 1946년의 끔찍한 흉년에도 자녀를 학교에 보내주신 것은 아버지의 눈물 어린 유학 경험 때문일 것이었다.

내가 대학에 진학할 때 아버지는 학과 선택을 나에게 맡기셨다. 다만, 학문이란 신학 철학 법학 경제학 의학을 뜻하고 기타는 예술이거나 기술이라고 하셨고 신학이나 철학은 여성으로 감당하기 어려울 것이라 조언해 주셨다. 처음 의과대학에 뜻을 두었다. 고3 여름방학에 교통사고로 병원에 입원하여 꼬박 누워 지내는 때 어머니는 나를 간병하는 4개월 동안 의사생활이 너무 힘들고 고달프다고 느껴서 나의 의대 진학을 반대하셨다. 그래서 택한 것이 법학이었다.

*** 법학 하는 재미

Aristoteles는 〈사회있는 곳에 법이있다- Ubi societas, ibi jus〉라는 法諺법언을 남겼다. 영미 권에서도 〈Where here is a society, there is a law〉라 하며 이를 만고불변의 진리로 수용

하고 있다. 대학에 들어가서 이 법언을 배우고 이해하며 법학과에 들어온 것을 다행으로 여기게 되었다.

인류의 역사는 '罪와 罰'의 역사라 할 수 있다. Adam Smith는 사람은 이익을 추구하는 본성이 있다고 하였다. 서로 간 이익을 확보하기 위해 무리수를 두다가 급기야 죄를 짓고 벌을 받게 되는 현상으로 인해 위 法諺이 나오게 되었을 것이다.

형법총론을 읽을 때 기독교 구약 성경의 창세기를 다시 생각하고 재미로 비교해 보았었다. 뱀이 아담과 이브에게 금단의 열매 선악과를 따먹으라고 유혹하고 아담과 이브는 선악과를 따 먹는다. 대노한 하나님이 아담에게는 평생토록 처자식 벌어 먹이는 노역을, 이브에게는 세세토록 출산하는 고통을, 뱀에게는 혀를 갈라 다시 말하지 못하는 답답함을 주었다. 하나님의 "따먹지 말라."는 말씀은 法이고 아담과 이브는 正犯이고, 뱀은 敎唆犯교사범이라 할 수 있다. 돈 벌어 가장 노릇해야 하는 勞役과 출산의 고통, 말 못하게 된 것 등은 형벌이다. 법이 생성되기 전 태초에 이미 인류는 죄와 형벌을 잉태하고 있었다. 이렇게 해석하고 보니 스스로 생각해도 창세기는 상징적으로도 인류 미래를 절묘하게 표현하고 있다.

헌법이 으뜸 법이지만 그 탄생은 국민의 생명과 신분과 재산을 보호하는 형사법 민사법 등이 정비된 이후에 그 법들의 존재를 국가 권력으로 보장하기 위한 것이라는 것 등을 이해하면서 법학 하는 긍지를 느꼈다.

민법 총칙을 가르쳐주신 이영섭(李英燮) 생님께서 '법학은 씹을수록 단맛 나는 오징어'같다고 하신 말씀에 어느 정도 공감할 수 있을 즈음엔 졸업이 눈앞에 와있었다.

*** 梨大는 행운의 요람

내 법학의 요람인 이화여대는 전국 입학 성적순으로 치면 그리 높은 편은 아니었다. 그러나 여성학교라는 오랜 전통이 있어서 여성으로 우수한 학생들이 모여든 학교였다. 남녀 차별이 심하던 시대에 성차별을 겪지 않아서 당당해지는 이점이 있었다. 더구나, 신붓감으로는 이대생 선호도가 높아서 고위 요직에 있는 분들의 안방에는 당연히 이대 출신이 있다 할 정도여서 지금도 동창회의 위력은 막강하다. 졸업하기 바쁘게 결혼하는 풍조 때문이었을까 석사과정에 등록하는 학생이 극소수여서 법과에서는 윤후정 선배를 비롯하여 법학석사가 5손가락 헤아릴 정도여서 나는 희소가치가 있는 한 사람이었다.

은사 이영섭(李英燮) 선생께서 우리 1학년 민법총론 강의에 들어오셔서 절대 인내와 체력을 요하는 고등고시에 도전하기보다는 영어나 독일어 같은 외국어를 해서 학교 선생으로 나가는 것을 고려해 볼만 하다는 조언을 해 주셨다. 그 후 새벽 4시에 통행금지 해제 사이렌이 울리면 바로 신촌 하숙방에서 나와 을지로 입구 ELI에 나갔다. 그렇게 꾸준히 영어 공부한 것이 마침내 빛을 보게 되어 대법원 법원행정처 영어통역사 공채에 합격하였다. 횟수로 5년 일한 이 통역사 경력이 대학교수 채용심사에 플러스로 작용했다는 후문이다.

*** 家長이기 위하여

남편은 원래 내가 대학에 시간강사 나가는 정도로 만족해 주길 기대했었다. 덕성여대에 강의 나가기 5년 되던 해에 그가 해직 교수가 되고 보니 당장 생계가 막막해졌다. 이영섭 선생님 이건호(李建鎬) 교수님 그리고 경제사학자 조기준(趙璣濬) 선생님의 추천과 청주대학교 총장 서리로 계시던 김진목(金振穆) 선생의 도움으로 청주대 법대 교수 로 임용되었다. 강사로 지내다가 갑자기 전임교수가 되고 보니 내가 공부해야 할 영역이 엄청났다. 첫 학기에 형법총론 형사소송법 각 3시간, 형사연습 2시간이 주어지고 주야간 합해서 16시간이 배당되었다. 살인적이다. 밤을 낮 삼아 강의 준비에 매달렸다. 자는 시간은 물론 밥 먹는 시간도 아까웠다.

5월 하순 어느 날 왼쪽 어금니가 바늘로 쿡 찌르는 듯 날카로운 통증을 느꼈다. 며칠 지나도 가라앉지 않고 점점 심해졌으나 치과에 갈 시간이 없어 진통제를 사 먹었다. 무사히 지날 듯 하였다. 2학기 종강하고 본가에 와서 한숨 돌린 기분으로 푹 잤다. 다음 날 아침에 일어나니 눈이 뜨이지 않을 만큼 얼굴이 부었다. 아픈 이가 다 솟아 있었다. 그 날로 서울대 치과에 갔으나 결국 이 3개를 뽑아야 했다.

*** 평생의 배움터

한국형사법학회 세미나에 열심히 참석했다. 전업주부로 머문 7년 세월과 양성평등 발전을 위한 NGO 활동 그리고 법학개론 가르치는 시간강사 일을 하며 보낸 7년 등 14년 세월의 공백을 만회하려면 어떤 곳에서 무엇이든 배워야 했다. 형사법 관련 학회가 微分미분 현상으로 나뉘어 창립되고 학회 발표회 횟수가 많아졌어도 시간 닿는 한 다 참석하였다. 근년에는 각 학회가 積分적분 현상으로 다시 연합해서 효율적 성과를 얻기 위해 큰 세미나를 열고 있었다. 나는 어떤 형태의 세미나든지 배우기 위해 참여했다. 신진학자들이 연구 논문을 발표하고 그 결과를 토론에 붙여 논하는 장이 나에게는 신선한 자극을 주었고 원로 교수님들의 송곳 같은 질문이 있을 때는 나 스스로를 돌아보게 했다.

한국형사법학회는 나에게 평생교육의 장이었다.

*** 한국형사법학의 새로운 地平

나의 부족함을 채우려 애 쓰는 사이 정년이 눈앞에 다가왔다. 제자들이 퇴임 기념 논문집을 준비한다했다. 학계에 아무 공로가 없는 내게 당치않다고 극구 사양했으나 일은 계속되었다. 은사 김종원 선생님과 석학 정성근 선생님의 도우심으로 깊이 있는 연구 논문 51편이 모이고 엮어져 학계에 공헌할 자료로 논문집⟨한국형사법학의 새로운 地平〉이 발간되었다.

퇴임식에는 은사님과 한국형사법학회 전 학회장 여러분과 학계 원로 교수님들이 멀리 청주까지 대거 왕림하셔서 행사는 빛나고 나는 더 없을 영광을 누렸다. 기념 논문집 발간을 위해 애쓰고 남들이 부러워하는 과분한 퇴임식을 마련해 준 제자들과 잊지 못할 행복한 추억을 남겨주신 모든 분들께 다시 한 번 감사드린다.

*** 제자는 인생 동반자

대학생들은 내 삶의 동반자들이었다. 할애비가 세 살 손자한데서 배운다는 속담이 있는데 하물며 20대에 든 청년들에게서 배울 바가 얼마나 많았을까는 많은 말이 필요하지 않다. 그들의 눈빛이나 행동 말 하나하나가 스스로 나를 교수로 다듬어 나가는데 도움이 되었다. 이 학생은 이렇게 저 학생은 저렇게 그들의 인격을 존중하면서 좌절의 슬픔과 발전의 기쁨을 함께 나누었다.

인도의 聖人 Mahatma Gandhi가 지적한 7대 社會惡사회악을 나는 매우 의미 있게 생각하고 있었다. 간디는 비폭력 저항 사상가로 더 많이 알려진 지도자지만 영국 런던에 유학하여 법학을 전공한 변호사로서 인도 사회개혁에 많은 노력을 기울인 인물이다. 그는 원칙 없는 정치, 도덕성 없는 상거래, 노동이 결여된 致富치부. 개성을 존중하지 않는 교육, 인간성이 사라진 과학, 양심 없는 쾌락 그리고 희생 없는 신앙을 개혁 대상인 사회악으로 들고 있다. 어느 것 하나 나에게 교훈이 되지 않는 것이 없다. 그 중에서도 '개성을 존중하지 않는 교육'은 근본문제라 여겼다. 내 앞의 제자들은 모두 법학이라는 틀에 갇혀 있는데 무슨 개성일까 하는 생각을 한 적도 있었다. 제자들 각자의 인간성에서 개성을 찾아 존중하면 된다고 생각하기에 이르렀다. 간디는 나에게 매우 큰 깨달음을 주었고 그의 이념은 학생들과 원만한 관계를 유지하는데도 크게 도움이 되었다.

*** 〈오사모〉는 인생 최고의 훈장

〈오사모〉란 모임이 생겼다. 제자들이 퇴직한 나를 돌보기 위해 '오선주를 사랑 하는 모임'을 만든 것이다. 해마다 스승의 날에 모임을 갖고 묵은 정을 나누며 식사를 하고 노래도 부른다. 우르르 몰려서 1박 2일 나들이도 한다. 경기민요를 잘 부르는 장정숙 사장과 10년이 하루 같은 나의 유일한 여성 박사 제자 권오명 교수와 함께 드라이브하며 대관령 고개를 넘은 기억은 잊을 수 없다.

오사모가 주축이 되어 여러 그룹 제자들이 동참하는 팔순 잔치〈화보 12p~13p〉도 열어 주었다. 이미 중년에 든 제자들이 오사모 모임에서 내게 노래 시켜놓고 (사진) 자기들도 함께 흥겨워하기도 한다. 그들은 여전히 딸처럼 아들처럼 살갑게 나를 거두어준다. 내게 〈오사모〉 이상 아름답고 귀한 인생 勳章훈장은 없다.

사제간에 어울려 노래하다

*** 嬰兒殺害罪영아살해죄와 嬰兒遺棄罪영아유기죄

영아살해죄 형법 제251조와 영아유기죄 형법 제272조를 꼭 폐기하고 싶었다.

1992년 5월 20일, 법무부 장관으로부터 형사법 개정 특별 심의위원회 위원으로 위촉받았을 때 (사진), 비록 이론적 성과를 올리지는 못할지라도 생명의 존엄성에 차별을 두는 형법 위 두 조항을 위헌이라고 심의회에 붙이지 못한 것은 두고두고 유감이다.

이 책 4부의 〈영아살해죄와 어린이 人權 - 형법 제251조 폐지를 주장한다〉에서 내 생각을 밝힌 바와 같이 살인죄를 비롯하여 생명에 관한 죄에서 어떤 이유로라도 존속과 비속 간의 형벌에 輕重경중으로 차별을 두는 것은 違憲위헌이라 아니할 수 없다.

이 위원회 존속 기간이 짧아서 기회조차 얻지 못한 것이 아쉽다.

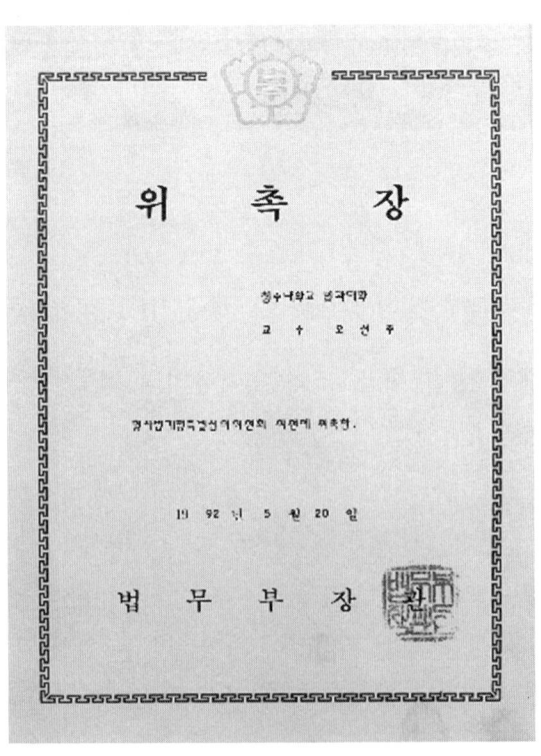

✱✱✱ 일할 수 있는 기쁨

내 나이 만 80세인 2014년 2월에 서울서부지방법원 민사조정위원으로 위촉(위촉장 사진)되었다. 이 나이에도 사회에 봉사할 기회가 주어진 것은 참으로 기쁘다. 대다수의 어르신들이 은퇴하고 있을 나이에 내 전공을 살려서 사법부의 재판 업무에 일조하게 된 것은 나를 긴장하게 하고 책을 읽게 한다. 사건 당사자의 조서기록을 읽으며 세상사 돌아가는 인심을 이해하게 되고 내 작은 능력이나마 아직 쓸모 있다는 자부심을 갖게 한다. 심신양면 건강 유지에도 도움을 주는 고마운 일거리이다. 법정 다툼의 장에 나와 긴장하고 있는 당사자에게 마음의 안정을 줘가며 스스로의 입장을 조용히 되돌아보게 하는 것은 내게도 긍정적인 마음을 갖게 하는 배움의 기회이다.

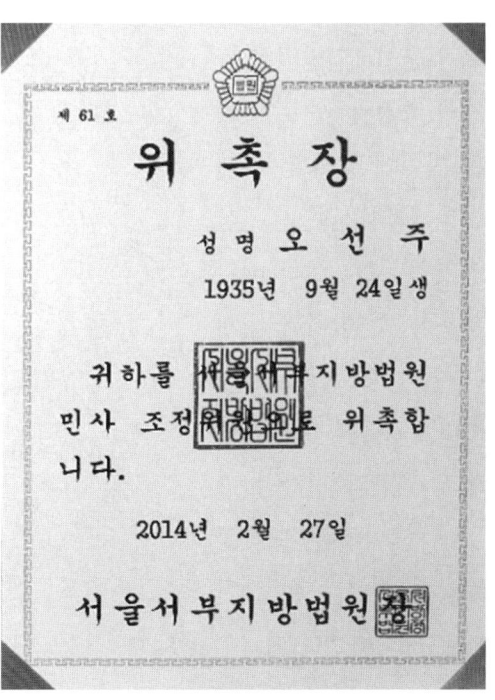

*** 인간을 배운 날들

법원으로부터 감사장을 받았다. 현재, 대법관으로 계신 이기택 판사님께서 서울서부지방법원장으로 계실 때 나의 법원 조정위원 통산 20년 봉사가 분쟁해결에 크게 이바지하였다고 치하하는 감사장(2014. 12. 01. 증 제79호)을 주셨다. 청주지방법원 서울가정법원 그리고 서울서부지방법원 등에서 조정위원으로 일하는 기회에 알게 된 문제들을 나의 사회교육 강연의 자료로 각색해서 활용할 수 있어서 내게는 일석이조 같은 일이었다. 조정한 사례들은 범죄 예방과 경각심 고취나 해이해진 도덕성 회복을 위한 좋은 강연 자료가 되어주었다.

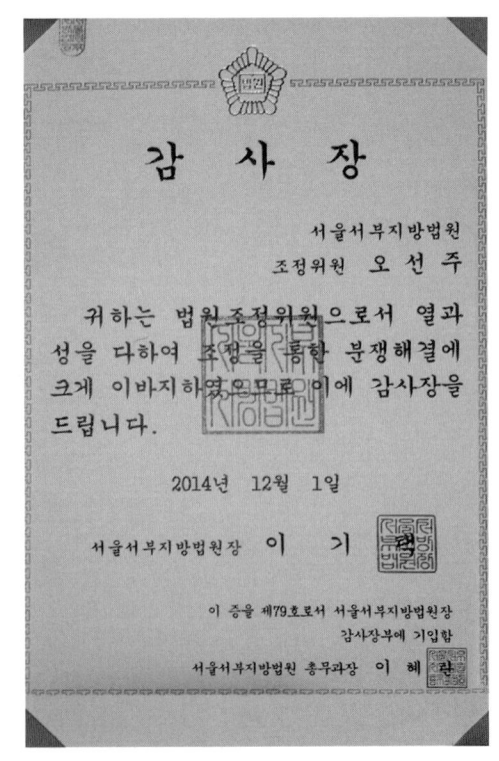

*** 우리 형법의 産室산실

2003년, 〈한국형법 50주년〉을 기념하는 학술 세미나가 열렸다. 한국형사법 발전에 이바지하신 석학 정성근 교수님을 비롯하여 많은 분들이 부산 동아대학교에 모여 한국형법 50주년의 의미를 되새겼다.

그날 우리는 세미나 장에서 꽤 먼 거리를 걸어가서 한 기와집 앞에서 기념촬영을 하였다. 기념사진 배경으로 삼은 이 건물〈화보 15면〉은 일제가 세운 건물〈武德殿무덕전〉이다.

이 무덕전은 6.25 임시수도 부산의 입법부 국회의사당으로 활용된 역사적 건물이다. 뿐만 아니라, 한국 형법이 이 무덕전에서 헌법 제정 절차와 똑같이 3독회를 거치며 심의 통과 제정되었기에(申東雲 교수 논문 참조) 우리 형법 연구자들에게는 기념적인 건물이다.

유감스럽게도 발췌 헌법 개정이라는 정치파동의 역사가 얽힌 곳이기도 한 이 건물은 1938년 일제의 경남 경찰부에 의해 건평 187평, 벽돌, 기와집으로 지어져 그들의 정치 군사 목적으로 활용되었다.

1952년, 우리나라 입법부가 사용한 한국현대사의 기념적 공간을 2004년 동아대가 헐어내고 그 자리에 현 국제관이 들어섰다.

부산 임시수도의 행정 사법기관 건물은 유물로 남아 보존되고 있는데 입법부 기념 건물만이 사라진 것은 참으로 애석하다.

무덕전 앞에서 형법 제정 50주년 기념 촬영

신문예문학회

우리 집에서 버스 타러 나가는 길목에 항상 눈에 띄는 간판이 있어서 어느 날 유심히 보게 되었다. 〈선문예〉라고 양각된 새로 길이가 1m 정도 되는 나무 간판이 예술적인 품위를 품고 있어서이다.

선문예란 혹시 〈禪文藝〉를 뜻함일까? 그렇다면 禪 문예란 어떤 것인지 한결 더 궁금해졌다. 어느 날 그 사무실을 방문하여 문학박사 지은경(池垠京) 님과 도서출판〈책나라〉의 하옥이(河玉伊) 님을 만나 선문예란 어떤 문학인가를 물었다. 그 간판 글씨 쓰는 분이 멋 부리느라 〈신문예〉의 '신' 자가 '선' 자로 보이게 쓴 사연을 알게 되어서 어떤 기대가 조금 빗나간 듯 실망했었다.

이 만남의 인연을 계기로 〈신문예〉에 詩 몇 편을 올리게 되었다. 과분한 평가를 받은 것이 또 다른 인연이 되어 여러 수필을 싣게 되어 마침내 신문예문학회의 회원이 되었다. 무대가 주어진 배우처럼 계속 글을 실었고 발표 편수도 늘어났다.

　2014년에 들어 옛 제자들이 나의 팔순 잔치를 준비한다는 소식이 들렸다. 극구 사양하였으나 오사모(오선주를 사랑하는 모임)를 중심으로 형법박사 모임인 형우회(刑友會)와 법대 여성동창회 임원들이 합의하고 행사 준비가 마무리 단계에 있다고 했다. 나는 무엇으로 답례를 할 것인가에 대해 고민하였다.
　부족한 나를 탓하지 않고 늘 나를 도와주고 기쁘게 해준 제자들과의 이야기들을 주로 하여 자전적 수필집 〈나는 어디쯤에 있는가〉를 엮어 내고 이 책보다 먼저 낸 여행 수필집 〈하늘엔 해와 달이〉를 묶어 이 두 권으로 답례에 갈음할 수 있었다. 신문예와의 인연 덕택이다.

　글을 쓰다 보니 욕심이 돋았던 것 같다. 2015년, 〈제1회 경북일보 문학대전〉에 글을 냈다. 이 공모전은 '국내외 고교생을 비롯하여 80세 노인까지 3,000여명이 글을 낸 호응도 높은 문학잔치'였다. 내가 낸 〈非情비정의 계절〉은 수필 부문 응모작 1,275편 가운데 4위에 들어 턱걸이로 가작에 올랐다. 〈비정의 계절〉은 내 어릴 때 본 나병환자와 그들과 얽힌 한 가족의 비극을 진솔하게 쓴 것이다. 평론하는 구활 선생이 "글이 살아 있다."하고 수필보다 소설적 소질이 보인다고 했다.
　시상식은 대하역사소설 〈客主객주〉의 작가 김주영 선생의 고향

경북 청송군 객주문학관에서 열렸다. 주최 측은 입상자와 그 가족들을 초대해서 이 잔치는 축제 분위기였고 명예심사위원장 김주영 선생의 특강이 하이라이트였다.

　김주영 선생은 소설을 쓸 때 '고통이 따르는 진실'을 써야 생명이 있는 글이 된다고 했다. 김주영 선생이 소개하는 소설 〈어머니〉는 김주영 선생이 어머니와의 아픈 기억과 눈물 어린 향수를 재현한 글로서 '진실의 힘'을 실감케 했다. 文學賞문학상보다 더 값진 문학 강의를 들었다. 앞으로도 진실만을 쓰리라 마음에 새겼었다.

　　　　　　　　　　　　　* 비정의 계절은 본지에 실었다.

　나는 정년퇴임 이후에도 나의 전공 형법연구를 놓지 않을 생각이었으나 내 힘에 겨웠다. 역시 형법 이론은 공부할수록 어려워지는 학문이다. 한 숨 쉬고 싶던 차에 〈신문예〉와 인연이 되어 나의 제3 인생이 글쓰기로 전환되었다. 생각하니 어려서 일기 쓰기 시작하고 교수시절 몸에 밴 기록 습관이 나의 晩年만년을 글쓰기로 이어 주는 바탕이 되어 준 것 같다.

　신문예문학회에서 발간하는 월간 〈신문예〉는 발행인 지은경 박사의 집념 같은 불타는 의지로 간행되고 있다. 특히 매 회마다 시의 적절하게 시사를 다루는 권두언을 읽으면 신문예문학회 일원이 된 것이 내 인생의 마지막 행복이라고 느껴진다.

지은경 박사의 추천으로 "한국문인협회"의 수필분과 회원이 되었다. 이 사실이 나를 계속 글 쓰고 싶게 할 것 같다.

월간 〈신문예〉와 출판사 〈책나라〉의 무궁발전을 기원한다.

2017. 03. 05. 吳 宣 姓

글을 마치며 epilogue

    내 精神정신이 맑을 동안, 더 늦기 전에 80여년의 내 自身을 돌아보며 고마운 인연들과 자손에게 남기고 싶은 이야기들을 엮었다. 내 삶의 발자취들을 세상 바람결에 실어 보내고 나면 나의 모든 욕망도 허튼 원망도 아득히 구름 너머로 사라질 것이다.
    지난날들을 그리워하는 것, 子女에 대한 愛情애정, 고독을 느끼는 것, 아끼던 물건에 대한 愛着애착, 행복 가득한 追憶추억을 가슴에 품고 있는 것 등 모두가 執着집착이라 깨닫고 털어내려 노력한다.
    未練미련 때문에 과거에 머물지 말고 悔恨회한을 버리고 豫測예측할 수 없는 내일에 希望을 걸지도 말고 마음을 씻어 내리고 몸을 낮추어 현실에 충실히 사노라면 산과 들, 바다와 바람, 구름과 별들이 나의 벗이 되어 줄 것이다.

    남은 날들을 자연과 더불어 悠悠自適유유자적하며 보내고 싶다.

오선주의 잠들지 않는 숲

붕어빵 하나의 행복

초 판 인 쇄 2017년 7월 10일
초 판 발 행 2017년 7월 15일

지 은 이 오선주
펴 낸 이 하옥이
펴 낸 곳 도서출판 책나라
등   록 제110-91-10104호(2004.1.14)
주   소 서울시 은평구 통일로 63길7, 1층 B호
          ㉾ 03375
전   화 (02)389-0146~7
팩   스 (02)389-0147
홈 페 이 지 http://cafe.daum.net/sinmunye
이 메 일 sinmunye@hanmail.net

값 15,000원

ⓒ 오선주, 2017

ISBN 979-11-86691-38-0 03810

* 이 책 내용의 전부 또는 일부를 재사용하려면
  저작권자와 도서출판 책나라 양측과 협의하여야 합니다.
* 저자와의 협의에 의하여 인지를 생략합니다.
* 파본은 구매 서점에서 교환하여 드립니다.

이 도서의 국립중앙도서관 **출판예정도서목록(CIP)**은
서지정보유통지원시스템 홈페이지(http://seoji.nl.go.kr)와
국가자료공동목록시스템(http://www.nl.go.kr/kolisnet)에서 이용하실 수 있습니다.
                    (CIP제어번호 : CIP2017016120)